前言

孩子应该怎样管？说到这一话题，每个家长都会有些心得体会，总结起来，大致不外乎两种观点。

第一种家长持"严管"的态度，信奉中国传统的教子箴言，譬如"养不教，父之过"，"黄荆棍下出孝子"，等等。在这一部分家长看来，"如果没有了父母的权威，还何谈管教？"当然，对孩子的严格教育是必需的，可是怎样"严格"，却是很值得研究的。

在"北京大兴灭门案"中，那位亲手杀了自己六位亲人的李某交代，作案起因就是父母从小对他管教过于严厉，非打即骂，他从小就觉得活着没有意思，年少离家出走时就有杀人的想法。李某的话，让人心痛和深思：我们还能、还敢管教自己的孩子吗？

当然要管，那么就一定要像另一部分家长所说的那样，"顺其自然"吗？

首都师范大学李文道博士曾经指出："湖北省针对少年犯的一项调查表明，44％的少年犯来自溺爱型家庭。心理学的研究表明，溺爱与犯罪的关联性最高。"

还有另一种情况，严苛的管教和放纵有时会在一个家庭和未成年人身上交替出现，特别是未成年人进入青春期之后，父母往往会由于对子女表现的失望，从放纵进入过严的管束，或由于再也无力管教而放手不管，那就会出现双重悲剧。

中国目前大部分都是"六一"儿童——在6个长辈的宠爱中长大的孩子，对其如何教育在历史中鲜有经验可循。我们有时不是不愿管教孩子，而是不知如何管教孩子，这实在是一个革命性的过程。国家的未来在下一代，如何管孩子——这是中国家长面临的一个大问题，意义非同寻常。

基于此，我们以全新的理念撰写了本书，我们的主张是：对孩子应该严格，但是要让孩子觉得亲近，让他们在"润物细无声"的气氛中感受童年的快乐；应该让孩子遵守规则，学会学习，但更重要的是使孩子打破常规，爆发出无限的创造力……

"管"是一种观念，"管"是一种态度，可以"管"出智慧，可以"管"出才能，可以"管"出品质，可以"管"出一个天才的孩子……只要你真的用了心，一切都会"心想事成"。

目 录

十一、帮孩子抵御外部影响,进入自我指引的良性循环…… 229

一、

没有管不好的孩子，只有做不好的家长

其实根本无须刻意观察，孩子就能感受到我们太多的东西；其实根本无须刻意模仿，孩子就复制了我们太多的行为。我们想要怎样并不重要，孩子从我们的行为中看到了什么、学到了什么才重要。没有管不好的孩子，只有做不好的家长！在孩子面前，我们必须小心，必须考虑自己这样做对孩子意味着什么。

有什么样的家，就有什么样的孩子

孩子的健康成长，尤其是孩子健康心灵的形成，往往取决于孩子是否有一个良好的家庭环境，取决于父母的教养方式是否合理。

这是一个真实的、关于死囚的故事。他叫梁小丹，出生在辽宁丹东，很小很小的时候，他的父母就离婚了，而他人生的悲剧也就此开始。

他被判给了父亲，跟着父亲及爷爷、奶奶一起生活。他父亲的性格乖张暴戾，从不允许母亲来看望他。在他童年的记忆中，母亲就只来过一次，那是他8岁时候，母亲偷偷到校门口塞给他两个梨，那两个梨就是他童年中对母亲的所有记忆。而就因为这两个梨，他被父亲暴打了一顿，打断了一根皮带。从此以后，母亲再也没敢来看他。

他就在父亲的皮带下慢慢长大了。疏于管教的他染上了不良习气。在这时，他的父亲、爷爷、奶奶在同一年去世了，他人性善良的一面被亲人的离世唤醒了。他找了份工作，而且非常努力。有一次，他拾到了装有一万元钱的钱包都毫不犹豫地还给了失主。

可在这时他却得了肝炎，并被单位辞退了。万念俱灰、生活无着落的他选择了抢劫，在实施抢劫时，他杀害了一名年仅19岁的大学生，被判了极刑。在监狱里，他认罪伏法，但想见见16年未曾谋面的妈妈。于是一个死囚找妈妈的故事牵动着丹东大地数万人的心。

最后，他的妈妈带着无比的悔恨与自责出现了。

我们没有必要再去责备这位可怜的母亲，但是不是应该深思这样一个问题：如果梁小丹不是在这种家庭环境中长大，如果他的父亲不是用那种方式管教他，那么结局会不会大不一样呢？从这个真实的案例中，我们可以清楚地看到家庭环境对孩子成长的影响。从某种程度上说，孩子的命运、成长方向就取决于他的家庭环境。

家庭环境，这个概念主要包括家庭的经济条件和父母的文化程度、思想道德水平、行为方式、生活习惯、家庭气氛、教养方式等。其中，经济条件如果不是入不敷出、生活难以为继的话，对孩子教育的影响关系不大，而父母的文化程度、思想道德水平、行为方式、生活习惯、家庭气氛及教养方式等则对孩子的影响非常重要。

在家庭气氛方面，一般和睦的、互相尊重、互相理解、在事业和生活上互相支持的家庭气氛，对孩子的性格有积极的影响；相反，父母间的争吵、隔阂、猜疑甚至关系破裂（父母离异或父母病故）会令青少年的犯罪率增高。

在教养方式方面，父母比较民主，则孩子独立、大胆、机灵，善于与别人交往协作，有分析思考能力；父母过于严厉，经常打骂孩子，孩子则顽固、冷酷无情、倔强或缺乏自信心及自尊心；父母过于溺爱，孩子就任性、缺乏独立性、情绪不稳定、骄傲；父母过于保护孩子，则孩子被动、依赖、沉默、缺乏社交能力；父母教养意见有分歧，孩子就警惕性高，两面讨好，易说谎，投机取巧；父母支配型教养孩子，孩子就顺从、依赖、缺乏独立性。

总之，家庭环境在孩子的成长过程中起着非常重要的作用，父母要想孩子健康成长，首先就要让孩子有个健康的成长环境，有个值得效仿的榜样。那么怎样才能做到这一点呢？

1. 夫妻相敬相爱

夫妻应该相敬互爱，而且要公开地让孩子看到这种深厚感情。比如，父亲在生活中多照顾妻子，逢年过节向孩子的母亲赠送礼物，出门时给她写信等。如果一个孩子了解他的父母是相亲相爱的话，父母就无须更多地向他解释什么是友爱和亲善了。父母的真实情感流入了孩子的心田，从而有益于他在将来的各种关系中发现真挚的感情。

2. 夫妇共同教育孩子

教育孩子是父母共同的责任，但在大多数情况下，在家务和养育孩子方面妻子要比丈夫付出得多，这样做是不好的。一个良好的家庭里，丈夫应该自觉地帮助妻子，这样不但会赢得孩子的尊敬，而且会使夫妻有更多的时间和精力抚养教育孩子，帮助妻子就是对孩子的爱。

3. 身教胜于言传

父母需要主动地将基本的价值观和行为方式示范给孩子，以便于孩子在社会上成长。当然，身教胜于言传。当我们把垃圾放入垃圾箱里，孩子也会这样做；而如果我们随处乱丢的话，孩子也会乱丢杂物。如果我们待人接物彬彬有礼，助人为乐，处世豁达，我们的孩子也就有可能成为这样的人。孩子在潜移默化地模仿着我们，因此我们需要使自己成为好的榜样。

孩子从他的家庭环境中可以学到许多东西，家庭就是孩子的整个世界，因此，父母们要注意身教重于言教，给孩子创造好的环境，这样孩子的心智才能健全。

这第一任老师，你做得够不够好

常言说，身教胜于言传。古人曾说："身正，不令而行；身不正，虽令不从。"

研究表明，孩子的模仿能力是很强的，因此，父母在孩子面前一定要注意自己的举止言行，当好孩子人生的"第一任老师"，在孩子幼小的心灵中打上深刻的烙印。资料表明，父母的影响常常会让孩子终生难忘。孩子是一面镜子，他因为你个性的优点而闪光夺目，也因为你身上的瑕疵而暗淡无光。

由于中国长期以来的"男主外，女主内"思想的影响，相当一部分家庭中的父亲认为，教育孩子不是我的事，是他母亲的事。事实上，父亲和母亲在家庭教育中同样重要，缺一不可。

心理学是怎样论述男性和女性的气质差别的呢？

男性勇于冒险、富于智慧、大度、坚定、勇武和易暴躁；女性稳重、温柔、服从、忍耐，易焦虑和自卑。

从这里我们可以看出，男性和女性的气质特点是互相补充的，各有优秀的一面，又都有缺憾的一面。因此，希望我们的后代能够兼收并蓄，扬长避短，在勇于冒险的同时又不失稳重，在坚定、大度的同时又能忍耐、服从，这就是我们说父亲和母亲都要参与家庭教育的原因。

一天，在儿童乐园里，一个父亲带着儿子到这里来玩儿。这时几个儿童在一种大型攀爬器械上爬得正高兴，这个孩子看到别人玩儿得开心，自己也要上去，可是上去以后又害怕了，不敢往前爬，说："爸爸，快抱我下去。"

爸爸回答："下来干什么？没事儿，往前爬！"

可是妈妈心疼，马上把孩子抱了下来。

男人和孩子在一起的时候有自己独特的交往方式和活动内容，他们有时把自己变成"大男孩""大朋友"，和孩子一起跑跑跳跳，做各种游戏，有时和孩子一起修理各种玩坏的玩具，有时他们会极有耐心地回答孩子们提出的各种"为什么"。当然，在母亲眼里，父亲对孩子的要求有时是近乎"苛刻"的（如前边的例子），但正是在这些活动中，培养了孩子们活泼、勇敢、自信、智慧等多种心理品质。

有人经过观察后发现，男人和孩子在一起的时候很少问你冷不冷、热不热、饿不饿、渴不渴等生理性问题，而是将注意力放在"向外""向前"上。因此，也有人说，勇敢、幽默、豁达、自信等品质很难从母亲那里得到。

我们之所以强调父亲参与家庭教育，还有一个特别重要的原因是，在我国的托幼机构中很少有男性工作人员，基本上都是女性工作人员，这就更加减少了幼儿与男性接触的机会。这对男孩子的损失尤其重大，因为他完全没有可模仿的榜样，不知道男人应该怎样待人接物和处理问题。这种情况对女孩也是有损失的。研究发现，这种女孩长大成人后，在男人的面前往往感到手足无措，经常出现紧张和羞涩。

因此，无论是男孩还是女孩，父亲都应该积极参与教育，发挥父亲的作用。如果再深一层讨论的话，可能问题更加严重。资料表明，有极少数男孩因为很少接触父亲，性格中多数是女性特征，甚至发生性别角色混乱，长大后在恋爱与婚姻中会遇到困扰和障碍，后果相当严重。因此，我们恳请那些终日忙于工作、生意和社会交际的父亲们，每天至少拿出两个小时和自己的孩子在一起。

现在，中国的大部分男人对家庭是很重视的。他们很多人都打破了父辈的常规，比任何时候都积极地参与抚养自己的孩子。在他们的孩子出生之前，很多男人陪伴他们的妻子做产前检查和参加分娩课程。一个世纪前，很少有父亲亲眼看到自己的孩子出生的情景，而今天，如果哪个父亲不在现场，就会让人感到意外了。

因此，爸爸这个词可解释为连接、抚养、情感参与、支持、建议和保护。当更多的父亲参与他们孩子的生活时，孩子们才会进一步地认识到这个词的意思是男子气质。在这个时候，父母们可能才会发现，养育孩子其实就是教育他们自己。

孩子要在爸爸身上得到什么呢？

根据调查，孩子最希望得到的品质大多数都是在他们的父亲那里学到的，用孩子的话说，有 16 种品质是他们希望从爸爸那里看到的：

1. 认真对待我们如同我们对待自己；

2. 为了我们做个有同情心的建议者；

3. 向我们显示你爱我们，且是真诚的爱；

4. 向我们提供安全和保护；

5. 相信我们和信任我们；

6. 处事利落和不做工作狂；

7. 接受我们为独立的个体；

8. 尊重我们的权利和我们的意见；

9. 向我们展示你有幽默感；

10. 确信拥有希望；

11. 与我们一致；

12. 记住做什么事都童心未泯；

13. 承认你的错误且不要做个十全十美的人；

14. 允许我们犯错误；

15. 要轻松愉快；

16. 在我们面前不要议论妈妈。

90 多岁高龄的日本"育儿之神"内滕寿七郎博士几年前来上海参加"儿童心理健康展望研讨会"，他说："孩子是反映父母心灵的镜子，如果母亲心神安定，孩子也会从容不迫。"在《育儿原理》一书中，他建议父母们，0～3 岁孩子的教育，母亲要用温暖的眼神去传达母爱，以豁达、自然的心情去养育婴儿，并注意孩子 1.5～2.5 岁期间萌生的自我意识，这是极为重要的。他提醒父母，3 岁前不要体罚孩子，这是大脑与心理发展的关键期；4 岁前不需"言教"，3 岁前后用"不行"这个词进行教育还行不通；小学 1～3 年级不要再去帮他做任何事情；小学 4～6 年级，孩子智力开始发达，同时开始确立自我意识，并产生自尊心；初中生随着激素的激变，情绪变化会很激烈，教育的主角应从母亲转移到父亲；高中生开始进入成人准备阶段，父亲的生活态度最能在孩子身上反映出来。

如果父亲不积极参与教育，孩子的自我保护能力就很难培养起来。很多父母总是忧心忡忡，抱怨孩子自护能力差，经常责怪学校、责怪社会。可是只要认真地检查一下自己的行为，原因就出来了。

事实上很多父母不明白，孩子比成年人动作更灵敏、反应更快。1976年，唐山大地震时，不少大人被砸死了，而孩子躲在安全的角落里幸存下来。再如纳粹分子在剿杀犹太人时，很多大人被逐出了家园，而机敏的孩子像小动物一样四处躲藏，避过灾难。

心理学上有"防御反射"之说，灵敏地避开危险是孩子的天性和本能，可是父母却抓住孩子不肯放手，这恰恰扼杀了孩子这种与生俱来的本能，造成可悲的天然能力退化现象。

很多孩子身上常常出现"不敢"的现象。其实，很多时候，不是孩子"不敢"，而是父母首先"不敢"。

比如说，许多父母出于对孩子的疼爱和迁就，不让孩子单独睡觉，理由就是"孩子胆小，不敢自己睡觉"。其实孩子的这种"不敢"首先是父母"不敢"。一般来说，10岁左右的孩子不应该再与父母睡同一个卧室了，可是在"不敢"的理由的支配下，孩子就可以名正言顺地与父母同床而眠，直至长到十五六岁。

这是不好的。父母应该明白，孩子越大，其"不敢"的影响就越大。心理学上，这种情况被称作"分离焦虑"。这种情况如果很严重，孩子就会产生恋母或者恋父情结，生活不能独立，以致可能婚后对妻子或丈夫过分依赖，有时甚至出现人格缺陷，表现出过分的占有欲。

了解了这些，身为父母，就应调整一下自己的"不敢"情绪。因此，父母应该要求孩子到他自己的房间去睡。

孩子要在爸爸身上得到的并非我们所想象的那么神秘，大部分品质通过我们谦虚谨慎地努力是可以获得的。但另一方面，很多孩子仍渴望他们的爸爸更多参与他们的生活，正如现在的爸爸渴望他们的父亲更多参与他们的生活一样。这种不幸的渴望循环到今天，看来应该被打破了。

尽管没有一个父母能够"十全十美"，可是我们可以尽量做与孩子们相关的事情。父亲节是一个机会，父母可以直接问孩子，他们要发展什么样的品质，并且认真倾听他们的意见。如果父亲接纳孩子的建议，就能够成为孩子们真正想要的爸爸了。

总之，父母要做好孩子的榜样，孩子会不自觉地效仿父母的言行，因此要求孩子不要做的事，父母首先就不能做。另外，父母对孩子要讲信用，答应了的事一定要兑现，不答应的事就一定不去做。这样父母在孩子的心目中就会有威信，在以后培养孩子的过程中，才能对孩子进行有效的教育。

教诲是条漫长的道路，榜样是条捷径

家长们可能都遇到过类似的事情，有时我们与孩子嬉戏，一个玩具掉在地上，想让他捡起来。孩子可能会伸出小手，指着玩具看着我们咿咿呀呀的，那意思大概是让我们去捡吧。而如果这时我们不经意地用脚踢一下玩具，孩子就会兴奋地学着我们去踢。这下可好，再怎么让他捡都不会捡了，他会踢着玩具满屋子跑。

孩子往往缺少辨别是非的能力，他们总是在无意识地模仿父母的行为，无论是好的还是坏的。

每次看完报纸，图图爸爸就随意放置到沙发、茶几上，绝不叠整齐放回书架；脱下的衣服和买回家的东西随手一放就完事大吉。无独有偶，图图画完画或玩完玩具也从不收好，床上、地上、桌上难以找到一块整齐的地方。面对家里的残局，妈妈常常是一边收拾一边提醒图图："这件东西你从什么地方拿来的，玩儿完以后还要放回去。"

图图走到哪儿就把东西扔到哪儿，这笔"账"应该记在爸爸身上。正是爸爸随手乱扔东西的做法给孩子做了坏榜样，并使图图在潜意识里将"无序"、缺乏自理和把责任推给别人看成是理所当然。尽管妈妈一再强调，但是，妈妈的"言传"最终难以抗衡爸爸的"身教"，爸爸的不良习惯还是潜移默化地影响了孩子。

萌萌想给芭比娃娃穿粉裙子，表姐薇薇则要给娃娃穿红裙子，萌萌说："娃娃是我的，我不让你玩了。"薇薇很生气，把粉裙子扔到地上，还使劲踩了两脚。薇薇妈妈要薇薇向萌萌道歉，薇薇却理直气壮地反驳："不！你上次把我的画撕了，不是也没说'对不起'吗？""那是因为你画画不专心……"妈妈辩解说。

妈妈要求薇薇道歉，然而妈妈的言行却不一致，为自己的行为找借口，恰恰给孩子提供了一个极为不良的示范，以致薇薇学着她的样子，死不认错。薇薇的行为正是妈妈的翻版。

教诲是条漫长的道路，榜样是条捷径。

在一个家庭之中，如果说男孩的成长是从模仿父亲开始的话，那么，女孩最容易模仿的对象就是母亲。父母的人生观、价值观，待人接物的方式，举止风度，都将给孩子留下深刻的印象。当他们成年以后，父母的影响就会在他们身上开花结果。

赵小兰随同家人来到美国一年后，入境随俗，也想举办一次自己的生日派对。她跟妈妈讲了这个愿望。妈妈表示完全赞成，并亲手做了奶油蛋糕，准备了生日蜡烛和晚会帽子，希望自己的女儿能同美国孩子一样，热热闹闹地做一次接受别人祝贺的小主人公。

许多请柬发出去了，赵小兰期盼着客人们的到来。不料，生日派对那天晚上，望眼欲穿，只有两个同学来了。赵小兰的心情跌到了谷底，眼泪都快掉下来了。

妈妈的心灵感应到了女儿的心灵，却不动声色，照样举办生日派对，照样切蛋糕，照样唱生日快乐歌。母爱并不是一个模式的，赵小兰的母亲爱女儿，用自己的言行，向没有成熟的孩子灌输了处变不惊、不卑不亢、自尊自重的生活方式。母亲让孩子爱惜自己，尊重自己，保持尊严，让孩子保持自己的价值观，知道要为更美好的事物奋斗。因此，面对其他人时，孩子不会示弱，自重自受，言行得体，不做让自己感到难堪的事情。好的父母会让孩子清楚地懂得，我们来自一个有教养的家庭，要仪态端庄，举止正确。

孩子是否以自己的父母为荣，父母身上是否有足够的精神营养供孩子汲取，这些都是重要问题。那些以父母为荣的孩子更容易建立起较高水平的自尊，并对自己产生较高的自我预期。

对于家长来说，教养儿女的过程也是一个自我教育的过程，孩子模仿父母，我们不能禁止孩子们模仿，相反，我们应该让自己值得模仿，哪怕是我们行为中最微不足道的细节。

小吴是一位很有才华的女性，在一家广告公司做文案工作。她有一个5岁的小女儿，一家三口，生活得很幸福。大学时代的自由生活，使她养成了不拘小节的习惯，说话直接尖刻，从不顾及别人的面子。在日常生活中，不按时吃饭、通宵熬夜的事儿也时常发生。先生提醒过她多次，可小吴当时答应得挺好，一转身就又忘记了，继续我行我素。

在女儿上幼儿园大班时发生的一件小事，使小吴彻底改变了自己。

在一次家长会上，老师告诉小吴："你的女儿很可爱，非常聪明，老师教什么东西她差不多都是第一个学会。但是她和小朋友们相处时不太合作，昨天一个小朋友要和她一起玩拼图，她竟然说'这是笨人玩的游戏，你醒醒吧'。"小吴惊出了一身冷汗，天啊，这不是自己的口头禅吗？先生提醒过多次，可就是改不了。女儿这么小就目中无人，长大后不在社会上碰壁才怪，等她性格定型之后，再矫正肯定是事倍功半，看来从现在开始，就应该注意在女儿的教育上下功夫了。

小吴知道女儿的一些小毛病都是从自己身上学来的，要教导女儿，首先自己要改过，否则，不光影响自己的个人形象，还将影响到女儿的一生。

从此以后，只要女儿在身边，小吴就格外注意自己的言行举止，说话轻声细语，对先生和女儿坚持"多称赞，不挖苦"；每天吃过晚饭后，一家人在小区周围散会儿步，回家看看电视，看看书，安排女儿睡觉后，自己也按时休息。一开始时，小吴总是有意识地控制自己，但时间长了，自然形成新的习惯，不仅仅是做给女儿看了。单位里新来的大学生还总是赞叹"吴姐做人宽容体贴"呢！更重要的是，女儿在上小学的时候，不知不觉地，已经变成了一个文静可爱、乐于助人的小姑娘，有规律的作息生活更给了她一个健康的身体。

孩子模仿父母，最初并不会鉴别分辨。父母希望孩子学的，他会模仿；担心他学的，他照样会模仿。这时候，父母仅仅是在口头上禁止是没有效果的。自己都做不到的事，如何还能要求孩子做到？我国著名的教育家朱庆澜先生曾经明确指出："无论是什么教育，教育人要将自身做个样子给孩子看，不能以为只凭一张口，随便说个道理，孩子就会相信。"如果希望自己的孩子品学兼优，首先，爸爸妈妈要作出表率来。

父母立场要一致

《红楼梦》的《不肖种种大承笞挞》一回中，贾政为了教育宝玉，决定对其实施"笞挞"。听到消息的王夫人急忙赶来阻拦，威胁道："既要勒死他，快拿绳子来勒死我，再勒死他。"这样的情景即使在今天也不少见，中国的父母在教育方式上自古便存在分歧，常是一个要管，另一个则要护，而这种教养方式埋下的隐患也随之诞生。

朋友的孩子今年9岁，由于平时朋友夫妇工作繁忙，无暇照顾他，就将孩子送到了省城最好的封闭学校小学部上学。这个孩子着实不让父母省心，在学校里根本就待不住，常常偷偷爬出校门给爸妈打电话，今天说脑袋疼，明天又是肚子疼。偏偏孩子的妈妈特别宠着他，只要孩子一说不舒服就不顾一切地从几十里外的县城赶过来，结果来了之后才发现孩子根本什么事也没有。因此朋友生了不少气，可每次想教训一下孩子时，做母亲的就不顾一切地上前阻拦，于是每次的教育都不了了之。这孩子也算把母亲看透了，于是不管白天还是晚上，一次次地往家打电话。前几天，朋友夫妇刚刚看完新闻联播，又接到了儿子的电话，说他胃疼，做母亲的又急了，就要披星戴月地赶去省城，硬生生地被朋友给拦了下来。孩子母亲便开始痛哭流涕。后来，还是托省城的朋友把孩子接了过去，孩子妈妈才安静下来。

还有一位朋友，他的孩子从小学四年级开始就管不了了。这个小男孩长得好看，又聪明伶俐，可就是不爱写作业。每次爸爸刚说孩子两句，妈妈就已经泪儿腮边挂，气得爸爸直摇头叹息。也是因为不能完成作业，老师将孩子的妈妈叫到了学校，刚刚在她面前批评孩子两句，这位妈妈又抽泣起来。这样几次之后，吓得老师再也不敢叫家长了。所以孩子的坏毛病愈演愈烈。现在，这个孩子在家里已经无法无天了，天老大，接下来就是他了。前些日子，朋友自嘲似的拿来孩子的家庭作业给大家展示，皱皱巴巴的本子上寥寥写了几道题，高兴就戳上几个字，不高兴的地方就空着，然后在每篇作业的下端是他妈妈潇洒地检查作业之后的签名，老师对此也无可奈何。一个原本聪明可爱的孩子就这样成为让人头疼的问题生。

人从小就具有自我保护的本能，懂得"趋利避害"。当孩子犯了错，父母中一方责罚他们时，孩子会本能地寻找庇护。此时如果另一方站出来跟爱人"唱对台戏"，恰恰中了孩子的下怀。久而久之，孩子就会形成惯性思维——总会有人来帮我，即便我做错了。父母对待孩子的立场分歧容易让孩子变得遇事就依赖别人，喜欢逃避，甚至养成回避型人格。

事实上，不少父母都在这个节骨眼上犯了错误。譬如，妈妈在教育或责备时，爸爸站出来替孩子说话；或者是爸爸在责备孩子时，妈妈站出来替孩子鸣不平。这样的例子在生活中还有很多。

孩子吃了晚饭坐在电视机前不肯起身，妈妈便催促孩子去做功课：

"不要再看电视了，该去做功课了。做完了好睡觉。"孩子不起身："我看完再去!"妈妈坚持说："看完这个节目，就很晚了，还能做什么功课! 快去，听话!"儿子正在犹豫，这时，爸爸却在一旁调和："让他看完算了!"儿子当然也就不起身了，结果功课也就不做了。

在花钱上也常出现这种不一致的现象。孩子跟妈妈要钱买新运动鞋，妈妈认为旧的没有破，可以穿，不必买，因而不给钱。孩子又去找爸爸，爸爸经不起他的纠缠便给了。

这是两个常见的例子，夫妻虽然没有争吵，但是给孩子的不良影响却是一样的。这使爸爸（或妈妈）在孩子的心目中没有了威信，孩子有了倚仗，可以不听爸爸（或妈妈）的话，助长了孩子的任性和娇气。而且，这样会使得孩子无所适从，更重要的是助长了孩子不听话的表现。因为既然爸爸认为妈妈责备得不对，或者反过来，妈妈认为爸爸的责备是不对的，那么孩子当然可以不必听了，因而孩子的错误或不良习惯也就得不到纠正，而且会对父母的意见和责备都置若罔闻。

有时，孩子还会利用父母的意见分歧来操纵父母，他们甚至可能用挑拨离间来脱身。比方说，爸爸对儿子的功课要求非常严格，但妈妈觉得丈夫给了孩子太多压力。

做功课时，孩子说他"英语很烂"，并抱怨老师教得不好。这时爸爸批评他，要求他端正态度，认真学习，提高英语成绩。孩子没有理会而是去找妈妈帮忙。这时妈妈跳了出来，说："你还想他怎样，他已经做得不错了!"爸爸反驳："如果他做得好，他就不该抱怨老师，他应该有更好的成绩。"现在矛盾转移了——爸爸妈妈开始针锋相对。妈妈立马回应："是你对他的要求太高了，所以他才会这样，你过分严厉了，对他太苛刻了!"而这个时候，孩子却躲一边看电视或上网打游戏去了，而不是在做他应该做的功课。这种情况就是焦点摆错了地方。孩子惹出争论以后，他开始逃避应守的纪律，而且没有被追究责任。此外，夫妻针锋相对造成的紧张往往导致孩子更加冲动。如果父母更专注互相争斗而忽略了让孩子为自己的行为负责，那么孩子是不会进步的。

所以在教育孩子时，父母一定要达成一致，任何一方在教育孩子时，另一方都不应该出面袒护。即使爸爸或妈妈责备得不对，也不要当着孩子的面纠正，甚至是争吵。这样既会损害对方在孩子心目中的威信，使对方日后无法再对孩子进行教育，也会伤害母子或父子感情。

那么在具体问题上出现不同的看法，爸爸妈妈应该怎样处理呢？正确的方法应该是在一方责备孩子之后，在孩子不在面前的时候，另一方再提出自己的看法，与对方讨论，以取得一致的看法，避免日后重蹈覆辙。

当然，孩子毕竟是孩子，总是在不断犯错、不断改正中慢慢懂事，慢慢长大，所以做父母的应该有足够的耐心和宽容，让孩子在成长的道路上，在曲折的旅途中，在父母严中有慈的爱的陪伴下，步入他人生中的一个个成功的终点。

父母之间的矛盾别当着孩子面解决

有的父母总是嫌弃自己的孩子脾气很暴躁或者是无法跟同龄的孩子友好相处，而有的孩子从上学开始就不断地跟其他的小朋友发生矛盾，其实这些都和父母是分不开的。孩子的性格形成很大一部分原因是受到了来自父母的影响。如果父母之间总是产生矛盾，而不管孩子在不在场，那么，最终孩子的情绪和性格必然会产生不良的发展趋势。

美国学者 Roskos 等人做了一项研究，有 332 人参与其中，包括 98 名男性和 234 名女性。这些参与者来自美国城市、中西部地区及天主教学校。18 岁的人占 29%，19 岁的人占 28%，20 岁的人占 21.7%，21 岁的人占 13.3%，22 岁的人占 5.4%，23 岁及以上的人占 1.8%。大多数为白人，其他的种族有 6.6% 的非裔美国人、4.2% 的亚裔美国人、1% 的拉美裔美国人和 2.1% 的其他种族。参与者中来自双亲家庭有 74.4%，12% 来自离异家庭，7.2% 来自单亲家庭，3.6% 来自再婚家庭，1.5% 父（或母）丧偶。参与者在社会上的地位属中层或中上层，多住在校内宿舍里，住在家里的只有 14%（45 人）。

研究中使用了家庭环境量表（FES）来测量参与者对家庭冲突的看法。这张量表中包含了 90 道判断对错的题目，被广泛运用于对家庭环境的衡量，进而帮助参与者作出心理调适。而另外一张家庭冲突解决办法量表（FCRS）则是用来评估家庭冲突的解决方法的。另外还有简式症状量表（BSI）作为症状自评量表的简化版本。该项研究发现结果具有较高的内部一致性。FCRS 中分数的高低体现了对现实生活适应程度的高低。这意味着家庭冲突解决得不好，儿童和青少年就不能适应社会生活。与之相反，家庭冲突问题解决得好的话，生活满意度就高，儿童和青少年就能更好地适应社会生活。

毋庸置疑，夫妻在吵架过程中，往往会因为激烈的争吵而丧失理智，许多刻薄的话、粗话乃至脏话也难免会脱口而出，有的夫妻甚至还会大打出手。要知道孩子的模仿能力是非常强的，父母吵架时的神态、姿势、语气语调、用语他们都有可能学到，也很可能会予以实践。

有一对夫妻经常在孩子面前你一句我一句争来吵去，没完没了。在争吵达到高潮时，丈夫说："你和我结婚前就和别人眉来眼去，不害臊！"妻子就回敬道："你呢，比我也强不到哪里去！在办公室里不好好上班，偷看色情书！"这些话因为不止说过一次，被孩子记住了。以后，这对夫妻又发生争吵时，他们的孩子就捂着耳朵说："我不想听了，你们又要说不害臊和偷看色情书了。"

这个孩子在父母亲的争吵中慢慢长大，并且变得沉默寡言。在孩子的心目中，父母应该是崇高伟大的形象，而这个孩子在一次作文中写道："我的父母为什么不害臊和只知道偷看色情书呢?"

如果孩子对家长充满着敬意和爱戴，那么家长的教育就成功了一大半。但像这对夫妻，为了置气，而不惜损坏彼此在孩子心目中的美好形象，则是家教的重大误区，后果显而易见，父母在孩子面前丧失了威信，教育孩子则事倍而功半。

有的时候，妈妈或许会对爸爸有这样的抱怨："你儿子的脾气怎么跟你一样啊，都这么暴躁，动不动就发脾气，跟幼儿园的小朋友也没法好好相处，动不动就打架，真不知道这孩子到底是怎么形成这种性格的。"而爸爸也会抱怨道："你看你儿子怎么动不动就哭，跟小闺女似的，一点男孩的样子都没有。"其实，妈妈抱怨孩子脾气暴躁的问题，是跟大人们平时的性格有关系的。比如，在看到大人们吵架之后，孩子就容易形成这种性格。更为重要的是，在孩子看到父母吵架的时候，往往会产生一种畏惧的感觉，这种感觉会让孩子感受不到安全感。于是，在生活中，孩子在遇到一些具有威胁性的事情时，自然就会哭泣，这完全是因为内心比较恐慌和害怕的结果。

孩子的性格形成与父母自然的行为是分不开的。当孩子看到爸爸总是冲着妈妈大嚷，他们的内心可能会产生恐惧和紧张，在以后看到同样的事情，比如说看到大街上两个人大嚷的时候，也会产生恐慌的心情。久而久之，孩子内心往往会缺乏安全感。因此，父母之间存在的矛盾再尖锐，也不要在孩子面前大吵大闹，更不要在孩子面前大打出手。

苏亚下班后，匆匆忙忙地去接了儿子回家。在回家的路上，她顺路买了菜，回家之后，赶快放下书包，照顾儿子喝水，然后让儿子写作业，自己则开始在厨房里忙碌，一会儿要看看儿子的功课，一会儿去厨房看看饭菜。好不容易饭做好了，她还要给儿子洗衣服，忙活了大半天，还是不见丈夫回家。她打电话给丈夫，但是手机打通了却没人接。

丈夫是搞销售的，平日里要见客户，她心想丈夫一定又在忙着工作，虽然心里很生气，但是也没办法。已经七点多了，儿子叫嚷着饿，苏亚便先和儿子一起吃饭了。当两个人快吃完饭的时候，门铃响了，打开门是丈夫回来了。他一脸的疲惫，苏亚还在为刚才没打通电话的事情不高兴，见丈夫回来了，也没说话，只是开了门，回到座位上继续陪儿子吃饭。丈夫看到苏亚没有等自己，竟然已经开始吃饭了，心里也很不痛快。

此时，他坐下也开始吃饭。两个人各吃各的，都不说话。苏亚心想自己忙活了半天，回来之后又要接孩子，又要做饭，为什么丈夫不能够帮自己做点呢，哪怕按点回家看着孩子也行啊。而丈夫此时也憋不住了，生气地说道："我在外面这么累，你连吃饭也不等着我。"苏亚听了心里更是不舒服，说道："我给你打电话也打不通，你看看你手机我打了几次。""你还说打电话呢，当时我正和一个重要的客户在一起，电话不停地响，差点影响到我谈业务。"丈夫显然生气了，苏亚根本不管那么多，继续说道："我给你打电话还打错了啊，你想想你一个星期关心过儿子几次。你接过儿子几次，你工作忙，难道我闲着了吗？"

显然两个人说话的声音越来越大，丈夫不甘示弱："我这么忙是为了什么啊，难道我是为了让别人好过点啊，我还不是为了多赚点钱，让你们母子好过点啊。"苏亚更是生气，说道："那你赚到钱了吗？工资不还是那么多，天天就知道见客户、喝酒吃饭……"

苏亚和丈夫开始了吵架，在一旁的儿子吓得连饭都不敢再吃了。第二天苏亚送孩子去学校，晚上接孩子的时候，老师告诉苏亚说："你儿子今天一天心不在焉，中午午睡的时候还做梦吓哭了。问他怎么了，他就是不说。你们家是不是发生了什么事情影响到孩子了？"当老师说了这些之后，苏亚才回想起来，可能是昨天和丈夫吵架的事情吓到了孩子。

孩子就是孩子，他们的内心要比大人的内心脆弱得多。父母可能在吵完架两个小时的时间就能平息自己的情绪，但是孩子的内心十分敏感和脆弱，或许父母的吵架会给孩子造成长时间的心理阴影和障碍。争吵会在无意间伤害到孩子的内心，就如同苏亚和丈夫因为一点小事情吵架之后，直接影响的是孩子的情绪。孩子在上学的时候表现出恐惧，内心容易受到惊吓，这无疑就是父母吵架的后遗症。作为父母，应该时刻考虑到自己的行为会影响到孩子的内心，如果已经产生了不良影响，那么就应该及时地去弥补和想出对策，缓解孩子的恐慌和紧张。

心理学研究者认为，父母是孩子最好的榜样，孩子天生具有模仿力。家庭中，夫妻意见不统一，甚至发生争吵都是十分正常的，但是切忌当着孩子的面发生争吵。当着孩子的面吵架，不仅会对孩子的情绪和个性产生危害性的影响，更会让孩子产生模仿的心态，这对孩子以后的人生观会产生很不利的影响。总之，父母尽量避免在孩子面前争执，如果偶尔出现了争执，那么一定要注意到孩子的情绪，给予及时的安慰和开解。

溺爱不是爱，而是一种残害

中国自古以来就有"慈母多败儿"的说法，所谓"慈母"，指的是一种过分的母爱，也就是教育学家所说的溺爱。从字面上看，溺爱的"溺"字有淹没之意，这也表示，过分地疼爱孩子等于淹没了他们。古人云："虽曰爱之，其实害之；虽曰爱之，其实仇之。"这是对"溺爱"一词最好的注解。人世间的种种感情没有比得上父母之爱的。但是只有爱，不见得就能教好孩子。

曾看过这样一幅漫画：

一个小男孩在客厅看电视，玩玩具，吹着空调，而他的爸爸妈妈在厨房正忙着给他做饭，热得满头大汗。开饭了，孩子的动画片还没有看完，妈妈便把饭菜端到客厅。妈妈负责喂小男孩，爸爸则负责哄小男孩吃饭。动画片看完了，小男孩却不想吃饭，于是爸爸开始做各种滑稽表演。终于，小男孩笑了，妈妈这才喂上一口。

你知道运用什么方法，一定可以使你的孩子成为不幸的人吗？这个方法就是对他百依百顺。真想问问漫画中的爸爸妈妈，你们不累吗？这样的爸爸妈妈应该及时警醒了，因为你们这样做会把孩子推入深渊的。

还曾看过一条新闻：一个大学生每次吃鸡蛋，都是母亲剥完壳他才吃。有一次在学校食堂吃饭，一个鸡蛋，他没剥蛋壳就吃了。还说："这个鸡蛋怎么和家里的不一样呢？"看了这条新闻，人们都会笑他太笨，可这就是溺爱造成的恶果。

生活中，很多父母总喜欢给自己的孩子无微不至的呵护，把孩子的事情都包办下来，一一为孩子做好。这些父母似乎不知道，我们教育孩子的最终目标是要让孩子能够适应他自己未来的生活，因此，日常生活中应当教导他们学会独立地生活，而不要总觉得他们这也不会，那也不行。

天鹅每年冬天都要从北方飞到南方，可是，一些北方人因为喜欢天鹅，经常为它们提供食物。于是，一些天鹅因贪恋这些食物便留在了北方，并渐渐被驯化成了家鹅，连飞也飞不起来了。因此，人们只要停止提供食物，它们就只有死路一条。而那些每年不辞辛苦坚持飞往南方的天鹅呢？它们活得好好的，并且越飞越高。

这个故事其实就是对溺爱现象的一种警告。咱们中国的父母，尤其是做母亲的，总是把孩子当掌上明珠，从来不让孩子扫一回地，洗一次碗，真是应了那句话——"捧在手里怕碎了，含在嘴里怕化了"。这样的父母是慈父、慈母，这一点毫无疑问，但却不是一个"好爸爸""好妈妈"。他们过多地保护、过分地呵护只会阻碍孩子的发展，让孩子无法自立、自理。孩子终究要独立生活的，为了让孩子能顺利地适应他们未来的生活，父母们有必要大胆地让他们自己去照顾自己，不要让他们永远生活在父母的呵护里。

训练孩子的独立能力，家长们可以教导孩子从一些简单的工作着手，例如早晨起床自己穿衣、刷牙，等等。这些不仅是日常生活的基本步骤，也更能训练孩子自动地管理自己的行为，培养孩子的自立精神。

大人既要放手让孩子自己走出去，又要保证我们的孩子能够"安全出行"。一方面需要爸爸妈妈对孩子进行严格的训练，另一方面却不是"三分钟热情"能够解决的。比如，培养孩子一些简单的日常生活习惯，刚开始家长和孩子都会很热心地按计划实行，但是时间一久，一些家长就不耐烦了。这种对孩子缺乏长久性和一贯性的培养，反而会在孩子的性格中留下很多负面影响。

与父母过分的叮嘱和过分的呵护截然不同的教育方式是重视培养孩子的自理能力和自强精神。其他国家中的父母们在教孩子独立自强这方面所取得的成功，尤其值得我们好好地研究与借鉴。

举例来说，在美国，家庭教育是以培养孩子富有独立精神、能够成为一个自食其力的人为出发点的。父母从孩子小时候就让他们认识劳动的价值，让孩子自己动手修理、装配摩托车，到外边参加劳动。即使是家庭富裕的孩子也要自谋生路。美国的学生有句口号："要花钱自己赚！"乡村家庭要孩子分担家里的割草、粉刷房屋、简单木工修理等活计，此外，还要外出当杂工，出卖体力，如夏天替人修整草坪，冬天帮别人铲雪，秋天帮人扫落叶等。在富足的瑞士，父母为了不让孩子成为无能之辈，从小就着力培养孩子自食其力的精神。譬如，一个十六七岁的女孩子从初中一毕业就去一家有教养的人家当一年左右的女用人，上午劳动，下午上学。这样做在中国父母看来似乎难以理解，但瑞士父母却认为大有好处。这样做一方面可以锻炼孩子的劳动能力，让孩子寻求到独立的谋生之道；另一方面还有利于学习语言。因为瑞士有讲德语的地区，也有讲法语的地区，所以一种语言地区的姑娘通常到另外一种语言地区的人家当用人。其中也有相当多的人还要到英国学习英语，办法同样是边当用人边学习语言。等他们熟练掌握了三门语言后，就去公司、银行或商店就职。长期依靠父母过寄生生活的人被认为是没有出息或可耻的。

德国父母从小就培养孩子自己的事情自己做，从不包办代替。法律甚至还规定，孩子到 14 岁就要在家里承担一些义务，比如要替全家人擦皮鞋、打扫房间等。这样做，不仅是为了培养孩子的劳动能力，也有利于培养孩子的社会义务感。而在日本，在孩子很小的时候，就给他们灌输一种思想——"不给别人添麻烦"，并在日常生活中注意培养孩子的自理能力和自强精神。全家人外出旅行，不论多么小的孩子，都要无一例外地背一个小背包。父母说："这是他们自己的东西，应该自己来背。"而在中国却常常是父母帮孩子背书包。上学以后，许多学生都要在课余时间在外边参加劳动挣钱。大学生中勤工俭学的现象非常普遍，就连有钱人家的子弟也不例外。他们靠在饭店端盘子、洗碗，在商店售货，照顾老人，做家庭教师等挣得自己的学费。

比较一下中国父母"孩子太小，只能由我照顾"的教育方式，不知爸爸妈妈们做何感想呢？家长们都应该明白，你们是无法照顾孩子一辈子的。

真正疼爱孩子的好爸爸、好妈妈应该关注的是孩子将来是否能自己应付外面的世界。将一个在父母庇护下，毫无自我生存能力的青年推入未来的社会是最为残忍的事，也是爱孩子的父母不忍看到的结局。想使孩子能成功地走入外面的世界，必须从小开始培养孩子自立、自信。如果我们替孩子做所有的事，便不能达到这一目的。在这样的抚养下成长起来的青年，外表人高马大，内心却是畏畏缩缩，缺乏勇气。这样做使他丧失了自信和勇气，也使他感到不安全，因为安全感是建立在能够用自己的能力去处理问题的基础上。我们这种自以为无私的行为剥夺了孩子发展自己能力的权利，但这恰恰是孩子成长最珍贵的要素。

家长们要记住，但凡孩子能独立完成的事就不要替他去做，就好像要让孩子学会走路，你得先放开手一样。当然，一旦决定"放手"了，就要坚持下去，不要看到孩子做不好事情就又去插手。

二、

让孩子的内心无比强大起来

世界现在是我们的，但终究会是孩子们的。我们的孩子将来会生活在一个更加多变、更加复杂的社会，他们将会面对职场上更加激烈的竞争，社会上更加复杂的人际关系，也免不了遭遇情场失意、职场瓶颈、商场滑铁卢……现在，我们一直守护、扶植着他们，但总有一天，我们要先他们而去，不如早点把世界交到他们手中。他们的心理承受能力直接关系到他们的人生幸福与否。

你给孩子自信，孩子才能给你满意

自信心是人生发展和成功的心理基础，又是能力和意志的催化剂。对于大多数人来说，正常的智力加上高度的自信，就能取得成功。然而，很多父母在强化孩子自信心这一方面做得并不好：他们或是溺爱孩子、大包大揽；或是贬低孩子，只为了让他们懂得"谦逊"；或是掌控孩子，以"领导者"自居；或者蔑视孩子的创造性，不允许他们有任何标新立异的举动……这种种行为都会扼杀孩子的自信心，所以，他们管不出一个足够好的孩子。

好父母应该善于鼓励孩子相信自己的能力，鼓励他们去克服困难，鼓励他们去争取成功。

美国一位教育专家曾做过一个试验：

将一个学习成绩较差班级的学生当作学习优秀班的学生来对待，而将一个学习优秀班级的学生当作问题班来教，一段时间下来，发现原来成绩距离相差很远的两班学生，在试验结束后的总结测验中平均成绩相差无几。原因就是差班的学生受到不明真相的老师对他们所持信心的鼓励（老师以为他所教的是一个优秀班），学习积极性大增；而原来的优秀班学生受到老师对他们怀疑态度的影响，自信心被挫伤，以致转变学习态度，影响学习成绩。

可见，自信心对于孩子的影响是何其之大。下面这件发生在生活中的事情，会让我们的认识更加深刻。

同事的女儿从小学到初中一直表现平平，成绩也很一般，更没有什么爱好与特长。据说她学过舞蹈，但没多久便半途而废。别说孩子对自己没信心，同事两口子对她也没抱太大的希望。初二的时候，同事让她每周六去补习语文，并不是指望她在语文方面有多大长进，只是觉得去上课总比在家浪费时间好。那孩子倒也愿意去，她后来告诉同事，反正在家也被管得死死的，不能和同学出去玩，上课来回的路上还可以看看热闹。带着这样的目的，补习的时候自然不会太认真。不过那位语文老师很有一套，她总是不断鼓励学生。她曾对学生家长说："我不是教他们如何解题，那是学校语文老师的事，我是培养他们学好语文的自信。"

一个学期以后，同事孩子的语文成绩虽然没有什么显著提高，但明显对语文产生了些兴趣。进入初三，学校每周都要进行语文测验，并按分数排名。大多情况下，同事的孩子都会排在十五名上下，有时也能进入前十。同事问她为什么不能保持在前十，她说："这其实也不是什么特别难的事情，只要测验前好好复习就可以了，不过现在我也没必要那么累，起码也要让同学的家长高兴高兴。"同事两口子都不是强迫孩子学习的人，对此也无可奈何，但从孩子的这一番话中，他们明显感到她开始有些自信了。

打这以后，同事两口子开始有意识地对孩子进行鼓励，刻意去培养她的自信。结果中考的时候，孩子的语文成绩考了个全校第一。这件事给了同事很大的触动，他们实实在在地看到了那位语文老师的教育方法所产生的效果。从此，他们两口子不是特别在意孩子的具体成绩了，而是更加关注她学习的信心如何。

升入高中的第一次考试，同事的孩子考了个全班倒数，这令孩子不禁有些沮丧，她对爸爸妈妈说："班级里厉害的学生太多了，真心考不过他们。"言辞之间流露着些许自卑。同事这时已经明白：要孩子自信，首先要对她有信心。他一改之前的严厉，以轻松的口吻对孩子说："一时的成绩说明不了什么，你是一支潜力股，有着很好的成长性，考入市重点高中已经证明了你的实力！"同事给孩子定的目标是，每次考试的名次往前挪一到两位。随着学习自信心的逐渐提高以及对高中学习生活的适应，不久之后，孩子的成绩便上升到了班级前列，乃至年级前列。与此同时，同事也更加注重平时对孩子的鼓励了。

同事说，他发现自信还会影响孩子的性格。小的时候孩子内向，话少，而自从有了自信以后，性情变得开朗了许多，也愿意与人交往和沟通，不再惧怕任何场面。高考的时候，她以超出一本线近 100 分的成绩被北京大学中文系录取。

这就是信心对于一个人的重要影响。如果孩子小的时候父母能够在一旁不断鼓励孩子，培养孩子的自信心，这对孩子来说将是一笔巨大的财富。信心是进取心的支柱，是有无独立工作能力的心理基础。自信心对孩子健康成长和各种能力的发展都有十分重要的意义，幼儿期的自信心对一个人一生具有举足轻重的作用。如何培养孩子的自信心呢？

目前，一种旨在提高孩了对挫折的心理承受能力的观念已逐渐兴起。西方教育和心理卫生专家普遍认为，对待挫折的良好心态是从童年时不断受挫和解决困难的过程中学来的。要养成在困难和挫折面前不低头的坚强意志和性格，就要通过家庭营造宽松氛围，允许孩子有自己的想法和生活方式，使孩子形成客观、宽容、忍耐及和谐的心态。只有这样，孩子才能在挫折面前泰然处之，保持乐观与自信。

帮助孩子树立信心，是父母的责任。可是在现实生活中，有些孩子比较缺乏信心，对这样的孩子，父母应该着力培养他们的自信心。

择其要者，我们觉得应注意以下几点：

1. 父母应该给予孩子多方面的鼓励和表扬

事实证明，能力再弱的孩子也有他的"闪光点"，父母要从发现孩子的优点入手，及时地给予肯定和鼓励，不断地强化他积极向上的认同心理。

2. 父母千万不要把孩子的缺点挂在嘴上

对于孩子来说，父母的话具有很大的权威性。父母不仅不要经常谈论孩子的缺点，更不能对孩子说结论性的话，比如说"笨蛋""你真没治了"等话。可能在父母而言，只是一时"随口而出"，而在孩子的心目中就常常会留下很深刻的印象。父母即使发现了孩子的某些缺点，也要采用暗示的方法教育，以避免对孩子产生心理压力。

3. 对孩子应当适当降低标准，让孩子获得成功的机会

对孩子的要求如果太高，孩子就很难实现目标，也就很难建立起信心。如果父母针对孩子的实际水平适当地降低标准，孩子就很容易取得成功。一次成功对于孩子来说，往往会产生意想不到的效果，孩子会从不难获得的成功体验中获得充分的自信，就会取得更大的进步。

4. 父母还可以适当夸大孩子的进步，让孩子进一步树立信心

孩子即使没有进步，父母也应该寻找机会进行鼓励。如果孩子确实有了进步，父母就应该及时夸奖他们"进步挺大"。这样一般都可以调动孩子心中的积极因素，促使孩子期望自己取得更大的进步，就有可能取得"事半功倍"的奇效。

5. 对信心不足的孩子，父母应该进行适度的"超前教育"

俗话说，"笨鸟先飞"，"勤能补拙"。父母提前让孩子掌握一些必要的知识和技能，等到与同伴一起学习的时候，他就会感觉到"这很好学"，在别的孩子面前就会扬眉吐气，就可能比别的孩子还学得快，自然就会信心百倍了。

锻炼孩子的勇气，是对父母勇气的考验

我们都希望自己的孩子具备勇敢的品质，但有些孩子胆子却很小。比如有的孩子每当父母不在身边时就会感到害怕，有的孩子怕黑，有的孩子怕"鬼怪"，等等。这是在培养孩子的过程中父母出现了问题。这主要表现在三个方面：

1. 家长喜欢吓唬孩子

很多父母在孩子不听话或是哭闹时，就会采取恫吓的方式逼孩子乖乖听话。比如："你要是再哭，我就把你送到山里喂狼！"以类似的话语恐吓孩子，导致孩子丧失了安全感，因而变得胆小怯懦。

2. "圈养"导致孩子怕生

很多父母因为过分担心孩子，常将孩子"圈养"在家中，使得孩子的生活圈子非常狭小，甚至有可能十天八天见不到生人，这使得孩子容易一见生人就躲，旁人一抱便哭。到了幼儿园，碰上新环境、新老师，则更是胆小。

3. 限制太多

父母限制孩子的活动自由，将外界一切事物塑造成毒蛇猛兽，这在很大程度上伤害了孩子尝试的勇气，造成孩子不敢从尝试与实践中获得知识，取得经验，这同时也造成了孩子的胆小怯懦。

因为胆小，孩子在公众场合不敢发言，在面对陌生人或在一个不熟悉的环境中时，他们往往会害羞，显得局促不安，不能与人坦率自然地交往。在学习和生活上，胆小的孩子总是缺乏主动性、勇气和信心，所以可能错过了原本属于自己的成功和机会。可以说，胆小是孩子成长、成功道路上的绊脚石。

为了避免以上问题的出现，父母应该注意自己的教养方式，在日常的小事中就注意培养孩子的勇敢精神。

美国汽车业巨头福特公司的创始人亨利·福特在培养孩子勇气方面的做法，就很值得我们借鉴。

一个星期天的早上，福特一家决定去爬山。在爬一个小坡时，3岁的福特一步一回头，不停地看着爸爸，很想让爸爸把他抱上去。爸爸似乎有意要锻炼他一下，并不看他，只是不停地向上爬。

因为爸爸知道，虽然是第一次爬坡，可小福特是可以爬上去的，这是锻炼孩子胆量与技巧的一个绝好机会。福特看爸爸并不来帮助自己，只得小心翼翼地往上爬，但还是不时地看着爸爸，不过，每次都看到爸爸鼓励的眼神。终于，小福特在没有别人帮助的情况下，自己爬到了山坡上。

"你真勇敢。"

听着爸爸的表扬，小福特心里很高兴，小脸笑成了一朵花。

孩子的勇敢精神是从小被父母培养起来的。如果在孩子第一次面临小困难时，父母能够给予孩子鼓励，那么孩子就能够勇敢地走下去，而且将这次勇敢的成功作为下次勇敢的资本；如果父母这也怕，那也怕，害怕自己的孩子磕着碰着，不论什么事情都不敢让孩子自己去尝试，那么孩子就不会有勇敢的资本，更不会有勇敢的精神。

家长应该从日常生活中的一点一滴做起，培养孩子"敢"字当头的勇敢精神。

有一次，欢欢着凉患了感冒，吃了一些药仍不见好转。妈妈只好带他到医院看病，医生建议要打针，否则高烧可能引起肺炎。可妈妈听到后有些担心，不自觉地皱起了眉头。

欢欢第一次听到"打针"这个词，然后看到妈妈神情紧张，又看到医生忙碌地摆弄针头和药品，就"哇"的一声哭起来。当医生把注射器扎下去时，欢欢哭得更厉害了。妈妈后来知道是自己紧张的神情影响了欢欢，她决定第二天采取另一种态度。

第二天，妈妈又带欢欢去医院打针。欢欢一看到昨天那个医生就立刻哭起来。这一次，妈妈平静地说："欢欢，打针没什么可怕的，你昨天不是刚打过吗？没什么啊。"

"可是，我怕疼……"

"疼有什么好怕的，妈妈小时候不知道打过多少次针呢。为了治病，这点疼算得了什么？我相信你是个勇敢的孩子。"

欢欢听到"勇敢"这个词，顿时忘了害怕。这一次，他不仅没有哭，还和医生聊起天来。

由此可见，很多时候，锻炼孩子的勇气，往往是对父母勇气的考验。如果父母对困难或危险感到害怕，那么他们培养出来的孩子就不可能勇敢。每当孩子遇到"棘手"的事情或遇到困难时，父母应该给予鼓励，让孩子勇敢地去闯，那么孩子也是能闯过去的。

庞秀玉的三个孩子自从出生以来，由于家庭变故及经济条件的限制，从来没有进过公园。

前些天，庞秀玉带着三个孩子来到人民公园，三个小家伙立刻撒开了欢儿，老大要爬假山，老二要去草坪上捉蝴蝶，老三则非要开"坦克"。三个孩子朝着三个不同的方向使劲拽着妈妈的衣襟，一时间庞秀玉被搞得焦头烂额。

"谁大听谁的。"妈妈提高了嗓门，三个孩子顿时安静了下来，广韵、广雅小姐妹还有些愤愤不平。因为身旁的大哥正朝她们俩做着"鬼脸"，嘟囔着"我大"。

站在"航天飞机"前，三个孩子再也不想动了，大眼睛死死地盯着正在头顶上"飞翔"的"飞机"。但当给他们买好票，送他们上"飞机"时，广韵、广雅小姐妹却没有征兆地哭出声来，拽着妈妈死活不肯上"飞机"。最终，还是大哥最为"勇敢"，咬牙跺脚地上了飞机，条件是必须由妈妈陪伴。5分钟的飞行很快结束，走下"飞机"时，这个小家伙的额头已经沁满汗珠，手心也是冰凉冰凉的，可却依然保持着勇敢者的姿态，不断东张西望寻找着两个妹妹。

此时的广韵、广雅小姐妹已经在妈妈的一再鼓励下壮着胆子走上了旋转滑梯，很快，银铃般的笑声连成了串。

可见只有让孩子勇于尝试，他才能知道事情的真相；只有锻炼孩子的勇气，才能让孩子变得勇敢。每一个孩子都是一个天才，重要的是大人们要去挖掘。培养孩子的勇敢精神也是一样，只要家长肯给孩子鼓励，那么孩子是不难做到勇敢的。

培养孩子的冒险精神，家长可以从以下几点做起：

1. 父母要找到孩子的恐惧源

只有找到孩子的恐惧源，才能对症下药，给予孩子适当的教育和引导。一个年幼的孩子也许会怕黑暗、动物、噪声、陌生人等，大一些的孩子可能会害怕被同龄人遗弃、害怕失败、害怕失去亲人、害怕原子弹爆炸后的人类灭绝等。

2. 帮助孩子克服恐惧的心理

如果孩子害怕的东西很实际（例如怕狗或是怕黑），那就要和孩子一起面对它。只有经过耐心的、循序渐进的鼓励和引导，孩子才会慢慢克服恐惧的心理。

3. 让孩子在挑战的环境中锻炼勇气

我们不仅仅要帮助孩子克服恐惧心理，还要把孩子放在充满挑战的环境中，让孩子得到勇气的锻炼。只有经过失败和风险的磨炼，孩子才会真正勇敢起来。例如，骑马、搏击、潜水、登山、探险、极限生存挑战等，都是孩子锻炼体能和勇气的方式。但是，要想超越感情和精神的极限，就需要大量的时间和人生经验了。

胆识是父母毁的，也是父母给的

在孩子小的时候，父母很不希望孩子有"胆识"，因为那意味着孩子"野""调皮""不踏实""容易闯祸"。诚然，对于年龄较小的孩子来说，"有胆识"确实很容易给家长们带来麻烦，给孩子自身带来伤害，但我们也必须承认，随着孩子一天天地长大，胆识对于他们来说，越来越重要。适当地给孩子些机会，让他们锻炼胆量、增长见识，在他们的成长历程中至为重要。

在今天多元化教育的时代，一个学生的见识，更能体现他的综合素质。我们记得，在20世纪末21世纪初，"新概念作文大赛"在我国教育界启动以后，"新概念作文"成了语文教育的一大亮点。它强调让学生真实、真切、真诚、真挚地关注、感受、体察生活。而韩寒、郭敬明、张悦然等"新概念作文"培养出的作家中，许多人成绩并不好，但他们却在学习之外的其他领域获得了巨大成功。

具备胆识的孩子更容易走向成功之路。因为具备"胆识"，在需要力排众议的时候，不会瞻前顾后；在发现机遇的时候，不会犹豫不决；在需要作出果断的处置时，不会畏首畏尾。

作家塞万提斯曾经说过："丧失财富的人损失很大，可是丧失勇气的人，便什么都完了。"对于一个人来讲，失去了机会就失去了很多，丧失了勇气那就失去了全部。

若想成就事业，胆识是必不可少的个人特质。在一定时候，胆识能起到决定性作用。凡是有成就的名人和伟人，无不胆识过人。

有胆识的人比别人更"快"地注意到机会的来临并把握它。机遇总是转瞬即逝，当机遇擦身而过时，别人还来不及反应、来不及考虑清楚是否需要把握它，有胆识的人已经在瞬间作出了决定，也许别人还在观望，但此时的他们已经开始了自己的行动。

有胆识的人比别人更"准"地把握时机。他们的思想从来不会被过去的经验和条条框框所左右，他们有着敢为天下先的勇气。如此，他们就会更多地尝试他们那些大胆的想法，使得他们能获得更多的发展机会。机会多，成功率自然就高。

真正有胆识的人比别人更有"智"。有胆识的人绝不是一介莽夫，他们往往智勇双全。他们能在学习、工作、生活中发现更多的"路"，并且用自己的头脑判断这些新发现、新思路。

有胆识的人比别人更能"隐"。这个"隐"指"隐忍"，人总有失败的时候。面对失败，有的人输得起，有的人则一蹶不振。有胆识的人相信自己能赢，相信自己的能力。他们不服输、不认输，他们往往像一名坚强的战士，在生命的战场上总能"背水一战"、绝处逢生。无疑，以上这些心理素质使得有胆识的人更接近成功之路。

那么如何培养孩子的胆识？家长们可以参照以下几点：

1. 支持孩子大胆地去做事

父母教育孩子，对孩子未成熟期的保护应该随着孩子的发育成长减少，并随着孩子的成长加强对孩子单独生活、适应社会的能力的培养。

2. 鼓励孩子大胆地说话

一些孩子不喜欢说过多的话，对这种孩子，爸爸、妈妈应尽量少讲"你一定要这样或那样做"之类的话，而应多讲"你看怎样办""你的想法是什么"这类的话，给孩子一个独立思考并发表自己意见的空间。

3. 鼓励孩子多与社会打交道

有些性格懦弱的孩子仅仅习惯于同自己熟识的人待在一起，与社会上的人打交道时就会产生一种潜意识的惧怕。因此，爸爸妈妈在孩子还小时就要培养他们为人处世的能力。

让孩子远离挫折，不如教孩子直面挫折

有不少父母总是想方设法排除一切干扰，让孩子顺利成长，这是可以理解的。但是，孩子由于缺少甚至没有经历挫折，很难培养起挫折适应能力。如果孩子缺乏这方面的能力，一旦遇到挫折又怎么能输得起呢？这会令孩子变得只会怨天尤人，不知所措。而孩子成长的道路并非一直都是平坦的，因此有必要教会孩子正确地面对挫折。

詹姆斯在8岁的时候，有一天，他从学校哭着回家。当时他满脸通红，看上去像刚刚挨了一顿打。他告诉母亲，有个小子打了他一个耳光，他尽力躲避，但是没有躲开。母亲抚摸着他通红的脸，问他："他为什么要打你？"

他回答："我没得罪他，他叫我'黑鬼'，然后就打了我。"

母亲的脸色突然变得非常冷峻，显然她非常生气："你以后永远不要让别人叫你黑鬼并且打你。嘿，听着，我要你反抗和斗争，为你应该拥有的一切而斗争。"

一个星期后，在学校里，仍然有一些小坏蛋跟小詹姆斯过不去，骂他骂得非常难听，然后就咯咯笑着跑了。他知道，他们就是希望他不痛快，但是他不！他感到非常愤怒，但他并没有试图躲避，而是勇敢地面对他们，进行了应有的反击。他和那伙小坏蛋并没有谁输谁赢的问题，重要的是他不再躲避而是直面他们的挑战了。

从那时起，他作出了一个决定，他要反击那些欺负他的人，正如母亲所说的那样，他一定会获胜。他一定不会再让自己难堪了。对他来说，至关重要的是，面对他人的不公正的对待时他不再躲闪，而是懂得要自强、要反击。

这应该算是他人生中的一个重大转折点。

詹姆斯正是在母亲的教导下，直面成长道路上的挫折，才成为日后的传奇歌手。如果当初他在同学的欺负下退缩了，很难想象日后他会是一个什么样的人。

孩子们几乎都有这样的毛病，他们在经历了挫折后，可能会产生消极情绪，而且会越来越惧怕挫折。在准备去做某件事情之前，他们总会自我设想许多可能遇到的困难和障碍，从而产生忧虑和恐惧，于是总想回避。因此，父母一定要帮助孩子走出这个误区，让孩子成为一个心理健康的人。

在美国有一个黑人男孩，他心中有很深的自卑感。一次，他对妈妈说："我想当医生，可我是一个黑人，黑人是被人看不起的，我只是奴隶的后代。"

妈妈马上说："你这样想是不对的，黑人也有很多优秀的地方。包括你在内，所有美国黑人的血统都来自非洲，你应该以黑人的血统为荣，因为在美国的黑人是非洲所有的子孙中能生存下来的人。弱者在未离开非洲之前，就死在森林里或船上，留下能够生存的黑人，有知识，有才能，又有丰富的情感，这些都是生存的条件。所以在美国的黑人和其他种族一样强壮和优秀，这种优秀的血统会一直延续下去的。"

从此，每当这个男孩遇到困难的时候，他都会想起妈妈的话，并以此来激励自己不断奋斗。不论受过多少苦，经历过多少磨难，他从未想过放弃理想。后来，他通过自己的努力和智慧取得了医学博士学位，且成为一个非常优秀的医生。

由此可见，父母只要给孩子一个健康的心理暗示，让孩子走出挫折的阴影，孩子就会勇敢地面对任何困难和挫折。

让孩子正确地面对挫折，家长应该注意以下几点：

1. 不要迁就孩子

无数事实证明，父母的"不迁就"，带给孩子的是持久的耐力和乐观的心态，能够让孩子从小经历挫折从而学会接受现实，并调整自己的行为来适应社会的规范。

2. 建立"失败"的正确观念

父母可以通过古今中外许多历史人物或现代成功名人的例子，让孩子知道"失败"并不可怕，可怕的是一蹶不振，永远地放弃自我。

3. 创造挫折的机会

虽然我们不会让孩子承受太大的压力，但是我们可以给孩子提供承受挫折的机会，为孩子打下勇于面对困难的预防针，提高他们受挫的免疫能力。例如，家长可让孩子负起某一事件的责任，从做事的过程，去考验孩子的处事能力、处理人际关系的能力等，同时，也让孩子知道父母的态度是看重过程重于结果的。

面对挫折，自强者终会知道这是人生路上必须搬开的绊脚石，更能从中体验到战胜困难、超越自我的快乐。奥斯特洛夫斯基说得好："人的生命似洪水在奔腾，不遇着岛屿和暗礁，难以激起美丽的浪花。"

坚持力，你为孩子磨砺了吗

日常生活中，我们常见到许多孩子做事不是虎头蛇尾，就是半途而废，最终都不能善始善终。对此，家长不可视而不见或迁就放任。

孟子少年读书时，开始也很不用功。有一次，孟子放学回家，孟母正坐在机前织布，她问儿子："《论语》的《学而》篇会背诵了吗？"孟子回答说："会背诵了。"孟母高兴地说："你背给我听听。"可是，孟子总是翻来覆去地背诵一句话。孟母听了又生气又伤心，举起一把刀，"嘶"的一声，一下就把刚刚织好的布割断了，麻线纷纷落在地上。

孟子看到母亲把辛辛苦苦才织好的布割断了，心里既害怕又不明白其中的原因，忙问母亲出了什么事。孟母教训儿子说："学习就像织布一样，你不专心读书，就像断的麻布，布断了再也接不起来了。学习如果不时时努力，常常温故而知新，就永远也学不到本领。你不能半途而废啊！"说到伤心处，孟母呜呜咽咽地哭了起来。孟子很受触动，从此以后，他牢牢记住母亲的话，起早贪黑，刻苦读书。

孟子后来成为发扬儒家学说的大家，这不能不说和孟母教子不能半途而废有关。但是，并不是所有的孩子都会像孟子那样，听取母亲的一次教诲就能够做到有始有终。

情境一：明明剥毛豆时，开始觉得很好玩，可是剥了一会儿觉得心烦，就不想剥了。

情境二：冬冬擦玻璃，擦了半天总也擦不干净，只擦了一块就不擦了。

情境三：王立课间主动擦黑板，擦完黑板后，他看见同学们在操场上玩，就把抹布随便一扔，连同学的椅子都还没摆放好就跑出了教室。

上面三个情境中，三个孩子的起点都很好，可是最终都半途而废了，其原因就是没有耐性，也都没有坚持力。更重要的一点是前两位孩子遇到了一点小困难就都退缩了。

可见，有无坚持力是做事能否有始有终的重要因素之一，所以，培养孩子做事有始有终，就应该训练孩子的坚持力。

坚持力被认为是一个人心理素质优劣、心理健康与否的衡量标准之一，也是孩子未来成功的关键因素之一。培养孩子的坚持力，对孩子今后的人生道路有很大的影响。因此，父母一定要对孩子的坚持力进行训练，当然也需要父母的坚持才能培养出孩子的坚持力。

在日常生活中，父母可以利用身边的小事来锻炼孩子做事的坚持力。比如洗碗、擦桌子、收拾房间等。刚开始，孩子可能会边玩边做，父母可以在一旁督促孩子，让孩子用心去做，直到把一件事做完为止。要让孩子明白，做任何事情都要坚持把它做完。

在经历了日常生活中小事的锻炼后，父母也可以有意识地设置一些障碍，为孩子提供克服困难的锻炼机会。因为，坚持力是靠坚强意志磨炼出来的，越是在困难的环境，越能锻炼孩子的坚持力。做父母的要鼓励孩子做事不要半途而废。孩子经过努力出色地完成一项工作后，父母要给予及时的表扬，强化孩子做事能持之以恒的好习惯。

当孩子做事不能善始善终时，父母可以这样鼓励他：

"你要坚持一下，如果这条路走不通，再试试其他办法。不管是直接走还是绕道而行，只要能够走过去，你都应该试试。当你想要放弃时，你要告诉自己，坚持下去，我一定会成功的！"

同时，父母也可以加上鼓励的话：

"我知道你会成功的！"

"你做得确实很不错!"

"既然你已经开始了,就坚持到底!"

在这些温情话语的鼓励下,孩子就会激发出做事情的热情,心中充满了信念,并不断地自我暗示,努力去实现自己的目标。

培养孩子的坚持力,家长应注意以下几点:

1. 父母要做好表率

首先要求父母做事完完整整,不半途而废,并注意让孩子模仿,同时经常提醒孩子注意父母做事是怎样坚持到底的。

2. 父母要从生活细节入手经常鼓励孩子

对于意志力差和好胜心不强的孩子,家长应注意激励培养他。当孩子不想学习时,鼓励孩子:"把这篇文章看完就休息!"当孩子想让父母陪着出去玩时,对孩子说:"等妈妈(爸爸)把碗洗完就陪你出去!"当孩子不想走着去公园时,对孩子说:"我们一边走一边拍照片,10分钟后就可以到公园了。"从生活细节入手,日久天长,孩子的坚持力就会不断增强。

3. 父母要指导和监督孩子做事

孩子做事的全过程中,父母在关键时刻要给予指导和提示,这不是代替而是帮助孩子想办法,以防孩子碰到解决不了的问题时灰心丧气。当孩子想不出办法又不愿去想,有偷懒或依赖父母的迹象时,父母应注意说服鼓励,必要时给予批评,并监督孩子独立地做完一件事。这样长期坚持下去,孩子的能力提高了,习惯养成了,做事也不再半途而废了。

坚持力是成功的基础,一个人在遇到困难时,只有保持足够的坚持力,他心中的目标才会实现。所以在孩子做事情的过程中,父母要积极引导孩子凡事坚持,不达目的不罢休。

展翅高飞，需要鼓励

我们打个比方，倘若把精力划为 100 分，那么孩子每天要拿出多少来应付和避免父母的指责呢？事实上对于小孩子来说，这是他们非常在意的问题，所以可以肯定地说，他们至少要拿出一半的精力来应对。

那么我们可以想象一下，有这样两个孩子，其中一个，父母给他支持、喜欢和欣赏，这个孩子回到家，无须花费精力去应付别的，他可以拿出绝大多数精力投入学习当中；而另一个孩子却要拿出一半的精力用在和父母的争执与申辩上。到底哪个会更出色一些？答案不言而喻。

孩子要完全成长起来，他需要得到一种积极的心理暗示，叫"认同"。一个孩子必须自我认同，才能够积极上进，但自我认同的前提是要获得爸爸妈妈的认同。如果父母给予孩子的全都是批评，孩子就会像被石块压住的种子，他要从石头缝中钻出来，都要费好大劲，又何谈长得笔直、茁壮呢？

所以说，那些总是抱怨孩子没有上进心的家长是不是该反思一下：到底是孩子不愿上进，还是你压制了孩子的上进心呢？

"篮球飞人"乔丹小时候就非常喜爱篮球，常常梦想自己长得很高，能够像大卫·汤普森那样，成为未来的超级球星。

那段时间，小乔丹总是天真地问妈妈："妈妈，我能不能长得更高一点？"面对小乔丹稚嫩的问题，妈妈总是满脸微笑地说："能啊！我们的小乔丹当然能长得更高！每天晚上你睡觉的时候，妈妈都会为你祈祷，而且还会往你的鞋子里撒盐，这样我们的小乔丹就可以长得更高了！"就这样，乔丹从小就在妈妈的鼓励和支持下，对篮球充满了梦想。

1972 年的一天，乔丹在看完慕尼黑奥运会的一场比赛之后，兴冲冲地冲进厨房，激动地向妈妈宣布："总有一天，我会参加奥运会，我会参加篮球赛，我会得金牌！"乔丹的母亲听到孩子这番"大话"，肯定地对乔丹说："孩子，我相信你！你绝对行！我们就朝着那个目标努力吧！"

从此以后，在母亲的鼓励下，小乔丹开始为实现自己的理想而不断地努力。虽然在中学阶段遭遇过很多打击，但他从没有气馁和放弃，因为"妈妈说我行"。

乔丹在自信理念的支持下，不断进取，实现了一个又一个目标，最终成了 NBA 最伟大的球星之一。

如今，乔丹已经实现了儿时的梦想。他在自传中，有一段对于自己取得骄人成绩原因的分析："我能有如此的成就，除了有精湛的技术外，最重要的一点就是有上进心，并时时刻刻以积极的心态面对挑战。"

乔丹的上进心一方面源于他对篮球的孜孜以求，一方面源于母亲的不断鼓励，正是这两方面因素结合的作用，才使他不断地去进取。我们培养孩子的上进心，就应该让孩子以积极的态度去面对周围的事物。

一位心理学家，在他的小儿子第一次上学之前，就教给他的宝贝儿子一个秘诀，那就是在学校里要多举手，保持良好的上进心，多回答老师的提问。

于是，老师发问时，他总是第一个举手，这就要求他能对老师所说的、所问的都有全面的了解，也就要求他在课堂上要时刻认真倾听老师讲课，不停地随之思考。

随着时间的推移，老师对这个不断举手的小男孩自然而然留下了深刻的印象。不论他举手发问，或是举手回答问题，老师总是有意识地让他开口。由于小男孩的积极进取，他在学习的进度上、自我肯定的表现上都大大地超越了其他同学。

多多举手，正是那位心理学家教给他儿子学习生涯中的利器，是成功者积极主动的态度。由此可见，上进必须主动，因为一切自卑、畏缩不前和犹豫不决的行为，都只能导致人格的萎缩和做人处世的失败。

培养孩子的上进心，家长可以参考以下几点去做：

1. 给孩子订立一个小目标

给孩子订一个小的目标，让孩子尝试一下成功的喜悦，增强孩子的自信，从而使孩子上进。例如，孩子对写作文没有上进心，上课心不在焉，家长可以鼓励孩子，提高孩子的自信。在具体学习上，要让孩子多写日记，多积累素材，多练笔，从一个人物、一个场景写起，渐渐提高写作水平。

2. 帮助孩子分析受挫的原因

对于受过挫折的孩子，成绩下降时，可以让孩子讲以前曾取得过的好成绩、教师的一些鼓励等。再让孩子分析成绩下降的原因，如生病耽误了功课、学习方法不正确等，使孩子恢复信心。再根据原因选择相应的方法，如抓紧时间复习、改变学习方法等。

3. 培养孩子的特长

孩子总会有自己的特长，只要耐心地加以寻找，就可以从这一特长着手，让孩子肯定自己的价值，进而提高孩子的上进心。例如，孩子喜欢下棋，家长就要及时地鼓励孩子，也可以让孩子想象一下成为棋王、打败天下无敌手的感受等。

一个孩子不管有多少缺点，他表现出的强烈的求知欲望与探索精神常常令成年人感到惊讶。如果你的孩子有让人惊讶的求知欲，身为父母的你就应激励孩子的这种上进心。

三、

品质，你刻意为孩子塑造了吗

孩子的心灵是一块土地，父母播下思想的种子，就会获得行为的收获；播下行为的种子，就能得到习惯的收获；播下习惯的种子，就能得到品德的收获；播下品德的种子，就能得到命运的收获。在孩子良好品质的培养过程中，父母起着非常重要的作用，因为父母是离孩子最近的人。父母的一言一行都是孩子模仿的对象。因此，父母要以自身的优秀品质来影响孩子、引导孩子，使孩子成为一个诚实、正直、有高尚品质的人。

孩子的自私因你而起

孩子自私，往往都是家长教的。有些家长很自私，他们会告诉孩子"把这个收好，不能给小明玩，别让他弄坏了""这是爸爸妈妈特意给你买的，我们都不舍得吃，你也不要拿给别人吃"，等等。这些父母可能还不知道，自己这些有意无意的言行已经把自私传染给了孩子。

曾见到这样一家子，这家有个男孩，父母对孩子很是宠爱，家里好吃好喝的都尽着孩子，即使爷爷奶奶来了，家长也要让孩子先拣好的吃，等孩子吃够了，他们才吃。后来，这家的两口子下岗了，孩子想吃虾，妈妈就咬咬牙，用了好几天的伙食费买来了虾给他吃。看他吃过以后还剩一些，妈妈也想尝一尝，谁知这个时候，孩子突然喊叫起来："别动！那是我的！"这时妈妈听了别提有多伤心了。

一个孩子如果长期这样发展下去，他就会越发自私自利，心胸狭隘，这不能全怪孩子，因为很多东西都是孩子从父母身上学到的。好在孩子还小，从现在去培养他与人分享的品质还来得及。

贝贝今年5岁了。由于父母亲缺乏好的教育方法，他养成了自私等心胸狭隘的坏毛病。不论是吃东西，还是玩玩具，都要自己优先，甚至"垄断"。贝贝的母亲吴雪雯正愁没有良策，办公室的一位大姐介绍了她当年对自己孩子的纠偏之法。

下班后，吴雪雯买了贝贝最喜欢吃的蛋糕。贝贝看见后嚷着要吃。吴雪雯就按照大姐介绍的办法逐一施行。

"贝贝，蛋糕好不好吃？""好吃。"贝贝欢快地回答。"那你想不想吃？""想吃想吃。"贝贝有点迫不及待。

见孩子已经进入状态，吴雪雯话锋一转，提出第三个问题："好吃的东西，爸爸妈妈是不是也想吃呢？"

"这个……"贝贝挠了挠脑袋，开始思考这个问题了。

"好吃的东西，爸爸妈妈是不是也想吃呢？"吴雪雯紧跟着又问了一遍。"不知道！"贝贝回答说。听了他的回答，吴雪雯有点泄气。

"好吃的东西，爸爸妈妈当然也喜欢吃了。外公、外婆和姐姐他们也都喜欢吃呢！"吴雪雯马上自己回答。

贝贝听了这话，瞪大了眼睛，露出疑惑的表情。

"可每次为什么我们不吃，而都让给你吃呢？"吴雪雯又接着问。"不知道。"贝贝回答。

"不是因为我们不喜欢吃，是因为我们爱你、疼你，所以我们省下来，想让你多吃一些。你知道吗？"

贝贝眨巴眨巴眼睛，似乎明白了，就点了点头。吴雪雯马上趁热打铁，问："那你以后有好吃的，要先问别人吃不吃，懂了吗？"

"嗯。"他使劲点了点头。

"那，给你吃吧！"说着，吴雪雯把蛋糕给了他一块。

他正准备把蛋糕放到自己嘴里，吴雪雯赶忙问："刚才妈妈说什么来着？"

贝贝拿着蛋糕停在那儿，想了想，把快送到嘴边的蛋糕又递了过来，小声地问："妈妈，你吃不吃？"

见到孩子这样的变化，吴雪雯的心里涌动着一股暖流，巴不得让孩子赶紧吃个痛快，可想到要教育孩子，又忍住说："我也想吃啊。不过，妈妈只吃一点。虽然妈妈很喜欢吃，可妈妈喜欢贝贝，省着让贝贝多吃一些。"说罢，母子俩一起开心地吃起来。

见这办法不错，吴雪雯随后几天又加强了几次，接着在家人中进行了推广。从此，贝贝彻底改掉了自私的毛病。

学会给孩子讲道理的技巧，在孩子明白道理的基础上提出纠正孩子毛病的办法，能从主观上得到孩子的理解，使孩子很好地与之配合，将收到更好、更长远的效果。

培养孩子学会与他人分享，父母可以参考如下方法去做：

1. 对孩子进行移情训练

有很多孩子不愿意和别人分享自己的东西，但是，他却总是希望能够分享他人的东西。这个时候，父母应该充分了解孩子希望获得他人东西的心理特征，通过移情训练，让孩子站在他人的角度去思考问题，引导孩子与他人分享自己的东西。

2. 父母要学会分享孩子的东西

由于大多数孩子是独生子女，有什么好吃的、好喝的父母都会让给孩子，根本就不会去跟孩子"抢"食物，慢慢地，就让孩子养成了吃独食的习惯，根本就不知道和他人分享。因此，如果父母想让孩子学会与他人分享，最重要的是自己首先要学会分享，坦然地与孩子分享。在与父母分享的过程当中，孩子不仅学会了与人分享，而且明白了应该尊敬长辈，关心父母。

3. 用交换的方法让孩子学会分享

父母可以用交换的方式让孩子学会与他人分享。比如，给孩子买了什么玩具后，就鼓励孩子将玩具带到学校去，让他与其他的同学交换着玩。这样孩子不仅学会了与人分享，还知道了不能损坏别人的东西，对待别人的东西要像对待自己的东西一样爱惜。

人不是孤立的，而是生活在群体中，所以我们要充分考虑孩子的将来，应让他乐于和别人一起分享。

别让孩子因为善良而彷徨

善良是人类最美好的品德之一。儿童心理学家研究表明，善良和同情是孩子的天性，但如果在后天没有得到及时的培养，那么他的善良与同情心就会逐步消失。所以，孩子拥有一颗善良的心的关键在于家长的正确引导和培养。因此可以说，父母是孩子善良和有同情心的最直接的引导者。

一天，一个小男孩在自家的院子里玩耍时，见院门口站着三位老人，便上前对老人们说："老人家，一定走累了吧，请进屋歇歇吧！"

"我们不能一起进屋。"老人们说。

"为什么？"小男孩好奇地问。

一位老人指着同伴说："他叫成功，他叫财富，我叫善良。你现在进屋问问你父母，请他们商量一下，看看需要我们当中哪一位？"

小男孩进屋后，把老人的话原原本本地告诉了父母。

"孩子，你快去把善良老人请进来。"父亲毫不犹豫地对儿子说。

"爸爸，您不是还欠着老爷的租金吗？您不是没有钱送我上学吗？"小男孩轻声地说，"我可以把财富老人请进家吗？"

"不行！孩子，善良比财富、成功都重要，你快去请善良老人吧！"父亲斩钉截铁地对儿子说。

小男孩听从了父亲的话，来到院子里，礼貌地对老人们说："善良老人，请您到我们家做客吧！"

善良老人起身向屋里走去，另两位叫成功和财富的老人也跟着进来了。

小男孩和他的父亲感到很奇怪，便问成功和财富："两位怎么也进来了？"

"哪里有善良，哪里就有成功和财富。"老人们回答说。

这虽然只是一个寓言故事，但却说明了善良的重要性。教育孩子与人为善，从小要有一颗善良的心，这是父母必须做到的，因为善良是伦理道德范畴中最基本的概念。这一概念的具体体现就是善行和善举，就是对社会和他人做一些符合道德要求的事情。

许多父母常常忽略了对孩子进行善良品性的教育，他们一味溺爱孩子，或者是自己本身的道德品质就不高尚。父母不好的品质也会影响孩子，使孩子在成长的过程中逐渐失去爱心、同情心，而变得冷漠、自私。因此，在教育孩子要与人为善的同时，父母也应该以身作则，要对他人有善心、同情心。

培养孩子善良的品德，家长还应该注意以下几点：

1. 用"与人为善"的小故事感化孩子

教育学家研究，教育孩子的最好方法是给孩子讲故事。当孩子进入故事情境中时，他就会不自觉地去衡量每个人物。用"与人为善"的小故事感化孩子，可以说是比较好的方法。

2. 培养孩子的同情心

生活中，父母应该注重培养孩子的同情心，特别是对处在逆境中的人要表示自己的关心，并给予必要的帮助。同时，父母要提醒孩子，如果他漠视别人，在他人遭遇困难时袖手旁观，或是避而远之，就不会赢得人们的喜爱。更为重要的是，在自己遇到难处时，也不一定有人帮助，因为没有人喜欢和一个冷漠的人打交道。

3. 教孩子乐于帮助别人

愿意帮助别人的人，才能获得别人的帮助。将恩惠与友善多带给周围的人，使别人从我们身上得到益处，这样，在自己身处险境时，也会得到他人的帮助。父母要提醒孩子，"勿以善小而不为"。因为再微不足道的善事，都能给他人带来好处和帮助。有时，受到我们恩惠的人也会将恩惠施与我们。所以，不要吝啬你的关怀，你付出什么，就会收获什么。

生活中，一些真正的行善者都是真诚的、道德品质高尚的人，这些行善者的心是宽容的。他们待人厚道，心灵质朴，因此常能获得人们真正的友爱。一个人有了善良的心，他也会受到生活的眷顾；有了善良的心，他的思想也就纯洁无瑕，就不会做出奸诈险恶的事情，因而也不会受到外界的不良诱惑。

父母如果失信，孩子怎会诚实

诚实是人的重要德行之一，拥有诚实的心性，心中一片坦荡光明，自然能够带领一个人步入成功的快车道。

世界上最早的通讯社路透社是由保罗·朱利斯·路透创办的，可以说他的成功是因为他的诚实。

路透生于德国，十几岁时父亲就去世了，他在其叔父开设的银行帮忙。有一天，银行派他到鼎鼎大名的数学家高斯家中取款。

路透在回到银行仔细清点钱的数目时，发现高斯多给了三百马克，这在当时算是一笔不小的数目。

为人诚实的路透急急忙忙地又回到了高斯家，他恭敬地对高斯说："先生，你先前给我的钱的数目错了……"

由于高斯正在忙着一道公式解答，头也没抬地大声说："我是知名的数学家，就这么一点小小的数目，我会算错？况且我已经把钱交给你很久了，你现在还跑来跟我说数目不对……我们早已银货两讫、互不相欠了。"

路透只好说："好吧！既然你这样说，那你多给的三百马克我不用还了。"高斯才知自己真的数错了。当然，最后路透还是将多出来的三百马克还给了高斯。

正因为路透从小就养成了诚实的习惯，所以他日后能够以诚信为立业之本，从而也成就了一番平凡而伟大的事业。

但在生活中，许多身为父母的人不重视对孩子诚实个性的培养，而且父母自己本身就常说谎。

"知心姐姐"卢勤常常收到孩子们写给她的信，诉说他们对"说话不算数的父母"的意见。

一个男孩说："我爸说，只要我考试得了 100 分，星期天就带我去公园玩。我真的考了 100 分，爸爸却说他没有时间。"

一个女孩说："我妈说，写完作业就让我出去玩。我写完了，妈妈却不让我出去玩了，还让我做练习题。"

如果父母不诚实，一次次"说话不算数"，失去了孩子的信任，也就失去了自己在孩子心中的威信。父母失信于孩子，会让孩子觉得，一个人说话可以不负责任，答应了的事也可以不办，于是在父母的影响下，自己也会养成不守承诺的坏习惯，长大以后就会因为"失信"而失去朋友，更失去大家对他的信任。

作为父母，教孩子诚实的最好办法就是自己能言必信，行必果。说话算数、说到做到的父母会使孩子重视他们所说的每一句话，从小就学习父母"有令必行"的行事风范，从而养成诚实的习惯。

培养孩子的诚实，没有比信任孩子更好的办法了。苏联伟大的教育家马卡连柯非常注意对孩子的信任，他认为，信任可以培养孩子的诚实品质。

有一次，马卡连柯派一个曾经是小偷的学生去几十里外取一笔数额不小的钱。这位学生曾经是小偷，在同学的眼中被视为另类，没人与他来往，他非常渴望得到信任。接到马卡连柯的任务后，这位学生简直不敢相信这是真的，他问马卡连柯："校长，如果我取了钱不回来了，你会怎么办呀？"

马卡连柯平静地回答："这怎么可能？我相信你是一个诚实的孩子，快去吧！"当这个学生把钱交给马卡连柯的时候，他要求马卡连柯再数一遍。马卡连柯却说："你数过了就行。"于是，随手把钱扔进了抽屉。

事后，这个学生是这样描述自己的心情的："当我带着钱回来时，一路上我都在想，要是有人来袭击我，哪怕有十个人，或者更多，我也会像狼一样扑上去，用牙咬他们，撕他们，除非他们把我杀死！"

马卡连柯就是运用信任的方法培养了这个学生的诚实品质。所以，要孩子诚实，就要信任孩子，把信任交给孩子，这样就会很好地培养孩子的诚实品质。

培养孩子的诚实，家长应该注意以下两点：

1. 观察孩子，有的放矢地教育

孩子不诚实的行为一般比较隐蔽，家长如不重视是不易发现的。如有的孩子偷偷地拿别人或集体的东西，有的孩子说了假话，这些现象未经严密观察就不会被发现，从而错过了教育机会。家长发现孩子有不诚实行为后，应该按照孩子的年龄和心理特点分析其原因，然后采取相应的教育方法。

2. 用诚信的故事引导孩子

给孩子讲名人诚信的故事，教育孩子诚信是做人之本，教孩子做一个守信用、负责任的人。面对社会上的拐骗欺诈行为，家长要立场鲜明地表示反对态度，让孩子辨明是非、美丑。

诚实是做人的基本准则，诚实的人在社会上会受人欢迎和敬重，人们都喜欢与诚实的人交往、做朋友。

别让孩子的心像马蹄坑一样小

孩子天性宽容，只是因为在后天的成长中沾染了不良的风气，才变得不宽容。比如，有的孩子从小就生长在一个不和睦的家庭，父母之间的争吵，以及父母对孩子过于苛责，从不肯宽容孩子，这些都会刺激孩子，使孩子形成心胸狭隘、遇事爱计较的习惯。所以，家长要注意自己的一言一行对孩子的影响。

我们要教好孩子，就要从小给他们树立起一个观念，决不能让自己的心胸像马蹄坑一样小。只有有了宽广的胸怀，孩子才能明确人生的意义，收获快乐的友谊，才能活得更乐观、更健康。

伟伟放学回家后，妈妈见他满脸怒气，便问原因。

"妈妈，你说要是报复一个人，又不被他发觉，用什么样的方法最好呢？"

"除了宽容之外，用什么样的方式都不好！"妈妈的话让伟伟吃了一惊。

"为什么要宽容他？妈妈，今天上体育课打篮球时，张建把我碰倒了，我自己花了好长时间才挣扎着爬起来。他没有扶我起来，却像没事一样继续打球。妈妈，这样的人怎么可以原谅呢？"

"儿子，体育场上难免会有这样的事情发生，对方不是故意的，就不要斤斤计较。你看在这次北京奥运会的篮球赛中，著名篮球运动员王治郅右眼角被人碰出了血，他下场后没有挥起拳头找人理论，这点你可要好好学习啊！"

"可是我不想原谅他。"

"原谅有什么不好呢？你原谅了张建，他就会因为你的宽容而对你充满感激。下次打球时，他就会注意不再发生类似的事情了。"

在妈妈的劝解下，伟伟终于懂得了宽容的重要性，他彻底打消了报复张建的念头。

后来，伟伟和张建成为一对非常要好的朋友。

孩子与孩子之间难免会产生矛盾、误会，而宽容是最好的解决方式，所以告诉孩子要得饶人处且饶人。这不仅是一种美德，也是冰释前嫌、搭建友谊桥梁的法宝。

让孩子得饶人处且饶人，拥有一颗宽容的心，家长要注意以下几点：

1. 不让"坏种子"发芽

父母在发现孩子有不良的动机或是想法时，要帮助孩子消灭掉这些

"坏种子"，使其无法生根发芽。因为与其在孩子发生不好的行为后再去教育、纠正，不如在发现孩子有不好的苗头时就帮助他改正，这样的教育将会取得事半功倍的效果。

2. 从正面引导孩子

父母发现孩子爱斤斤计较时，不能够放任不管，更不要鼓励孩子寸利必争，而是要及时对孩子进行正面的教育。

3. 帮助孩子克服心胸狭隘的坏毛病

在生活中发现孩子喜欢为一点小事就与人争、抢、闹时，父母要及时地制止孩子，并加以正确的引导，使孩子懂得心胸狭隘给自己带来的危害。

一个人的成就和他自己所拥有的气度和胸怀是分不开的。如果总是斤斤计较，就会什么也得不到，而那些心胸宽广之人在宽恕他人的同时，也能够赢得他人的爱戴和信任。

要想孩子宽容，首先你要能容

如果你希望得到一个宽容的孩子，那么你首先就要是宽容的，你的样子会深深刻在孩子的脑海中。

吃晚饭时，悠悠不慎把饮料碰翻在地，没几秒钟，大家又听到筷子落地的声音，原来是奶奶弄的。奶奶弯下腰去捡筷子，嘴里说："我都已经70多岁了，还会把东西碰到地上。"说话间，奶奶有意看了看孩子。看到奶奶的微笑，孩子没有了惊恐的感觉，孩子的妈妈也心领神会，于是帮孩子收拾残局。

睡觉前，妈妈来到悠悠的房间，给悠悠讲故事。悠悠对妈妈说："谢谢你们今天没有责怪我，要是其他小朋友的爸爸妈妈早就大喊大叫了，谢谢你们。"看到女儿这般懂事，妈妈非常开心。她抚摸着孩子的头，温和地说："这就叫宽容，当别人不小心犯错时，我们要宽容他。"孩子点了点头。

家庭教育虽然没有一定之规，但方法还是要讲的，批评、打骂孩子是一种教育，宽容也是一种教育。生活中，不少家长见到孩子犯错，轻则斥责，重则打骂，这就是一种不够宽容的做法，过分计较孩子所犯的错，非但难以让孩子认识到自己的错，反而容易使孩子滋生抵触心理。所以说，家长要孩子学会宽容，那么家长就一定要懂得宽容孩子。

此外，生活中，家长不但要宽容孩子的过错，更应该宽容别人、宽容别人的孩子，要以开阔的胸襟，培养孩子的宽容品质，以温情的教育感染孩子的个性与心灵，这样才能教会孩子宽容。

一个实习老师在一所幼儿园实习，中午放学时，由于她的疏忽大意，将一个5岁的小女孩锁在了游戏室。1个多小时后，小女孩被幼儿园的其他老师发现并解救出来。不难想象，获救的小女孩是何等惊惧，她在闻讯赶来的妈妈怀里痛哭不止。实习老师惊慌失措地赶到现场，因为担心与内疚，在啼哭的孩子面前手足无措。这时，在场的所有人都等待着孩子母亲合乎情理的斥责与埋怨。毕竟，是实习老师的疏忽导致孩子遭受了不应有的惊吓。

出乎意料的是，这位母亲俯身向还在抽泣的孩子说："乖，去亲亲姐姐，告诉她没事了。"孩子在母亲的嘱咐下，含泪亲了亲呆立一旁的实习老师。瞬间，周围严阵以待的人们感到一阵暖意。

在亲吻这个简单的动作里，孩子知道了什么是宽容，实习老师获得了宽容，周围的人感受到了宽容。有什么样的家长，就会有什么样的孩子。家长若是遇事睚眦必报，孩子就会学得小肚鸡肠；家长遇事多宽容，孩子也会大度能容。教孩子学会宽容、善待他人，有时也许只需父母的一个简单的举动，一如上文中的那位母亲，正是她用宽容给孩子做出了好的表率，才让宽容的种子在孩子幼小的心灵里生根发芽，才可能培养出宽容、善良的孩子。

一个人只有宽宏大度，才能看开一切；一个人只有胸怀宽广，才能包容一切。有言道："海纳百川，有容乃大。"一个人只有像大海一样，去包容别人，才能在自己身旁聚集一些朋友；一个孩子只有以宽宏大度去包容伙伴，才能拥有更多的朋友。其实，宽容别人也就是在宽容自己，宽容的孩子才能够赢得他想要的美好的东西。

培养孩子，就应该让孩子以宽宏大度的心态，去面对大家，去包容大家。

有一个孩子，他不知道回声是怎么回事。有一次，他独自站在旷野，大声叫道："喂！喂！"附近小山立即反射出他的回声："喂！喂！"他又叫："你是谁?"回声答道："你是谁?"他又尖声大叫："你是笨蛋!"立刻又从山上传来"你是笨蛋"的回答声。孩子十分愤怒，和小山对骂起来。然而，小山仍旧毫不客气地回敬他。

孩子气冲冲地回家对母亲诉说，母亲对他说："孩子呀，那是你做得不对。如果你恭恭敬敬地对它说话，它就会和和气气地对待你。"孩子说："那我明天再去那里说些好话。""应该这样，"他的母亲说，"在生活里，不论男女老幼，你对人好，人便对你好；如果我们自己粗鲁，是绝不会得到人家的友善相待的。"

这位聪明的母亲不失时机地教会了孩子怎样待人。诚然，"要想公道，打个颠倒"。宽容是一种美德，在生活中，即使别人错了、无礼了，你若能容忍他人，宽容他人，同样能获得信任和支持，同样能得到别人的友善相待。

要培养宽宏大度的孩子，父母应做到以下几点：

1. 父母为孩子树立榜样

孩子最初是从父母那里学习待人接物的方式的。父母宽容、大度、遇事不斤斤计较，与邻里、同事之间融洽相处，孩子就会学着父母的样子处理同学之间的关系，也会变得宽容、好善、乐于与人相处。

2. 教孩子学会"心理换位"

就是指当孩子间产生矛盾时，能够让孩子站在对方的角度上思考问题，思考对方何以会如此行事、如此说话。

3. 教孩子学会理解他人，理解人人都有缺点

金无足赤，人无完人，有缺点和不足乃是人性的必然。告诉孩子对别人没有必要事事计较，事事都争个公平合理；多原谅他人一次，多给他人一次宽容和理解，同时也就为自己多找了一份好心境，也会使自己在个性完善的道路上再向前迈进一步。

4. 让孩子多与同伴交往

宽容之心是在交往活动中培养起来的。孩子只有与人交往，才会发现每个人都有这样或那样的缺点，都要犯或大或小的错误，而只有学会容忍别人的缺点和错误，才能与人正常交往，友好相处。

5. 鼓励孩子"纳新"和处变

宽容不仅体现在对"人"的态度上，也表现在对"物"和"事"的态度上。父母要引导孩子见识多种新生事物，让孩子喜欢并乐意接受新生事物，承受事物所发生的意想不到的变化。

6. 让孩子正视宽容

宽容不是怕人，不是懦弱，不是盲从，不是人云亦云，这一点是必须向孩子讲清楚的。必须让孩子知道宽容是明辨是非之后对同学、朋友的退让，而不是对坏人坏事的妥协，对坏人和得寸进尺的人是没有必要宽容的。

宽容就像天上的细雨滋润着大地。它赐福于宽容的人，也赐福于被宽容的人。我们可以告诉孩子："如果你想让别人宽恕你，那么请你先宽恕别人。"

捧得太高，就要摔跟头

总是打击孩子，看不到孩子的优点，会严重削弱孩子的自信心、上进心，甚至可能让孩子一蹶不振；但如果是毫无底线地夸奖，同样会使孩子走向另一个极端。赏识教育一经提出，瞬间得到很多家长的推崇，一些严厉的家长改变态度，不再批评孩子了，就连身上的缺点、毛病也都视而不见，一味以夸奖方式教育孩子。家长顿时变成好好先生。这显然是不可取的。

欢欢长得漂漂亮亮，聪明伶俐，平日里亲戚邻里都对他赞不绝口，妈妈更是喜爱得不得了。孩子做一点儿不起眼的事，妈妈就说："儿子你真棒！"一天晚上，欢欢玩得高兴，发疯般地将水杯扔到了地上，水洒了一地。妈妈说："这孩子越大越不像样了，随便扔杯子，捡起来！"欢欢不理睬妈妈的指令，妈妈很生气，把欢欢拎到卧室去反省。过了一会儿，妈妈来找欢欢，跟他讲道理。欢欢也表示自己错了，妈妈还是让他把杯子捡起来。欢欢这时噘着嘴小声求妈妈："那你夸夸我，说我真棒，真是个好孩子。"妈妈说："明明是你自己犯了错误，让我怎么夸你真棒？"欢欢表情急转，大哭起来，妈妈又赶紧哄他说："你是我的好儿子，你很棒……"

孩子的心理成长需要精神营养，适度的赞美与夸奖可以增强孩子的自信心，培养孩子的自尊心，但如果夸得不合适，反而会起到相反的效果。因为孩子3岁以后，已经逐渐形成自我，如果我们过分炫耀、夸赞孩子，就会使孩子认为"我跟别人不一样，我比别人要好"，慢慢孩子的虚荣心、傲慢心就会越来越强。而当孩子有这些心理时，就很可能出现两种现象：一是孩子对自己的期望过高，永远不会满足，而且做事的目的性极强，忽略过程直奔结果，这就不容易成功，而不成功的孩子就会产生严重的挫败感，自信心一点点地流逝，甚至会变得颓废；二是过分炫耀外在，喜欢展示自己，突出自己，如果没有这样的机会，孩子就会很失落，到成年后就会很痛苦。因此，一些信奉赏识教育的家长要注意了，不要无限度地、片面地表扬孩子，偶尔也要给孩子降降温。

下面，我们来看一看德国教育家卡尔·威特的教子方法。

一天，卡尔·威特带着他的儿子到一个朋友家参加聚会，而此时，他的儿子已经因为他的超常智力被广为传诵。一位擅长数学的客人抱着怀疑的态度想考考小威特。卡尔·威特答应了，但他要求那位客人不管小威特答得怎样，都不可以过分地表扬自己的儿子。因为老威特认为，自己的儿子受到的赞赏已经太多了，他很担心过分的赞扬会滋长孩子骄傲的情绪。

这位客人一连给小威特出了三道数学题，但小威特的聪明越来越使他感到惊异。

每一道题小威特都能用两种以上不同的方法去完成。此时，客人已不由自主地开始赞扬小威特了，老威特赶紧转移话题，这样客人才想起了两人的约定。

但客人出的题越来越难，并最终走到他也难以驾驭的程度。客人非常兴奋，又拿出更难的题来"为难"小威特："你再考虑考虑这道题，这道题是一位著名数学家考虑了 3 天才好不容易做出来的。我不敢保证你能做出来。"

那道题是一个农夫想把一块地分给 3 个儿子，分法是要把它分成 3 等份，而且每个部分要与整块地形相似，这确实是一道很难的题。

对小威特说完题后，客人就拉着老威特走到走廊里，安慰他说："别担心，你儿子再聪明，那道题也很难做出来。我是为了让你儿子知道世界上还有这样难的题才给他出的。"

可是，没过半小时，就听小威特喊道："做出来了。"

"不可能。"客人说着就走了过去。

但事实不得不让客人赞不绝口地说："真是天才，那么你已胜过大数学家了！"老威特连忙接过话说："您过奖了，由于这半年儿子在学校里听数学课，所以对数学很有心得。"

客人这才领会到老威特的意图，点着头说："是的，是的。"

不要认为卡尔·威特对孩子太严苛，事实上他是非常赞同赏识教育的。只不过他认为，表扬不可过多、过高，不能让孩子情绪过热，过多的赞美会让孩子产生错觉，认为自己比任何人都要出色，将来他就会无法经受挫折和批评。

卡尔·威特给父母们的忠告是：我们不能让孩子在受责备的环境中成长，但是也不能让他们整天泡在赞美里。卡尔·威特是这样说的，也是这样做的，即使小威特学得非常好，他也只是说孩子"做得不错"，从不表扬过头。只有当小威特取得特别大的成就时，父亲才抱着亲吻他，但这是不常有的。因此，在小威特心目中，父亲的亲吻对他来说是非常可贵的赞扬。通过这种不同程度的表达方式，老威特让小威特深深懂得获得赞扬的不易，也因此更加努力学习，而不是沉浸在赞赏声中得意忘形。

还记得《伤仲永》吗？据专家们研究发现，不是经过早期教育而是靠天赋产生的神童往往容易夭折。一些潜质很好的孩子之所以没能如愿地成为人才，正是源于孩子的骄傲自满、狂妄自大。世上再没有比骄傲自大更可怕的了，骄傲自大会毁掉英才和天才。

我们可以看看卡尔·威特写给儿子的一段话：

"知识能博得人们的赞赏，善行能得到上帝的赞誉。世上没有学问的人是很多的，由于他们自己没知识，所以一见到有知识的人就格外赞赏。然而人们的赞赏是反复无常的，既容易得到，也容易失去；而上帝的赞赏是由于你积累了善行才得到的，来之不易，因而是永恒的。所以不要把人们的赞扬放在心上。喜欢听人表扬的人必然得忍受别人的中伤。被人中伤而悲观的人固然愚蠢，稍受表扬就忘乎所以的人更是愚蠢的。"

除此之外，他还不厌其烦地告诫自己的儿子：一个人无论怎样聪明，怎样通晓事理，都不应该骄傲自负，因为他所拥有的知识与奥秘无穷的大自然相比，只不过是九牛之一毛，沧海之一粟。

威特就是用这种制冷的手段来教育儿子，防止他骄傲自满的，尽管这样做要花很大的功夫，但他最终还是获得了圆满的结果。

卡尔·威特做得最好的，也正是现实中一些家长做得最差的一点。这些家长总认为自己的孩子是最聪明的，尤其是知道了赏识教育的重要性后，更是无限度地赞美孩子，比如："孩子，你真是太聪明了！""孩子，你的作文写得真棒！比你爸爸现在写得还要好！"等等，对孩子滥加表扬。然而，当赞美之词成为极为常见的日常用语时，赞美的意义也会随之逊色。过滥的赞美如同甜得过分的糖果，吃多了，就会让孩子生腻。

所以，家长应该注意以下几点：

1. 让孩子认识到骄傲的危害

父母应该让孩子认识到，骄傲是健康成长的绊脚石，任何成绩的取得都是阶段性的、局部的，只能作为一个起点。在学习上，知识是无边的海洋，如果一时一事暂时领先就忘乎所以，则是知识不够、眼界不宽的表现。父母应有意识地给孩子介绍一些成功者的经验，告诉他们，古今中外凡是有所作为的人大都是在取得成绩后仍能保持谦虚奋进的人。

2. 帮助孩子全面地认识自己

孩子产生骄傲的情绪，往往源于自己某方面的特长和优势，父母应该先针对孩子的这种骄傲作出分析：是学习成绩比较好、有某方面的艺术潜质，还是有运动天赋等，然后应让孩子认识到，他身上的这种优势只不过限定在一个很小的范围内，若放在一个更大范围就会失去这种优势；正确的态度应该是积极进取，而不是骄傲懈怠；优势往往是和不足并存的，应该注意努力弥补自己的不足。

3. 让孩子正确面对批评

正确面对批评和建议是终身的学问。批评往往直指一个人的缺点，如果一个人能够接受批评，他就能够比较清楚地看到自己的缺点。对于孩子来说，他在评论自己的时候经常会出现偏差，原因是"不识庐山真面目，只缘身在此山中"，若能经常虚心听取别人的批评，就能不断充实和完善自己。

对于孩子的赞美一定要就事论事，而赞美优点的同时也要适当泼点冷水——提醒孩子改正缺点。这样做一方面可以促进孩子进步，另一方面又可以防止孩子过分顺利而变得自负。

要教孩子谦让，但不是错误地谦让

处在这样一个竞争激烈的年代，谁都害怕自己的孩子输在起跑线上。幼儿园的公开课上，孩子们玩抢凳子游戏时，旁观的妈妈们往往比孩子还要紧张。似乎在她们看来，孩子这次游戏输了，就意味着每次游戏都会输，就意味着将来学习成绩不会好，甚至觉得孩子的整个人生都会很失败。在我们生活的世界中，资源确实有限，利益冲突难免会发生。你的孩子先坐上了秋千，我的孩子就只能等在冷风中；你的孩子赢了游戏，我的孩子可能就会被老师忽视……凡此种种，牵动着家长们的神经。客观地看，大人们在意的并不是这些孩子间的小冲突和小争夺，而是担心孩子以后会养成默默吃亏的习惯。担心自己的孩子在竞争中落败，这才是大人紧张的根源。但我们仍然需要培养一个懂得谦让的孩子。谦让是人类美好的道德品质之一，是人生前行的一张通行证，是幸福微笑的一包催化剂，是和谐相处的充要条件。谦让往往使孩子与人无争，显得胸怀大度；谦让是打开别人心灵的窗口，能帮助孩子赢得朋友。

体育课上，老师发给每个学生一个纸球，让学生们先自己练练，然后再教。大家随即一哄而散，玩得不亦乐乎。

就在这时候，只见两个学生站在操场一角，正在抢一个球。老师感到很诧异，心想：不是每个人都有一个球吗，怎么还会抢起球来呢？

老师于是来到两个学生身边，问他们原因。原来他们都嫌另一个球不好，报纸露出一点来了，都认为那只形象好点的球才是自己的。两人都不愿意去拿那只"坏"球，所以才会抢起来。

老师明白了原因，可是那只"坏"球是谁的呢？其实谁都不知道。于是，老师就鼓励其中一个谦让，可是谁都不谦让。

就在这尴尬的时候，另外一个学生拿着纸球过来了。他有礼貌地对老师说："老师，我可以用这个纸球，换那个纸球吗？"

老师微笑地点了点头。当这个学生把他的纸球正要交给那两个学生时，那两个学生恍然明白了什么。

其中的一个说："谢谢你，我看我还是用这个球好一些。"这个学生捡起那个"坏"球说，"是你让我明白了什么是真正的好球。"

谦让能够融化隔在人和人之间的冰雪，能够使人赢得朋友。所以培养孩子，就要培养孩子谦让的品格。因为谦让的品格并不是人生来就有的，而是后天培养出来的。

培养孩子谦让的品格，家长可以参考以下几点：

1. 在集体中培养孩子的谦让意识

培养孩子的谦让意识，让孩子了解集体与个人的关系，把自己从"我"的概念中解脱出来。应该让孩子从小懂得，大家生活在一起，他需要的别人同样也需要，每个人都有享受的权利，不能一人独占，要想着别人。例如，吃东西时，让孩子学会愉快地把大的、好的给爷爷奶奶、爸爸妈妈，把小的、不好的留给自己，使他懂得谁最辛苦谁就应该得到更多，自己不是家庭中的"功臣"。

2. 家长要注重言传身教

模仿是孩子的天性，家长应该在日常生活中潜移默化地对孩子施以积极的影响。带孩子坐公共汽车时，家长在车上看见年迈的老人和抱小孩的妇女，便主动起身让座。这虽然是生活中的小事，但在孩子幼小心灵中进一步增强了尊老爱幼和谦让的意识。

3. 用多种手段、途径培养孩子的谦让品行

通过多种手段和途径，使孩子学会"谦让"的语言和动作，促进孩子的谦让行为。孩子年龄小，受知识和生活经验的局限，语言发展不成熟，不能完整地明白谦让的意思。他们常常只知道谦让就是好，但是在什么情况下要让又不明白。所以，父母应先讲明为什么要谦让，对什么样的事要谦让，然后通过游戏、行动等来创造条件，帮助孩子学会谦让。

不过，在这里我们需要特别强调一点，谦让固然是好品格，但也不要让孩子毫无原则地谦让。家长无原则地教孩子谦让，就会带给孩子"委屈"和"不公"的感受，甚至由此衍生出错误的思想。比如孩子的玩具被邻居小朋友抢走了，家长不但不帮孩子要回来，反而叫孩子让给别人，还美其名曰"谦让""分享"。这就好比你走在大街上被人抢了钱包，你不但不抢回来或者报警，反而将钱包拱手让人，这还是谦让吗？同样的事情发生在成人身上会觉得荒谬，成人却以种种荒谬的理由来要求孩子！家长可能会对孩子说："你比邻居弟弟大，你看他都哭了，你让出来吧。"那么孩子就会认为：年龄小的要让，下次遇到年龄比我大的，我也可以蛮不讲理，抢人东西；别人哭了就要让，以后不管遇到什么事，我都哭，哭就可以得到……而当孩子做出这些事情的时候，家长们又开始一味地埋怨孩子不讲理，可家长们有没有想过，这些又都是我们暗示给孩子的。

不分青红皂白地谦让会让孩子产生混乱，不利于建立规则，不利于培养孩子辨别是非的能力，还会让孩子觉得不被尊重、不公正，感到委屈和压抑。今天你强迫他谦让，你传递给他的信息就是他也可以强迫别人谦让。

所以说，我们一定要为孩子培养谦让的品质，但不要教孩子无原则地谦让。站在大人的角度认为是对的事情，在家庭教育中并不一定是对的。

别忘了把感恩之心传递给孩子

孩子好动、好模仿、可塑性强，容易接受外界的各种信息。父母的一言一行，孩子在有意无意中都会看在眼里，慢慢地记到心里，并逐渐给孩子一种行为上的暗示。如果父母不知感恩，孩子就会认为他人给予的帮助是理所当然的，不用感恩，那么在无意间就会带来副作用。

有个妇女抱着一个小孩坐公交车，当时没有人让座。这时，售票员说："小朋友，请到这边来，这边的叔叔想给你让座。"那个青年听了这话，马上站起来让了座。没想到那位妇女径直走过去一屁股坐下，对这个青年看都没看一眼。

这个青年的脸上立刻就挂不住了，心想，好心让个座，连一句感谢的话都没有，心里很是不快。这时售票员逗小孩说："小朋友，刚才叔叔给你让座，快谢谢叔叔。"小孩马上说："谢谢叔叔。"那妇女也明白过来，忙不迭地说"谢谢"。青年人听到"谢谢"，心里很高兴，还不时逗小孩开心。

尽管这是生活中一件很小的事情，但是给孩子的影响却非常重大。如果像那位妇女开始那样，孩子会认为别人这么做是应当的，他就应该坦然接受。

"王老师，我想用您的手机给妈妈打个电话。"一个上学忘记带作业本的小孩对自己的老师说道。王老师帮这个学生拨好号码，电话接通了。"怎么还没有把作业本给我送来啊……"这个学生不耐烦地对自己的妈妈说。电话打完之后，这个小孩便把手机放在办公桌上，什么也没有说就转身走开了。

到了中午，学校食堂挤满了用餐的人，等了很长时间终于轮到王老师了。忽然，王老师看见旁边有个小男孩看起来十分着急的样子，就说："师傅，请先给这个孩子把菜打上吧！"说着便指了指挤在自己前面的那个小男孩。食堂的打菜师傅照着王老师的意思做了。男孩接过菜盆，转身与王老师擦肩而过时，脸上写着的分明是一种理直气壮。

这两个小孩，之所以认为别人帮他们是理所当然的，就是因为他们在平日里没有得到父母和老师良好的感恩教育。

接受过感恩教育的孩子，知道感谢他人为自己所做的一切。哪怕是很小的事情，孩子也能从中体味到人与人之间的相互关怀所带来的温暖和快乐。

有个9岁的盲童。那一天，是妈妈的生日，她送给了妈妈一份礼物——一张一点一点地扎上盲文的生日贺卡。她的妈妈看不懂，就请人翻译。贺卡上是这样写的："亲爱的妈妈，谢谢您把我养大！虽然我看不见您，但我永远爱您！感谢您，妈妈！"妈妈捧着贺卡哭了。她觉得自己为孩子所付出的一切都是非常值得的。

有个七八岁的聋哑女孩。有一天，她自己背着书包去上学。公共汽车上人比较多，她差点摔倒。这一幕被一位男士看到了，他急忙上前扶了她一把。女孩上了车，刚站稳就向这位男士打起了手势，帮助她的男士并不明白是什么意思。过了一会儿，男士要下车了，女孩连忙跑了过去，塞给他一张小纸条。男士打开一看，只见上面歪歪扭扭地写着一行字：谢谢，谢谢叔叔！

其实，在日常生活中，家长应当经常把"谢谢"这个词挂在嘴边，而且教自己的孩子要学会感谢别人的帮助，即便只是一个非常小的帮助，也要对别人说谢谢。这样，孩子耳濡目染，自然就会成为一个懂得感恩的人。

对于让孩子懂得感恩的教育，父母应该从日常小事入手对孩子进行培养。比如妈妈帮孩子洗了苹果，就应该让孩子说声"谢谢"；而当孩子帮妈妈拿了东西，妈妈也应当说声"谢谢"。这样久而久之，孩子就会养成感恩的心理。

对于孩子的感恩教育，家长应该注意以下几点：

1. 感恩需要感知

如果家长只知道奉献，只知道安排孩子的衣食住行，而不知道把自己的爱与希望呈现给孩子，孩子便不能深刻体会到家长的爱。家长应让孩子知道家长对孩子的爱之深，从而激发起孩子的爱心，引发他们来自内心的更深刻的感恩情怀。

2. 感恩需要表达

表达是感恩的重点和关键，家长对孩子的爱不只要表现在行动上，而且要表达出来，在孩子的心里种下感恩的种子。

3. 感恩需要升华

感恩是广泛而深刻的，要引导孩子从感恩父母开始，学会感恩学校、感恩他人、感恩社会，促进孩子形成良好的思想道德品格和健全的人格。

告诉孩子在得到别人帮助的时候，哪怕得到的帮助是微不足道的，都别忘了说声"谢谢"。请家长记住，从小就没有感恩之心的孩子，长大以后就会成为一个自私自利的人。感恩之心、感激之情就像燃烧的火焰，会照亮孩子的一生。

孩子面前，莫论老师是非

作为父母，一定不要在孩子面前诋毁他人，尤其是孩子的老师，即便认为老师有不当之处时，也绝不要在孩子面前对其加以议论或责骂。孩子还小，并不具备完全的是非判断能力，父母灌输给他的是什么，他就会如实地反映出来。如果父母吐露对老师的不满，或是背地里对老师肆意谩骂，即便那只是一种无意行为，孩子也会在潜移默化中变得轻视自己的老师。这无疑是在教孩子学坏。

洋洋背着小书包跨进学校的大门，和别的家长一样，洋洋妈十分关注洋洋老师的情况，希望孩子能有个好的开始。那天，洋洋妈碰到一个老同学，她女儿正好跟洋洋同班。据她打听的可靠消息，孩子们的老师中，陈老师特别优秀，但刘老师水平一般，而且脾气不好。她提醒洋洋妈要多注意孩子的成绩，小心掉队。

回到家里，洋洋妈跟丈夫说起孩子老师的情况，并和洋洋开玩笑说："看来，你要自己努力啊，特别是刘老师的课……"让洋洋妈没想到的是，这样一句话让洋洋从此就对刘老师有了成见。每次表现得差一点儿，不等爸妈询问，他自己就会理直气壮地说："老师教得不好，不怪我！"其实，洋洋妈听过刘老师的课，讲得挺好，只是不太擅长和孩子们沟通。对于曾在孩子面前说过老师的"坏话"这件事，洋洋妈一直后悔不已。为了纠正他的偏见，洋洋妈很是花费了一番心思，效果却并不理想。

说者无心，听者有意。孩子的辨别能力差，随意在他们面前说"坏话"，也许会导致不必要的麻烦，得不偿失。身为家长，还是小心一点儿为好，别让不良的心态影响了孩子的健康成长。

有时候，孩子自己也会说出一些不尊重老师的话语，或是做出一些不尊重老师的举动，此刻父母必须要重视起来，要及时对孩子进行教育，要告诉他"尊师是一个人必须具备的优良品德"，并且要对孩子说出自己的期望，不能说出不尊重老师的话。

新学期伊始，小伟的班上来了一个新的班主任老师。可是，这位老师似乎不太讨班里面的同学喜欢，因为她太过严厉了。

小伟也不太喜欢这个新班主任，他觉得这个老师整天绷着一张脸，几乎从来没有看到过她笑的样子。此外，小伟不喜欢她的原因是这位班主任常常在上课的时候点小伟回答一些特别难的题目，每当小伟答不上来的时候，老师总是略带责备的口吻说道："这方面的知识还要继续巩固呀，知道吗？"

这天，小伟又被老师说了一顿，心里面自然闷闷不乐了。他回到家，就冲着妈妈叫道："我好讨厌这个老师呀，整天都是面无表情的。"

妈妈有点诧异，便问道："你在说什么呢？"

小伟回答："我在说我们的班主任，她是个没有笑容的人。"

妈妈这才明白孩子话的意思，她走到小伟身边，轻轻地拉着孩子的手，说道："你知道吗？尊师是一个人必须具备的优良品德，所以你不能这样说老师。也许老师希望在你们面前树立严厉的形象，所以有时会不苟言笑，但是，我相信每个老师都有同样的愿望——希望自己的学生能够进步。明白妈妈的意思吗？"

小伟点点头，脸不由得红了起来……

父母可以通过讲故事、摆实例等，让孩子知道：老师的最大心愿，是希望学生进步，期待学生成才；老师的最急之处，在于学生学习退步，不求上进；老师的最大安慰，是自己的教学效果好、学生满意；老师最担忧的事，是学生对学习马马虎虎，得过且过。老师之所想、所急、所喜、所忧，都表现在对学生的教育和教学上。如果孩子能时刻理解老师的这种拳拳之心，就不会不尊重老师了。

此外，父母让孩子一方面要在尊敬老师的基础上，主动适应老师的教学特点，用求大同存小异的方法来尽量与老师协调一致；另一方面，还要在师生融洽的基础上坦率地向老师指出改进工作方法的合理化建议。

父母要教会孩子理解老师。老师也是人，也有错误，作为学生要给予理解，对老师要有一份"爱心"。

父母要教会孩子尊敬老师。老师将自己的全部心血和热情都投入在了学生身上，要尊敬他们，要有礼貌。

天生的性格，也需要后天的培养

四、

天生的性格，也需要后天的培养

有的家长很苦恼："这孩子天生就是坏性格！"是不是这样？美国心理学家做过同卵双胞胎在不同环境长大性格差异的相关研究，研究结论是，性格里大约50%是基因决定的，另外50%是生存环境可以影响的。也就是说，我们可以改变的部分占全部性格的一半。而孩子的性格基本成型于孩子3岁之前的生活状态。如果爸爸妈妈们希望自己的孩子拥有一个良好的性格，那么在这段时间，就有必要刻意为孩子去培养。随着父母行为的改变，孩子的性格也会改变。

把孩子培养成乐天派

"我们无法矫治这个苦难的世界，但我们能选择快乐地活着。如果心中只是荒漠，即使春风吹过，也只能扬起一层尘土。"生活中有这样一种人，他们总是认为事情的结果是悲观的，而且相信真实的结局将会比自己预想的更糟糕。他们认为自己是非常倒霉的，随时都有可能踩上命运的地雷。这样的人，如果有了孩子会怎样？著名教育学家塞利格曼指出，父母对待生活的态度，显著地影响着孩子日后性格是乐观还是悲观。在日常生活中，父母面对困难和挫折，若是怨天尤人，只知逃避，那么孩子一般是不会形成乐观性格的。父母永远积极乐观、不抱怨，即使是在最艰难的时刻也能鼓励孩子，那么，孩子也就会生活在正面情绪中，时刻都在享受人生的乐趣，积极地寻求解决问题的方法。

在美国教育界流传着这样一个故事：

一对孪生兄弟，虽然长得极其相像，但性格却迥然不同。哥哥天性乐观，看不出他有什么烦恼；弟弟却整日哭丧着脸，好像世界末日就要来临一样。

为使兄弟俩的性格中和一下，父亲给了弟弟一大堆玩具，而后又将哥哥关进马棚。过了一个小时，父亲前去观察这兄弟俩的动静，却发现哥哥正在不亦乐乎地挖着马粪，而弟弟则抱着玩具在哭。

"有这么多玩具陪你，你为什么还要哭呢？"父亲问弟弟。

"如果我玩这些玩具的话，它们就会变旧，有可能还会坏掉。"弟弟伤心地回答。

"为什么把你关进又脏又臭的马棚，你还这样高兴？"父亲转头问哥哥。

"我想看看能不能从马粪中挖出一只小马驹啊。"哥哥说完又跑进了马棚。

父亲长叹了一口气，从此放弃了改变二人的念头。

后来，这对兄弟长大成人，弟弟依旧那样悲观，他时常抱着半杯可乐发愁："唉！只剩下半杯了。"哥哥还是那个乐天派，他会为发现半杯可乐而欣喜："感谢上帝，还为我留着半杯可乐！"

再后来，弟弟一脸忧伤地离开了人世，他一生都没有开心过；哥哥走的时候，脸上则布满了微笑，他一生都没有忧伤过。

乐观的孩子即使身陷困境，也会发现有利于自己的契机；悲观的孩子即便身处幸运之中，看到的也只是阴霾。前者毫无疑问是快乐的，而后者怎么看都是不幸的。

乐观能够使孩子永远活泼，乐观能够使孩子永远快乐，乐观能够使孩子与人和睦相处。孩子养成乐观的性格，他们在实际生活中才能发现更多的机会，结果实际上也就真的更走运。这里面的道理并不复杂。认为自己是幸运儿的人，他心理上本来就会更放松，也会表现得更自信，所以他的状态更好，发挥也更好。而他给别人的暗示同样也会影响对方的反应，再反过来得到好的互动。

在 2007 年的希望英语大赛上，来自青岛的张宇琦之所以被人们记住，不仅仅是因为他获得了小学组全国总冠军，相信更多的人也同时记住了他一脸灿烂的微笑。

不管是在晋级赛中，还是在最后的一场冠军 PK 中，他的脸上始终洋溢着微笑：在"对手"陈述自己的观点的时候，他在微笑；在"对手"和他辩论的时候，他在微笑；在回答评委提问的过程中，他还是在微笑……

张宇琦用自己良好的英语口语表达能力和丰富的知识征服了评委和观众，也用他的微笑征服了所有的人。

由此可见，一个脸上经常挂着微笑的孩子，更容易成为人们的焦点，获得赞誉。所以，培养性格开朗的孩子，就要让他学会像花儿一样微笑。

当然，乐观的性格可能有遗传的成分在里面，但关键还是要靠后天培养。父母注重培养孩子开朗、活泼、乐观的性格，将有利于孩子的成长、成才。因此，在孩子成长的过程中，父母除了要用自身良好的性格去影响孩子以外，还要让孩子与外界多接触，特别是与同龄人的接触，这样对培养孩子的好性格大有益处。

要培养孩子乐观开朗的性格，家长应该注意以下几点：

1. 父母要用正面的、积极的情绪去感染孩子

如果父母本身就不愿多与人交往，甚至与邻居之间也不相往来，更没有什么关系较好的朋友，工作之余也不带孩子去外面玩，那么，父母性格中那些消极的、负面的因素就会在潜移默化中影响到孩子，使孩子也养成不愿活动，甚至不愿与人交往的不良习惯。

2. 要为孩子创造一个温馨、和谐的家庭氛围

如果孩子在一个幸福、温馨、充满快乐的家庭里长大，孩子的心灵中就会只有阳光，而没有乌云或其他阴暗的东西，这样也会变得心胸开阔。由于经常能得到家里长辈们给予的爱和关心，孩子也会渐渐学会去关心他人，这样就能更容易赢得他人的友谊。

3. 不要强迫孩子和自己同悲同喜

有的父母在工作中受到挫折或人际关系出现危机时，回到家里就唉声叹气、无精打采，而且经常会把孩子当成发泄"怨气"的对象。父母会无缘无故地呵斥孩子，极个别的还会对孩子大打出手。其实，孩子也有自己独立的人格，父母不应该要求他们无论什么事都与自己保持"步调一致"，更不能强求他们与自己同悲同喜。

4. 帮助孩子摆脱悲观情绪

人类的所有行为，无论是悲观，还是乐观，都是"学"来的。因而悲观者的悲观性格并非"命中注定"，而是后天养成的。悲观者也可以转变为乐观派。当父母发现孩子有悲观的情绪时，要帮助孩子摆脱，而不是放任不管。

孩子的天性是活泼的、乐观的。之所以有不开朗的孩子，主要是外因作用于内因的结果。父母要反省自己的行为，不要将自己的外因作用于孩子的内因，影响孩子活泼、乐观、开朗的性格。

父母爱挑剔，孩子不宽容

有些孩子总喜欢对别人或别人做的事说三道四，无论别人做得多好，总是无端地挑剔。孩子爱挑剔的性格将会影响他的一生，时间一长不仅会使孩子养成自卑、攀比、忌妒的不良习惯，还会丧失宽容的心，影响孩子的健康成长。

孩子为什么会变成这样？孩子身上的任何问题，其实都是家长问题的映射。父母爱挑剔、不宽容的行为，会让孩子也成为一个不懂得宽容的人。

在一项亲子活动中，10位家长被要求和自己的孩子做一个叫"角色互换，情景再现"的游戏。

游戏是这样的，首先由父母和孩子分别扮演他们本来的角色，再由孩子和父母互换角色，也就是孩子扮演父母，父母扮演孩子来完成这个游戏。在这个游戏中，孩子和父母都表现得非常好。但是，当主持人让父母们评价孩子时，几乎所有父母都在挑剔着自己的孩子，认为孩子表现得并不理想。而当主持人让孩子评价父母时，孩子的表现同样如此，他们根本不对父母的表现予以认可。

这个游戏从另一方面也证明了，挑剔的父母所造就出的，往往都是挑剔、不宽容的孩子。孩子的每一种行为都是从模仿开始的。你是否在孩子面前对某件事、某个人嫌东嫌西的，是否也对孩子的很多表现挑剔？如果有，那就不难想象孩子会有挑剔的习惯了。或者说，家长太过于计较细节，追求完美，过分灌输孩子完美主义也是造成孩子挑剔的一个原因。首先反思自己的行为，才能真正找到孩子爱挑剔的源头。

找到原因，我们才能对症下药。在面对挑剔的孩子时，家长应该注意以下几点了：

1. 父母要做好榜样

在家里经常挨批评的孩子在与别人交往时就爱挑剔别人，父母教育孩子不要老批评，而是要适度赞扬，因为好孩子都是夸出来的。

2. 对孩子进行耐心教导

父母在发现孩子犯了错误时，要像对待成年人那样推心置腹地与孩子进行交流，分析原因，也可以以大人所经历过的事情来举例，告诉孩子怎么做有好结果，怎么做有坏结果。这样孩子不仅学到了做事的方法、办事的态度，在遇到问题时也会与人心平气和地交流，而不是挑剔。

挑剔别人，虽然在一定程度上指出了别人的不足，但是在挑剔别人的那一刹那也暴露了我们是多么的苛刻。我们可以挑剔自己，但绝不能挑剔别人。

别在孩子心里扎根刺

古埃及有一则寓言。鸟儿子问鸟爸爸："人幸福吗?"鸟爸爸回答："没咱们幸福。"鸟儿子问："为什么?"鸟爸爸回答说："因为人心里扎了根刺，这根刺无时不在折磨着他们。"鸟儿子问："这刺叫什么?"鸟爸爸回答："叫忌妒。"

客观地说，人天生就有忌妒心理，婴儿从一岁半开始就出现了忌妒表情，而两三岁的孩子忌妒吃醋的心理已经很明显了。有时我们为了管教孩子，可能会"吓唬"他们："宝宝，这件衣服你要是不穿，妈妈就送给隔壁莉莉了！"果然，孩子马上将衣服穿上。"小明，你要是再淘气，妈妈就不疼你了，只疼弟弟！"果然，正在疯玩的孩子立刻安静了下来……只是，当我们得意这一招儿很管用时，是否想到这可能助长孩子的忌妒心理呢？是否想过这会给孩子带来不安和不快呢？家长如果长期用这种方式教养孩子，可能使孩子习惯于把别人当作"假想敌人"，养成忌妒、不接纳他人的性格。

忌妒会让孩子产生怨恨的心理，对别人施以冷眼，并对别人的过失给予猛烈的攻击，从而使自己丧失宽广的胸怀。忌妒是一种十分有害的心灵腐蚀剂，不仅使孩子陷入心理的死亡之谷，还会使人怠慢和落后。

在果园的核桃树旁边，长着一棵桃树，它的忌妒心很重，一看到核桃树上挂满果实，心里就觉得很不是滋味。

"为什么核桃树结的果子要比我多呢？"桃树愤愤不平地抱怨着，"我有哪一点不如它呢？老天爷真是太不公平了！不行，明年我一定要和它比个高低，结出比它还要多的桃子，让它看看我的本事！"

"你不要无端忌妒别人啦，"长在桃树附近的老李子树劝诫道，"难道你没有发现，核桃树有着多么粗壮的树干、多么坚韧的枝条吗？你也不动动脑子想一想，如果你也结出那么多的果实，你那瘦弱的枝干能承受得了吗？我劝你还是安分守己，老老实实地过日子吧！"

忌妒的桃树可听不进李子树的忠告，忌妒心蒙蔽了它的耳朵和眼睛，不管多么有理的规劝，对它都起不到任何作用了。

桃树命令它的树根尽力钻得深些，再深些，要紧紧地咬住大地，把土壤中能够汲取的营养和水分统统吸收上来。它还命令树枝要使出全部的力气，拼命地开花，开得越多越好，而且要保证让所有的花朵都结出果实。

它的命令生效了，第二年花期一过，这棵桃树浑身上下密密麻麻地挂满了桃子。桃树高兴极了，它认为今年可以和核桃树好好比个高低了。

充盈的果汁使得桃子一天天加重了分量。渐渐地，桃树的树枝、树干都被压弯了腰，连气都喘不过来了。可是，桃树不肯放弃即将到来的荣耀，它下令树枝与树干要坚持住，不能半途而废。

这一天，不堪重负的桃树发出一阵哀鸣，紧接着就听到"咔嚓"一声，树干齐腰折断了。尚未完全成熟的桃子滚落了一地，在核桃树脚下渐渐地腐烂了。

这虽是一个童话故事，但是它告诉我们一个真理：忌妒是毁灭人的腐蚀剂。虽然拥有忌妒毛病的人不会拥有童话故事中桃树般的命运，但是他的心里也绝不好受。

因为忌妒对孩子的影响是非常不好的，所以培养孩子健康成长，就要让他拥有一颗平常心。拥有平常心，也就拥有了人格魅力。

培养孩子远离忌妒，家长要注意以下几点：

1. 实事求是地对待孩子的言行

家长要密切注意孩子的言行，引导孩子正确认识自己，珍惜自己的优点和长处，把它们转化为积极进取的内驱力。同时，实事求是地对待孩子，表扬与批评相结合，让孩子随时清楚自己的不足。

2. 帮孩子分析原因，让其远离忌妒的误区

帮助孩子分析忌妒对象"成功"的原因，帮助孩子找出自身的缺陷和"赶超"的优势及途径，避免自弃、自卑、攻击、执拗等不良心理的持续侵扰。

3. 鼓励孩子树立自信心

有忌妒心的孩子多数有自卑感，看不到自己可贵的地方，懒得开发自己的潜能。忌妒心强，会造成心理上的内耗。家长要引导孩子逐步树立信心，消除自卑心理。

4. 激发孩子竞争和自强的信念

积极引导孩子把忌妒心理转变为竞争意识，鼓励孩子奋起竞争。

忌妒的人是可怜的，他们自卑、阴暗，他们享受不到阳光的美好，体会不到人生的乐趣，而只会生活在他们的黑暗世界里。忌妒的人会使"心灵的疾病"扩散到身体各处，引起躯体上的不良反应，摧毁人的身心健康。

对任性的孩子要因势利导

我们经常听到一些父母抱怨："唉，我这个孩子就是任性得很，不好带。"其实，任性是每个人童年时代的必然产物。子女的任性并不可怕，关键是父母采用什么样的教育方法。教育任性的孩子不能专门依靠所谓"摆事实讲道理"，因为很多任性的孩子是不能理解父母的大道理的。因势利导，投其所好，是对付这种孩子的基本方法。

有的母亲就经常说："我的两个孩子就是不一样。一个顽皮得要死，不听话闹得要命；一个很听话，很好带，不大吵闹。"言外之意，就是有的孩子任性，有的孩子不任性。这话有一定的道理，因为每一个孩子都有他自己的需求及个人特有的气质和性格。这个因素在每个孩子的身上各不相同，即使他们是兄妹或哥俩。

孩子小的时候，还没有确立起是非的概念、好坏的标准。他并不知道他的要求是不合理和超越了常规的。譬如母亲白天上班去了，孩子白天一天没有看见母亲，于是母亲下班一回来，孩子就吵着要母亲抱。甚至到了该睡觉的时候，他也不去睡觉，当然也不让母亲睡觉，死死地缠住已经工作了一天、十分疲惫的母亲，还要母亲抱着他在屋子里走来走去。母亲没劲了，走不动了，把他放进小床，他就又哭又闹起来。母亲气急了，骂他瞎吵。其实，他何尝是瞎吵？他只是因为一天没有见着妈妈了，他需要母亲的亲昵和爱护。至于母亲上了一天的班，已经工作了八九个小时，累了，他当然不懂，也不理解。孩子的这种任性难道不是一种自然的要求、合理的要求吗？

又如有的孩子，吃饭的时候专挑好的吃，而且他喜欢吃的就不许别人动筷子，否则就闹得没完没了，这也是孩子任性的表现。但是当孩子有这种表现时，做父母的绝不应因孩子哭闹而火冒三丈，大发雷霆。当然，也不能听之任之，迁就姑息，或者像有些老人做的那样：就让孩子一个人吃吧！反而应当开始警惕注意：孩子的这种不良表现是不是由于过去一段时间父母怜惜孩子而放松了对孩子应有的教育？或者这只是一个开头？不管是前者，还是后者，孩子的这种表现都给做父母的敲响了警钟。是应该及时注意而且有意识地培养孩子良好的生活习惯了，是应该开始教育孩子怎样做人了！

当然，孩子很小，要培养孩子良好的生活习惯，教育孩子做人，不能靠说理、说教，那样孩子是接受不了的，也是不现实的。比较可行的方法应该是发现孩子的良好表现，并通过表扬这些表现来巩固孩子的良好行为，进而培养孩子的良好习惯。具体地说，在孩子吃糖果时，遇到了其他的小朋友，父母应该叫孩子把糖果分给小朋友吃。如果孩子这样做了，父母就应该立即给予表扬："宝宝真乖。这样做伯伯阿姨就喜欢你！"因为孩子最快乐的就是能得到别人的喜欢。

家中吃水果，可以先要孩子送给爷爷奶奶，或爸爸妈妈，有哥哥妹妹的还可以叫孩子把水果送给哥哥妹妹，然后再自己吃。在孩子送水果给老人们的时候，父母就可赞扬说："啊，我们的宝宝真懂礼貌！真乖！真是乖孩子！"在表扬时，父母应该面带笑容，做出亲热的表示。妈妈及时地夸奖能促使孩子重复这些良好的行为，进而养成尊敬老人、尊敬父母和兄长、与小朋友和睦相处的良好习惯。

与此同时，父母应该注意尽量消除妨碍孩子形成良好习惯的一切消极因素。放纵、姑息、迁就是一切不良习惯的根源。

有的父母见孩子喜欢吃什么，就不允许家中别人再吃，这样无意间就鼓励了孩子的自我中心和利己主义，于是他就对好吃的东西进行垄断，不许别人沾边：水果别人不能吃，甚至爷爷奶奶吃了，他也又吵又闹；吃饭的时候，好菜只能他一个人吃，而且要放在他面前。孩子一旦有了这种不良习惯，父母就必须进行批评，指出这种行为的错误。反之，如果发现了这种苗头，父母仍付之一笑，甚至故意逗弄小孩子，那么孩子没有明确的是非观念，当然只会变本加厉，最后不可收拾。

这就是为什么说爱必须是严格的。严是爱的表现形式之一，没有真正严格的要求，也就不会有真正的爱。所谓"爱之愈深，责之愈切"就是这个道理。严格要求孩子，就是在他们懂道理的基础上向孩子不断提出合理的要求，并且在生活实践中坚持执行。

不过，话又说回来，严格要求孩子，做起来却并不那么容易。原因就是父母总喜欢或容易原谅孩子，对孩子的一些不太好的行为与言论给予宽容，而不能够真正及时纠正或及时提出。同时，做父母的也并不都懂得"爱就必须严"。

在培养孩子良好的习惯时，必须要有连贯性。当我们固定某一个人——在一般的家庭里这个人通常是母亲，负责培养和教育孩子的时候，教育的连贯性比较容易做到。当一个孩子由周围或家庭里几个人——妈妈、奶奶或还有阿姨几个人同时负责培养时，由于每个人有各自不同的观点，没有统一的认识，在培养孩子上就会步调不一，宽严不一。它的具体表现就是许多家庭中常出现母亲与奶奶或爷爷的矛盾。母亲想严格要求，爷爷奶奶要庇护。妈妈打孩子一巴掌，爷爷奶奶要嘀咕好半天。

培养孩子的良好习惯是一件细致艰巨的工作。他需要表扬，也需要批评和惩罚。如有的孩子上床后，久久不肯睡，而且不让母亲或奶奶离开。妈妈一走，他就发脾气。这种时候，母亲当然可以好言好语地安抚孩子；但是孩子如果不听，而一味强求，母亲就应对孩子的坏脾气做出应有的反应，或者干脆就让孩子一个人留在那里。这样的话，孩子就不再缠住大人不放了，因为大人的走开，对孩子来说就是一种批评或惩罚。有时，孩子一旦改正了，做父母的就应该马上奖励，使大人与孩子之间重新建立融洽的关系。这样一来，犯有过错而且沮丧的孩子就会重新感到自己是自由的，充满自信，懂得大人仍然喜爱自己。同时，孩子也知道什么是不应该做的，什么是应该做的。

我们周围的小孩子常见的毛病是不爱整洁、对大人没有礼貌，有的甚至动手抢别人的东西，或者动辄伸出小手打人。孩子的这些不良行为其实都是我们大人——父母或爷爷奶奶惯纵出来的，是他们在孩子开始出现这些情形时放松了教育。有的无知的父母甚至还在一旁笑，甚至鼓励："打，打爸爸！"或："打，打叔叔！"有的父亲或爷爷为了逗得孩子一笑，甚至学狗爬，或做马让孩子骑，让孩子模仿电影或电视中一些小皇帝或皇太子骑太监的镜头。

本来是应该批判的东西，他们公然让自己的儿子或孙子来学习仿效，这样当然不能教好孩子，只会把孩子培养成无礼、霸道的人，以至最后成为社会上的"害虫"。

要想把孩子教育成一个真正对社会有益的人，培养孩子的良好行为习惯，父母必须精心注意孩子的成长。这里既有生理上的成长，同时也有心理和精神上的成长。要注意孩子的言行表现，从小培养孩子良好的道德习惯，注意孩子的品德教育，在萌芽阶段纠正不良的习惯。

在培养孩子良好习惯的过程中，遇到的最大障碍就是孩子发脾气，孩子不听父母的劝说和教育，甚至坐到地上，大声叫嚷，双脚乱踢。

对待孩子的拗脾气，既不能蛮干，抓住孩子一顿痛打，也不应屈服迁就。反之，父母应该细心领会，孩子的反抗并不是由于他对自己的执拗感到满足，而是由于对大人的干预、限制等的抗议。这时，做父母的就应该认真思考他们对孩子所提出的要求是否太高或不合情理。如果是合理的，也不是太高的，就应该坚持，对孩子进行批评和说服。孩子仍不听，则可以对他表示冷淡，让孩子自己去发作一通。

相反，如果做父母的不分青红皂白地退让迁就，那么孩子就会把他的这种"抗议"举动变成对父母施加压力的武器，有时还会得寸进尺，以至无法收拾。

总的来说，在防止和阻止孩子执拗脾气发作的时候，不要采取过于强硬或过于软弱的态度。最好是能够迅速而果断地将孩子的注意力转移到其他方面，以缓和紧张的局势。不要一味地训斥孩子，因为孩子这时是听不进去的，也不要强求他的举动马上符合理智，但同时又要设法使父母不感到难堪，好下台。这时最简便的方法就是前面所讲的，把孩子撇下或让孩子一个人发泄一下。孩子一个人待在那里，他感到没趣，大人不理睬他，他就会马上为自己找到新的玩耍方式，而执拗脾气也就会很快消失。

所以，在孩子失去自我控制，或发生了不愉快的事情时，父母都应做出对他毫不在意的样子，让孩子自己去克服，自我平息。当然，这一点有很多父母也很难做到，因为他们总怕孩子哭或闹。孩子一哭，他们就慌了手脚。尤其是有爷爷和奶奶的家庭，他们把孩子看得像心肝宝贝一样，一听见孩子哭，就怕是有人虐待了他，于是就责备孩子的父母，而迁就孩子，向孩子妥协。这种做法当然是极端错误而且有害的，只会养成孩子蛮横不讲道理、粗野无礼的性格。

当孩子安静下来之后，父母不应再追究发生过的事，或再加以处罚，而应该对孩子表示亲近。因为这时的亲近能使孩子的自尊心不受到任何损害，使孩子自觉而且愉快地回到正常的轨道上来。同时，也不要像有些父母那样，要求孩子许诺"今后再也不这样做了"。因为孩子很小，他的自我约束力不强，很难实现这种诺言。

最后还有一种在日常生活中很容易被大人忽视的不良行为，那就是在许多公共场所，如在商店购物或等候公共汽车时，许多大人及老人都在排队，而且也很焦急。这时有些孩子见排队的人多，就到前面去插队，或干脆不排队挤到或钻到最前面抢购，或抢上公共汽车，而且还为父母占位子。这原本是一种不遵守公共纪律和投机取巧的行为，而有的父母也为了图个一时的方便和舒适，就不加阻挡，反而沾沾自喜地认为孩子机灵。这是非常危险的，因为纵容和鼓励孩子不守法纪、投机取巧，将来很可能要惹出大祸。

所以，父母对孩子生活上的有些小节绝不可忽视，要随时纠正孩子的不良行为。当然，在整个培养和纠正的过程中应该坚持以鼓励表扬为主，注意孩子微小的进步，及时加以肯定，让孩子看到自己的进步与成长，珍惜自己的变化，用自己的积极因素去克服自身的缺点。

冷对孩子的"牛脾气"

"现在的孩子越来越难管了！"一些年轻的父母抱怨说，"稍不如意，牛脾气就上来了。打也不听，骂也不灵，哄他吧，他还更来劲！"生活中，确实有不少这样的孩子，那么对于孩子的"牛脾气"，家长应该怎样处理呢？

心理学家认为，孩子爱发脾气是由于家庭教育不当引起的。特别是独生子女，如果从小就事事以他为中心，吃不得一点苦，要什么给什么，那么孩子就会养成遇事爱发脾气的习惯。

吴卓宇是小学五年级学生，外表看起来有点内向，然而，脾气却异常暴躁，许多时候控制不住自己。其实，小时候的他并不是这样，不知为何，随着年龄的增长，本来尚属听话的吴卓宇却像换了一个人似的。为此，他的妈妈带着他找到了心理医生咨询。这位母亲向心理医生诉说道：

"小宇小时候很可爱，很逗人喜欢。后来不知从什么时候开始，他学会发脾气，脾气一来，九头牛都拉不转。他只要想干什么或想要什么，就必须立即得到满足，否则，就哭闹、打滚、扔东西、毁物品，甚至自虐——用头撞墙，扯自己的头发。他爸脾气火暴，他一闹，他爸就打。你越打，他越犟，一点也不示弱。眼看就要出人命，我只好央求他爸息怒，把他爸拉开，然后千方百计满足儿子的要求。可我却弄了个两面不是人。他爸埋怨，儿子也不领情……"

每个人都不希望自己的孩子随意发脾气，可事实上，发脾气是孩子成长过程中的必经之路，如果家长引导得不好，孩子就会像吴卓宇一样，养成乱发脾气的习惯，变成一个暴躁的孩子；引导得好的话，孩子的发脾气就会成为每一次教育孩子成长的契机。

要解决孩子乱发脾气就要先知道孩子为什么发脾气。一是孩子的需要没有及时得到满足，这些需要有些是物质上的，比如，孩子想买一个玩具或者买一些零食；有时则是生理上的，比如，病了不舒服，而父母又不是十分的重视，等等。这并不是说父母必须满足孩子的一切需要。当父母的要分析孩子的需要是否合理，既不要忽视孩子的心理、生理需要，也不能让孩子的需求感变成贪婪欲。

既然孩子发脾气可能是为了获取某种满足的手段，那么，我们怎样才能改掉孩子乱发脾气的习惯，或者说对孩子发脾气采取什么样的对策才是可行的？

专家的建议是：一是不能向孩子"俯首称臣"；二是当孩子发脾气时，适当地采取"横眉冷对"的方式；三是父母"以身作则"，让孩子从榜样的身上学到正确的东西。

孩子发脾气就向他屈服是最不可取的教育态度和教子方法。当孩子乱发脾气时，父母要保持冷静，对孩子的不合理要求绝不迁就，始终要让孩子明白，无论他怎么发脾气，父母都不会"俯首称臣"，他始终都达不到自己的目的。当孩子已经"雷霆万钧"时，不妨运用冷淡计，父母及其亲人都不去理会他。事后，再当着孩子的面，分析一下他发脾气的原因，细心地引导、教育孩子，相信孩子会从一次错误的行为中汲取教训。

专家认为，父母在阻止孩子坏脾气发作的时候，既不要采取过于强硬的态度，也不能采取过于软弱的态度。最好是能够迅速而果断地将孩子的注意力转移到其他方面，以缓和紧张的局势。也就是说，当孩子正处于发脾气的时刻，父母不要一心只想到训斥孩子，因为孩子这时是听不进去的，也不要强迫孩子或者用武力威胁孩子马上停止发脾气。最简便的方法就是运用冷淡计把他撇下不管，或让他一个人去发泄，去自我克服、自我平息。这样坚持一段时间后，孩子就会渐渐改正乱发脾气的习惯，因为他知道这样做是什么也得不到的。

在孩子乱发脾气时让他尽情哭闹，一定不妥协；但在他平静下来后，就不要再追究发生的事，而是温和地讲道理。这样孩子就会逐渐克制自己的脾气，让自己的行为向好的方向发展。

霸道的性格，或许正是家长的过错

一项心理调查显示，现在孩子越来越多地有暴力倾向。7 岁到 13 岁之间的孩子，23.9% 承认自己有通过暴力解决问题的想法。这是一个令人触目惊心的数字。家长们必须明白孩子暴力习惯的危害，及早通过训诫的手段纠正这种不文明的行为。

有这样一个男孩，他是一个聪明的孩子，成绩优异、家境优越，父母对他宠爱有加。可他却在 13 岁那年，用刀捅伤了同学，进了少年劳教所。后来，他对发生在自己身上的悲剧做了反思："从小到大，爸爸妈妈给我的教育就是只要学习好，犯了什么错都不是错，父母都不会责怪我。因此，我变得很任性。可能是任性造成了我的一种霸道，我的个头在班上最高，成绩也好，同学们都很服我。上中学时，爸爸妈妈告诉我要我学习好，然后就是在外不要吃亏，不要被别人欺负。如果我吃了亏，被别人欺负了，他们肯定会认为我窝囊，没有用。记得小时候，有一次我带了玩具飞机去幼儿园，小朋友们抢着玩，有一个小朋友玩着玩着居然不给我了。我急了，夺过飞机就朝他脑袋上刺去，把他的头刺出了血。家里赔了人家钱，我很害怕，以为回家要被处罚。哪知道，爸爸妈妈并没有责备我。我读小学四年级时打了同学，同学父母找到我家里来，我爸爸向人家赔了不是。送走了人家后，他对我说：'看这小子，懂得教训别人了。'妈妈告诉了我道理，她说，只要不被别人欺负，怎么做都行。当我去中学读书时，她对我说，现在的孩子都很霸道，你要是不让别人怕你，你就会被别人欺负。现在回过头来想想，我觉得父母对我的这些教育是不正确的，我在学校的打人习惯正是父母错误教育诱导的结果。"

　　这个悲剧也引起了很多家长的反思，于是他们纷纷严厉管教孩子，纠正孩子爱打人的习惯。但是家长虽然有这个良好心愿，却往往不知道怎样教育孩子，因而产生反效果。

　　天恩是个7岁的孩子，刚刚上小学一年级，不过半年来，他已经给父母惹了一大堆麻烦，为什么呢？就因为他爱打人！上学才三天，就把一个小女孩的膝盖踢破了，后来又把同学的头打破了，再后来还划伤了同学的胳膊……为了这些事，爸爸妈妈骂过他，打过他屁股，可他还是一犯再犯。有一天，父子正在看电视，电话响了，爸爸接完电话怒气冲冲地拉过天恩就是两巴掌，天恩委屈地大哭大叫。爸爸更生气了："说过一百遍了，不许打人，你还敢再犯，今天打死你算了！"爸爸又打了下去，这一次，天恩竟然挣扎着用小拳头打爸爸，这让爸爸更生气了："真是太过分了，竟然打爸爸！"结果那天，爸爸狠狠地打了天恩一顿后，把孩子丢回房间去"反省"。天恩一个人在地上哭得稀里哗啦，不明白为什么爸爸可以打他，他就不能打人。最后他得出了一个结论，那就是他不能再打同学，只能打比自己小的孩子。

　　这是很可悲的，爸爸的"教育"只换来了一个消极结果。这都是因为教育方式不当造成的。如果父母能用训诫的方法教育孩子，那么效果一定会好得多。

训诫是一种正面教育方式，采用这种方法的第一步就是指出错误，点明其危害。比如在这个故事中，爸爸就不应该抓过孩子就打，而应该先让孩子知道自己犯了怎样的错误，要指出打人是一种野蛮行为，是为人所不齿的，没有人会和打人的孩子玩，再这样下去，他就会失去所有的朋友。

第二步就是分析。如果孩子之间发生了冲突，父母一定要保持冷静，不要立即大声呵斥孩子，让他停止争吵，更不能因为害怕自己的孩子吃亏而护着孩子。应该让孩子自己说清楚发生冲突的原因，然后让他自己提出解决冲突的方法，或者为孩子提一些解决冲突的建议。

第三步是说理。比如，当孩子在玩自己心爱的玩具的时候，别的孩子可能过去抢他的玩具，孩子急了就会打人。这时候，父母应该教育孩子对抢他玩具的小朋友说："这是我的玩具，让我先玩一会儿，等会儿我给你玩。"或者让孩子友好地与其他小朋友共同玩。

第四步是对比。父母应当让孩子意识到，打人是一种让人多么不能容忍的行为。在孩子打了人后，就用对比法给他分析问题。例如："孩子，如果有人打破了你的头，让你流血了，那妈妈一定会非常伤心，非常难过，因为妈妈爱你，希望你永远平安。其他的小朋友也有妈妈，他们的妈妈也爱他们。你打伤了那些孩子，他们的妈妈该有多难过啊！"这种对比可以让孩子深刻认识到自己的错误，反省自己的做法。

第五步就是警告。父母应该告诫孩子不要用武力解决和小朋友之间的冲突。父母绝对不会原谅他的打人行为，如果孩子再犯这个错误，就将受到严厉的惩罚。

训诫并非单纯的责备，更不是一棍子打死，而是综合运用比较、劝勉、激励、警告等多种形式，软硬兼施地达到教育目的。

正确引导孩子的自恋倾向

现在有好多孩子有很强的自恋心理，他们总是自我感觉良好，认为自己与众不同，并且不断寻求外界的赞美。他们往往缺乏自控，争强好胜，冷漠刻薄，没有爱心。以下就是孩子自恋的种种表现：

"走开！我根本不需要你的帮助，这样的化学题是难不倒我的！"小松对表示愿意帮助他讲解难题的同桌大声嚷道。

"活该！你妈下岗了，你再也神气不起来了！"明明对着同学小齐的背影，冷冷地说。

"我的古筝已过6级了，这次晚会理所当然地由我先上台演奏。为什么让华斌上？他学古筝才几天呀！"高二（1）班教室里，传来了李威歇斯底里的喊叫。

"哼，黄老师每次上课都点我的名回答问题，每次都表扬我，为什么今天没有呢？是不是小宇去打过我的小报告？"

"哈哈……张老师今天当着全班同学的面说我的作文写得特棒！哼，看以后谁还敢小看我！"

"凭什么批评我？不就是一次作业没交吗？"童洲边愤愤不平地想，边用笔在纸上画语文老师的肖像，画好后撕掉，撕掉后再接着画。

"和马刚交朋友？不，就他那档次根本不够资格！"王庆对李强说。

……

由此可见，若孩子非常自恋，那他们就不会有开阔的心胸，不仅看不起别人，而且会迷失自己。所以培养孩子，就要让孩子远离自恋，不让他们迷失自己。

据心理学家研究，孩子的自恋倾向大多与家庭环境等有关。当孩子在幼儿时期，由于父母对孩子过分亲昵，从而使孩子的心里面出现自恋倾向。孩子进入童年时，缺乏与外界同龄人的接触，某些父母阻止孩子去结交同龄朋友，让孩子孤独地度过童年，这样也有可能使他产生自恋的倾向。

为了不让孩子有自恋的倾向，或让孩子走出自我迷恋，家长要注意以下几点：

1. 给孩子提供一个健康的成长环境

父母要多关爱孩子，不要让孩子有孤独感、失望感，也不要溺爱孩子。在对待孩子的态度上，父母要把握好尺度。另外，父母在家时，有了矛盾也尽可能不要争吵，至少不要当着孩子的面争吵，否则会使孩子变得冷漠，从而不愿接近别人、相信别人，因此产生自闭或自恋心理。

2. 父母要讲究正确的教育方式

发现孩子有自恋倾向后，父母要先反省一下自己的教育方式，并改进自己的教育方式，鼓励孩子多结交有益的朋友，从一点一滴的小事中去发现别人身上的美与善良，发现别人的优点与特长。这样，孩子在开阔了眼界的同时，也开阔了心胸。当孩子敞开心怀去接纳别人时，就不会再自恋，不会再对别人产生厌恶感了。

孩子需要表扬，但是表扬要适度，要有节制。如父母经常有意识或无意识地当着孩子或他人的面称赞、宠爱自己的孩子，就有可能使孩子从小就自视甚高，这常成为孩子自恋产生的基础。所以，父母在表扬孩子时要有分寸，不能够夸大，更不能因为孩子有一次不错的表现，就每天都表扬。

3. 鼓励孩子多结交同龄的朋友

现在的孩子多是独生子女，如果家长不但不为孩子结交朋友提供条件，甚至还加以阻碍，就会促使孩子自恋心理的产生。相反，让孩子多结交朋友，让孩子看到每个人都有自己的优点，都有超过自己的地方，这样孩子的自恋心理就会减弱。

自恋的孩子容易迷失自己，他们没有宽阔的心胸，只有冷漠的眼神；他们没有赏识别人的意识，只有自我陶醉的梦幻。培养孩子，千万不要让他自恋。

性格需循序渐诱，不要强迫改变

世界上没有两片相同的树叶，同样地，人的性格也是各有千秋的。有人性格外向，有人则很内向。

小楼不太喜欢和同学们一起玩耍，因为，他总觉得和大家在一起打闹是一件很幼稚的事情，他认为倒不如自己看书或是独自去郊游来得更为潇洒、惬意。他特别欣赏武侠小说里面的那些独来独往的古代侠客，欣赏他们那种自由自在、不受任何束缚的生活。他也希望自己能够有侠客般的气质。

可是，小楼的妈妈可不认为这种独来独往的性格是个好现象，她觉得孩子必须得和伙伴们一起玩闹，一起交往，才是正常的，像小楼这样的性格太过孤僻。妈妈经常对小楼说："你不要这么不合群，应该多和朋友在一起玩，一起谈心，这样的生活态度才是积极的。这样老是关起门来，一个人待着，会越来越怪异的。"

小楼每每听到妈妈的这番话，总是冷冷地回绝："我喜欢这样一个人安静地待着，我觉得这样很好。我喜欢如此。"

面对孩子的固执，母亲几乎是无计可施了。那天，母亲单位组织到外地去旅游，妈妈想带着小楼一块儿去，因为这次旅游会有许多和小楼同龄的孩子一同前往，妈妈觉得这是一次好机会，可以让小楼多接触一些朋友。但小楼还是拒绝了妈妈的安排："不，我不去，和一群孩子在一起多没劲呀。"

妈妈问道："你自己不也是孩子吗？"

小楼摆摆手："反正我是不去的，我再次申明我喜欢独自一人。"

妈妈无可奈何地叹了一口气："唉，你怎么这么喜欢闹别扭呀！"

成人的性格往往在孩童时期就已经形成，所以，生活中和故事里的小楼性格相近的孩子并不鲜见。

然而父母们却不允许自己的孩子整天独自一人，多数父母都希望自己的孩子处世积极、性格活泼。因此，许多性格内向孩子的父母都为孩子忧心忡忡。有些父母还会因为孩子的这种个性而责备孩子："怎么整天死气沉沉的？""整天就像个小老头一样没精打采……"然而，这种方法却很难奏效，因为愈加责备，就愈容易造成孩子心理上的负担。尤其是以命令的口气说话，将对孩子造成很大的负面影响。

有些父母鼓励性格内向的孩子和一些性格外向的伙伴一起相处，可是，他们不知道，内向的孩子和活泼好动的孩子相处时，反而会产生更大的压力，内心会形成一堵无形的心墙，反而使孩子更加内向。

所以，不要试图改变孩子的性格，不管孩子性格是否内向，只要孩子心理健康，能够快乐地成长，就应该尊重孩子的选择。

父母不要强求孩子的性格与别人一致，更不要斥责孩子性格不好，在这点上应该给孩子足够的空间，对孩子宽容一点。即使孩子的性格具有某些不好的倾向，也不要强迫孩子改变自己的性格。此时父母应该做的是，和孩子进行心与心的交流，抓住孩子的性格特点，找出孩子性格特别的原因所在，对症下药。

培养孩子个性的时候，不要逼迫孩子必须和父母自己认为优秀的性格一致，鼓励孩子拥有自己的个性。但要让孩子理解，人不是个体的，而是社会的，人不需要刻意去改变自己的个性，但必须适应环境，适应社会，这样才能使孩子健康成长。

五、

你忽略了孩子的情绪，也就降低了孩子的情商

　　有些父母在孩子出现不当情绪反应之际，自己也跟着发怒，尤其当自己的工作忙碌或压力大时，孩子的哭闹声常会成为导火索，让父母把一肚子的怒火发泄在无辜的孩子身上，也让孩子莫名其妙成为"受气包"。如果父母都无法控制自己的情绪，又如何能期待孩子有良好的情绪发展？长期下来，孩子的火暴脾气自然就被训练出来了，那可不是遗传，是"传染"呢！所以，在协助孩子培养健康的情绪，拥有良好的情商前，父母首先必须拥有良好的自我情绪管理能力。

预防消极情绪，走向积极人生

积极的情绪和消极的情绪是很不同的，对孩子所产生的影响差异很大。积极的情绪使孩子上进，消极的情绪让孩子退步。所以预防孩子产生消极情绪是父母的一个主要任务。

消极情绪对孩子的影响很大，父母要让孩子远离消极情绪。父母的情绪对孩子的影响极大，父母要在孩子面前保持良好的情绪。父母忧愁抑郁应该尽量地避开孩子，不要当着他们的面发泄。

孩子为什么会产生消极情绪呢？这还得从孩子心理发展的规律说起。

心理学研究发现，孩子的心理发展呈现下面的规律：

婴儿在出生后的第6个月就会有选择地微笑。8个月时会害怕陌生人，与母亲短暂分离会引起焦躁不安，这表示婴儿在这一时期已经有了一定的心理活动。婴幼儿对父母的感情依赖贯穿于他早期的全部生活，父母的一言一行都可能对孩子产生潜在的影响。

1周岁的幼儿已与母亲建立了紧密而牢固的联系，与父亲及其他关系亲近的人也有了很好的感情交流。1周岁时，幼儿已开始希望获得父母的喜欢。这一时期是幼儿学走路、学说话的阶段。幼儿已能控制自己的行为，记忆力、想象力、思考能力逐步形成雏形。对事物好奇心增强，模仿能力迅速增长，已经初步具备喜怒哀乐的情感活动。在此期间，幼儿的情绪是很不稳定的，对事情也没有辨别对错的能力。

这是一个人各种心理特征形成雏形的阶段。这一时期，孩子如能得到正确的引导，对他形成良好的心理素质有极大的帮助。如引导不当，则可能发展成一个有各种心理问题的人，例如常产生消极情绪。

具有消极情绪的孩子通常会有下列表现：

1. 经常哭泣

通常，孩子哭泣是因为饥饿或疲劳，但是哭泣也是减轻压力的一种自然方式。发展心理学家阿利瑟·所特著的《流眼泪与发脾气》一书中说，"哭泣是一种自然愈合机制"，当孩子受到太强的刺激不知如何放松时，他们就垮了下来，然后大声啼哭，这就是为什么在生日聚会上总会有很多哭成泪人的孩子。随着儿童年龄的增长，眼泪仍然是他们在情绪激动时释放压力的一种方式，所以父母不要忽视他们的哭泣，应该充满爱意、心平气和地对待。

2. 睡眠不安

对孩子来讲，夜晚总是很难度过的。把婴儿或咿呀学语的孩子和他们的父母分开，他们会很自然地感到焦虑。在想象力丰富的学龄儿童脑子里，壁橱可能是妖魔鬼怪的藏身之所。如果说你的孩子长期失眠，那一定是有什么事情在困扰着他们。

在睡觉前和你的孩子聊聊天，给他一个机会说出心里话，这有可能会改善他的睡眠不佳的现状。

3. 疾病反复

如果你的孩子叫嚷肚子疼或头疼，但又没有任何外在的症状，那么他可能就是精神紧张。曾经有一对父母正在闹离婚，他们的孩子表现得非常焦虑，不断地去医务室检查，说自己头疼。作为父母，即使你怀疑孩子在装病，也应该带他去看医生。美国华盛顿的国家儿童医院的儿科主任本·基特曼建议，一旦诊断出疾病，应首先治疗儿童的情绪和心理，而不是身体。

4. 攻击性行为

"语言能力有限的儿童减轻压力的唯一方式就是咬激怒或欺负他的伙伴。孩子的愤怒可能源于心情压抑。"这就是阿利瑟·所特称的"碎饼干现象"——一个 2 岁的孩子不大可能由于得到一块碎饼干而感到不安，只是将其作为借口释放早晨郁积的沮丧心情。父母应该尽量少告诉他做什么以及如何做，否则只能增加他的压力。孩子需要无忧无虑地玩耍，做自己想做的事情。

5. 过度忧虑

孩子看到新闻中灾难的报道而害怕飓风是情理之中的事。同样，学生害怕临近的考试也是正常的。但如果他们害怕所有的人和事就不正常了，他们越感到软弱无助，害怕的东西就越多。

6. 说谎和欺骗

四五岁的学龄前儿童有时会撒谎，但他们经常并不知道他们行为的后果。大一点的孩子在已经能够分清真假的情况下也会撒谎，这大多数是因为他们受到很多的压力。8 岁左右的孩子更关注自己在学校的表现，10 岁的时候他们会有诸如"别人喜欢我吗"这样的社交考虑。归根结底，他们想取悦于父母，担心会辜负他们的期望。如果承认自己辜负了父母的期望，他们会感到羞愧。因此，他们就编造了一些父母喜欢听的话，让父母高兴。

7. 拒绝吃饭

一些挑食的孩子胃口小，没有食欲；另一些在饭桌上明确表示不喜欢某些饭菜，但最终他们会吃掉喜欢的饭菜；而对于可能患有饮食紊乱的孩子，他们就干脆不去想自己饿不饿。如果孩子谈到饮食，简单地把食物分成"好的"和"坏的"，或过量运动以"燃烧脂肪"，这可能意味着你的孩子正在试图通过一种不健康的方法控制自己的身体，从而达到控制压力的目的。

消极情绪对孩子的影响是很大的，所以父母要让孩子远离消极情绪。父母的情绪对孩子的影响极大，所以父母要特别注意在孩子面前保持良好的情绪。父母也是人，也有七情六欲，有时忧愁抑郁，有时大发雷霆，有时还会伤心哭泣。如果父母产生这些情绪的时候，就应该尽量地避开孩子，不要当着他们的面发泄。

反之，快乐是一种心情，也是一种性格。这两者不同的是，快乐的心情是暂时的，有起有伏；而快乐的性格是长期的，比较稳定。一个人拥有一时的快乐心情是比较容易的，而要拥有一个快乐的性格就不是那样容易了。但是性格是可以培养的，父母应该把孩子培养成为一名乐天派，这对孩子的健康成长是很有好处的。

利用艺术，减轻孩子的压力、焦虑

压力是现代人无法避免的烦恼，也逐渐成为都市人的现代病。孩子也不例外。我们这里介绍两种自助减压的方法，即艺术治疗和音乐治疗。

1. 艺术治疗

孩子如果感到心理压力很大，可以选择艺术治疗的方法。在艺术治疗的过程中，孩子可以从一种受压的精神情绪中转为深度松弛，由恐惧转为充满灵感和创造力的精神状态。

艺术治疗简单直接，可以尝试自己一个人进行或受艺术治疗师的指导，和其他人员一起进行创作。这种方法并不需要特别的技巧，一切东西都以发自内心为"最高境界"。

艺术治疗的主要方法如下：

（1）选择一种艺术方法或艺术媒介，这些东西可以是孩子学习或经历过的，也可以是从没有接触过的。

绘画：拿起画笔就画，每一笔都是随心所欲，都是自己心思的表现。孩子想涂改就涂改，因为这种东西做起来是很容易的。

面具制作：戴面具是孩子们都比较喜欢的事情。面具制作并不难，并且孩子戴上了自己制作的面具常常都会产生一种自豪感。

舞蹈：鼓励和支持孩子跳舞。跳舞不一定在舞台上，也不一定有多么优美的舞姿，只要令人心情舒畅就可以了。很多孩子对这种方式是很喜欢的。

堆沙：喜欢堆沙是孩子的天性，可以锻炼孩子的手和大脑，可以说是一种很好的艺术方式。堆沙让人手感十足，亲身体验并可以快速改变形态，可以快速接触到内心的感情及精神。

（2）替孩子寻找一个创作的空间：地点、时间及心灵空间。

（3）为孩子准备所需材料。

（4）毫无顾忌地迈出第一步：画第一条线、发出第一个声音、跳出第一步、捏出第一个形状……

（5）告诉孩子，一切都可以随心所欲，不要受任何限制。随时涂改或重新创作，放下偏见，敞开怀抱。

完成作品并展现在眼前的时候，这种艺术治疗就可以说是完成了。

2. 音乐治疗

音乐治疗是通过音乐、乐器或音乐活动来维持，重整，促进身心健康的一种方法。研究认为，音乐对人的健康有重大的帮助，甚至是重病患者的最佳治疗方法。近年来，用音乐去帮助孩子减轻压力的方法十分流行。选择什么样的音乐减轻压力，完全是随心所欲，就看孩子喜欢什么了。无论是古典、浪漫、现代派摇滚乐还是爵士乐，只要旋律优美，能使人安静轻松就可以了。

在音乐治疗中，人们经常提到的是"莫扎特效应"。莫扎特的乐曲优美动人，绕梁三日，其高音频的乐声伴着和谐生动的旋律，活化了生命，是为脑筋及身躯而作的治疗艺术品。

根据专家研究，莫扎特的乐曲能引起以下反应：

（1）提高孩子的注意力，促进孩子的创造力，增强孩子的语言能力，刺激直觉和第六感官，提高孩子的智商（IQ）及强化孩子的右脑功能。

（2）舒缓孩子的身心，减低精神及情绪压力，是孩子忙碌一天之后最好的享受，让孩子优哉游哉地进入甜蜜梦乡。

（3）自然地释放情绪的旧包袱和感情创伤，让孩子更容易听到内心深处的声音，改善感受，增添生命力，调节生活速度。

（4）改善孩子的身体活动及协调能力。

（5）改善心跳速率，保持血压及体温的正常。

可能莫扎特音乐还不止这些作用。很多研究证明，孩子听音乐最好选择节奏比较好的、合乎人体活动节律的音乐，比如中国古典音乐《高山流水》等。

用音乐减轻压力的方法很多，除了欣赏莫扎特的乐曲外，还可以让孩子自己或与他的朋友们一起试试以下方式：

（1）引吭高歌，可以随意，不要拘泥。

（2）让孩子自编曲谱。

（3）鼓励孩子自己作词。

（4）与孩子一起分析和讨论歌词。

（5）让孩子弹奏或乱弹乐器。

（6）让孩子随着音乐创作动作，翩翩起舞。

（7）进行音乐游戏。

（8）让孩子模仿乐器的声音或作一般声音模仿。父母和孩子都可以尽量运用自己丰富的想象力和创造力，想出更多更好的方法，用音乐去尽情地放松，让音乐发挥更大的威力。

目前市面上流行的胎教音乐很受欢迎，那些悠扬、轻柔、婉转的曲调不仅使母亲听了心旷神怡，而且使母体内的胎儿也能受到感染，使他们生活的"宫内世界"也像母体外一样地充满阳光，从而使他们变得健康、漂亮、聪明。

当人们欣赏音乐时，不论是大人还是孩子，常常会有一种陶醉感。音乐可以使人忘却身边纷扰的世界，进入一个神仙般的世界。难怪心理学家常常呼吁，要善于使用美妙的音乐来调节自己的情绪，陶冶自己的情操。

对于孩子来说，一般自出生之前就对音乐有好感，出生后不断发展着对音乐的喜好，3~4岁时就已初步具备欣赏音乐的能力了。音乐能使孩子享受一种深深的爱，使孩子的心情充满欢乐。这种情绪会促使孩子神经系统的发育完善，能够调节血流量和神经系统的活动功能，有利于孩子的记忆、理解、想象思维等各种能力的发展。

不少学者对音乐进行过研究，发现音乐的音品、音调、节奏、旋律、音质的不同，会对人体产生镇静、镇痛、调节情绪等不同功能。

人的情绪是一项复杂的活动，与大脑皮层下丘脑、边缘叶有密切关系。因此，美妙的音乐能使孩子的心境愉快。这种愉快的情绪能够有效地改善和调整大脑皮层及边缘叶的生理功能，从而使孩子的神经系统发育得更加完善。这种作用是其他教育所不能比拟的，这也是那些音乐大师的作品广泛流传、经久不衰的原因。

孩子的音乐活动包括唱歌、音乐欣赏、节奏乐器、音乐游戏及舞蹈等。通过这些活动，孩子们增强了对音乐的欣赏能力，开阔了知识眼界，不仅对一般孩子而言如此，就是对智障的孩子也有着令人惊奇的效果。曾有一名"智能不足"的孩子在学校音乐老师的培养下，从自己听音乐到参加打击乐演奏，到伴随音乐跳舞，孩子的智力因此大大提高。这说明音乐在启迪孩子智能方面有重大作用。

还有些家庭为孩子准备了乐器，让孩子自幼开始学习音乐。这种演奏活动使孩子的双手更加协调。美国加利福尼亚大学医学教授阿特拉斯经过多年研究指出，学习弹乐器的人，由于左右手指神经末梢经常运动，能促进大脑两半球的发展。因为弹奏时，视觉、听觉、触觉及整个机体都必须处在协调一致的积极状态下，所以能够训练孩子的思维、注意力和记忆力，启发想象力和创造力。实验证明，学音乐的孩子学其他课程都比较快。

由此可见，父母不应该忽视音乐的力量。这种力量或许在短时间内并不显著，但那潜藏的能力终将表现出来。

维护孩子的尊严，保护孩子的自尊心

俗话说，树活一张皮，人活一张脸。人的面子是很重要的，尤其中国人更爱讲面子。这不是坏事。可惜大人往往只顾及自己的面子，而不注意孩子的面子。小孩子也有他自己的面子，尤其是在他们生活和玩耍的圈子里，如果他们的这种尊严被伤害，他们感受到的耻辱往往比父母还厉害。

说起面子，我们更喜欢用另一个词汇：尊严感。因为面子往往是指一种表面的虚荣，而尊严感则是一个人对自己的人格的尊重。对于我们这本书的主题来说，我们认为，培养孩子的尊严感直接影响其未来。历史上那些成功人物虽然个性不一，但是我们的研究表明，他们都有一个共同点：都具有强烈的尊严意识，都多少有点"士可杀，不可辱"。

所以我们强烈建议：父母绝对不能伤害孩子的自尊心。然而，事实上，父母无意间伤害了孩子的自尊心却是常有的事。

一位企业家说过一件他孩童时的事情。他生来不会唱歌，唱起歌来声音像个烂沙罐。上小学二年级时，班上举行唱歌比赛，他只得在家里练唱。母亲听了烦躁，就说："你这哪里是唱歌，是在号叫！"这句无意中的评价使他不但对练歌失去了信心，连上学都感到痛苦。

当然，这句话如果是出自他的一个同学，他虽不愿听，但他还可能同他吵，甚至回敬他一句："我是号叫，你是猪叫!"但是这种话出自自己的母亲，他所信赖、尊敬和依靠的人，他就无法反驳了。因此这种伤害可能是无法弥补的。

还有一种无意的伤害，那就是父母总喜欢把自己的孩子看做不懂事的孩子，所以什么事情他们都可以代替孩子做主。其中最常见的情形是：孩子的同学来找他出去玩儿，母亲也不管孩子是愿意还是不愿意，就不假思索地代他说："看书，不去。"

母亲虽然没有存心伤害孩子，但孩子会觉得在同学面前很失面子。因为孩子进入小学后，他有自己的生活圈、他的朋友、他的世界。在他那个世界里，孩子在心理上认为自己是独立的，他有他自己独立的人格，可以不受父母的控制。母亲在孩子的朋友和同学面前指导或者指示他的行动，等于向孩子的朋友们表示他还必须在父母的指示下生活，没有独立能力，孩子当然会觉得很扫面子。因此，为了维护自己的面子，有时孩子还会故意不听话。同时，一旦同学们发现某人每样事都不能做主，就不会再找他玩耍，而且不再接受他。这样也有损于孩子社会性的发展。所以，除非迫切的需要，除非孩子的同学和朋友所提出的要求极端不合理，是邀孩子出去胡闹，需要当面立即禁止，否则对孩子的教导应该避免当着孩子的朋友或同学的面进行。有什么不对和不妥的地方，应该等到他单独一个人的时候，再提醒他："刚刚……"孩子就会容易接受得多。

而孩子的这种心理却不易被父母所理解，更易为父母所忽视，以致产生一些不必要的争执和伤害。这些都值得每个做父母的人警惕与注意。这里就存在一个尊重孩子的独立人格的问题。

父母要求子女尊重父母，这是天经地义的。这既是我们中华民族的传统美德，也是古往今来、中外公认的美德。但是，今天在这里我们谈父母也要尊重子女，可能很多做父母的会认为这是难以接受的。父母是长辈，子女是晚辈，所以子女尊重父母天经地义，千百年来历史如此。千百年来的古训是"子不教，父之过"，"三娘教子""孟母择邻"也是千百年来传统的美谈，却从没有听说过父母有尊重子女的责任。然而，这并不是说受教育者就不应该得到应有的、起码的尊重。当然，这个尊重主要是指他（被教育的人）的独立人格。

父母应该尊重孩子的独立人格。一个孩子养到八九岁，他就会有些独立的意志和欲望。尤其是进中学以后，他会在心理上认为自己有独立的人格。他已经有一些善恶和是非的标准与概念。而对孩子的这些概念，只要不是错误的，我们做父母的就应该尊重。事实上，我们做父母的也大都这样做了。谁也不会有意去侮辱孩子，伤害子女的独立人格。孩子如果在外面受了委屈，父母都会愤愤不平。但是，在日常生活中，父母有时会无意间伤害孩子的自尊和侮辱了孩子的人格，这并不少见，只是未能引起我们足够的重视罢了。

小孩子在家里不免有时乱拿东西，而且用过了又不放回原来的地方。于是父母有时要找一个东西，找不到就会问孩子把东西拿到哪里去了。如果孩子真的拿了，而且经父母一问马上就记起来，那当然很好，很快就可以把东西找出给父母送去。可是，如果孩子没有拿，就往往会在孩子的心灵上留下阴影。

有的孩子既好奇又调皮，总觉得大人做的一切都新鲜，于是喜欢在爸爸不在的时候，拿他的钢笔写一写或做功课，等爸爸发现了，才被要了回去。这些小事发生多了，就会在父母的头脑里产生一种条件反射：只要有什么东西一时找不到了，马上就会认为是自己的孩子拿了。

比如说母亲又找不到自己的剪刀了，就问孩子："你又把我的剪刀放到哪里去了？"

孩子说："我没有拿你的剪刀。"

母亲在她常放剪刀的地方找了找，还是没有找到，于是又问："你没有拿，怎么我会找不到了呢？一定是你不知道放到什么地方去了。"

如果孩子确实没有拿，为了澄清事实，孩子只得说："我确实没有拿！"

这时，如果比较冷静的母亲可能就不再追问下去，自己再去找。这是尊重孩子的表现。可是有的母亲比较主观，不相信孩子，往往就会凭过去孩子拿过后没有放回原处的经验，一口咬定是孩了拿丢了，不敢认账："撒谎，一定是你拿了，忘记了，不知道放到什么地方去了！"

孩子没有拿，母亲不信，反而说他是撒谎。孩子心里当然会感到十分痛苦，而且母亲还说他是撒谎，这实质上也是对他人格的一种侮辱。然而主观武断的母亲却意识不到自己无意间对孩子心理上的损害，还以为自己是正确的。直到过了几天，母亲自己又无意间在另一个抽屉或别的什么地方发现了剪刀，才恍然大悟，是前次自己放错了地方，没有放回原处。

类似的事情在不少家庭中或多或少地发生过，而且常常被父母所忽视。这种无意间的伤害常常给孩子心灵上造成创伤，也容易造成父母和子女间感情上的隔阂。

所以，父母一定要学会尊重孩子的独立人格，尊重孩子的自尊心，一个好的父母还应该培育孩子的自尊心和人格。试想，一个没有自尊心和没有人格的人，又会是一个什么样的人呢？一旦一个孩子失去了自尊，也就会丧失了前进和奋发图强的意志和勇气。

例如，一些不用功和粗心的孩子在做练习，甚至考试中常会把一些极简单的试题做错。母亲看了孩子的作业本或试卷，发现孩子连简单的试题都答错了，感到气愤和失望，于是可能会骂："这么简单的题目都不会做，你还能做什么！"有的为了刺激一下孩子，还故意辱骂一两句："你真是白吃了几年饭！你是小学一年级吧！"

当然，这种话也可能促使孩子深省，从而产生奋斗的决心。然而，这种讽刺话对于中小学生却不可能产生什么好的效果。因为这种话只能刺痛他一下，但并未能使他悔悟，认识自己不用功或粗心大意的错误与缺点。

每个小孩都愿意大人说他们聪明能干。父母骂他等于断言"你的天资差"，当然只会使孩子泄气。照理说，在孩子受到老师或别人责骂"你什么都不会"时，作为父母应该鼓励、支持孩子："我相信只要你好好做，认真地去做，一定能做得很好。"

而且事实也是这样，不管外人怎么说他不行，只要孩子的父母承认孩子的能力，相信孩子的能力，支持和鼓励孩子，最后孩子就一定会努力拼搏，而不会沉沦下去。

反之，如果父母首先就把自己孩子的才能否定了，孩子当然就会无所依靠而丧失信心，结果什么都不想做。

还有一种讽刺话也是不能说的。有的孩子本来对父母依赖性很大，读书做功课都要父母催，做事要父母喊。后来孩子由于某种原因改变了，自动念书做功课，而且还自动帮助母亲打扫。于是母亲觉得很惊讶，不自觉地说了一句："今天怎么太阳从西边出来了！"或者说："今天这孩子怎么变得我认不出来了？是跟隔壁大维学的吧！"

母亲原是表示对孩子进步的高兴，只是有些意外，所以说了这种带有刺儿的话。不过，即使是开玩笑，这种讽刺话也不要说为好。因为它同样可能伤害孩子的自尊。俗话说得好："说者无心，听者有意。"

不给发怒的机会，孩子的脾气就会短路

有的孩子脾气大得很，动不动就勃然大怒。面对这种孩子，平时，要加强对他们的心理辅导，发生不愉快时，要采用活动转移法，让他们在体育游戏或其他活动中宣泄内心的紧张，并为他们树立讲道理、讲礼貌的榜样供他们学习。

有一个孩子叫明明，才两岁半，原来是有名的乖宝宝，聪明、漂亮。

可是自从带她长大的阿姨离开后，明明就像变成了另外一个人，常常无端地发脾气，无端哭闹，谁对她也没有好办法。以前的乖宝宝变成了一个暴戾的小公主。爸爸妈妈对此很着急，急忙带着孩子去了心理咨询中心。

检查结果表明，明明精神上没有什么问题，只是朝夕相处的阿姨离开了，她失去了心理上的伙伴，破坏了孩子心理上和生活上的平衡。孩子由于缺少了阿姨的关注和照顾，在呵护和娇惯中形成的情感依赖产生了动摇，因此产生了强烈的分离焦虑情绪。她的种种行为就是对焦躁不安情绪的发泄。也就是说，明明是在寻求新的心理依赖。

这是对明明这个具体病例的诊断所得出的结论。心理学研究认为，明明的这种行为表现与这个年龄幼儿心理发展的特点关系密切。

心理学上认为，孩子2～4岁是人生的第一个反抗期。这个时期的孩子开始有了"我"的意识，感觉到了自己与别人的不同。因此，他们产生了按自己意愿行事的心理需求。这种心理需求的主要表现就是以心情急躁、不听话、反感别人、反对别人的限制和干涉等逆反心理为主要特征的。

至于明明的行为举止，她的一些过激表现，与家庭的娇生惯养、过分迁就和放纵有很大关系。

我们还常常会看到，有的孩子由于父母没有满足他的欲望就大声哭闹。比如在地上打滚，撕扯自己的头发、衣服，或抱着父母的腿不走。心理学上把这些行为称为"暴怒发作"。处于暴怒发作中的孩子往往不听劝阻，除非父母满足他们的要求，否则就会僵持下去。有时即使父母满足了他们的希望，他们也会不依不饶。

孩子的暴怒发作不仅严重损伤本人的情绪和生理状态，也常常使父母狼狈不堪，许多父母对此都感到很棘手。

暴怒发作与孩子的性格有关，但频频发作的原因往往在父母身上。如果孩子的欲望要求不合理，父母不予满足是正当的。如果孩子因此暴怒发作，最简单的办法是把他单独放在房间里，作短时的隔离，冷落他一些时间。孤独隔离对孩子来说是一个严重的惩罚，他将有时间冷静下来重新考虑下一步怎么办。这时，父母绝不能中途让步，去迁就孩子的暴怒发作。父母更不要形成两派，一派"坚持惩罚"，一派"主张怀柔"，当着孩子的面争论起来。如果父母企图采用溺爱和迁就的办法换取孩子中止暴怒发作，那么其后果是强化了暴怒发作，以后孩子必将"屡试不爽"。

每次"暴怒"平息后，父母要严肃地教育他们，使他们认识到自己的错误。如果发现孩子在哪一次能克制自己没有发作，应及时予以表扬和奖励。最后，提及一点，父母不能经常"暴怒"发作，要给孩子树立学习榜样。

细心的父母很快就会发现，孩子长到两岁的时候，脾气就会逐渐大起来。孩子高兴的时候，十分逗人可爱，好像什么事情都很明白，但是如果孩子不高兴的时候，无论是谁，只要不合他的意，他就会大喊大叫，无论让他干什么都不行。比如，让孩子洗脸，他说不洗，父母硬给他洗了，孩子就会气得再把脸弄脏。遇见这样"不可理喻"的孩子，父母常常感到很难办，弄得很没面子，哄也不是，打也不是。

一般来说，一两岁的孩子已经能够听懂父母所讲的简单道理了，知道自己可以做什么，不能做什么。这样的孩子也开始能够根据父母的态度来判断自己行为的对与错了。孩子用手摸脏东西，父母板起面孔或者咳一声，他常常就会把手缩回来。孩子如果把果皮扔到垃圾桶里，父母向他们投去赞许的目光，他以后还会乐意这么做。

同样的道理，孩子开始闹脾气的时候，常常也会试探父母怎么对待他们的这种行为，就像是考验大人的忍受程度，这与"投石问路"的道理是一样的。所以，父母如果处理好这些事，不仅能够避免与孩子较劲的尴尬，还可以影响孩子以后的行为和促使孩子良好性情的形成。

随着年龄的增长，孩子慢慢地开始萌生了"独立"的愿望，开始有自己做主的意识，对父母的事事包办代替开始有不满和反抗。但是，他们还讲不清楚自己的愿望和道理，心里很容易着急，所以便常常"发脾气"了。这时，如果孩子希望自己独立去完成一件事，而父母还是习惯包办代替，孩子又急于表现自己，就会因感到委屈而用哭闹的方式来进行反抗了。

父母向孩子提出要求，叫他做什么或叫他不做什么，孩子不愿意接受，而父母还是坚持要孩子这样去做，于是孩子就靠发脾气来进行抗拒。有时孩子向父母提出要求，而又得不到父母的许可，孩子就用哭闹或发脾气的方法来要求父母满足他们的要求。

应该明白，如果父母不管青红皂白，孩子要什么就给什么，这自然是不行的。同时，孩子要这要那，父母认为不该答应孩子的要求，孩子又哭又闹，于是父母就答应了，这也是不行的。如果孩子哭闹父母就答应了孩子的要求，就等于告诉孩子，只要大哭大闹，父母就会迁就自己。

有的孩子之所以用哭闹甚至躺在地上打滚的方法来"要挟"父母，其实根源还是在父母那里。所以，孩子一哭一闹，父母就满足孩子的要求，绝不是一个好办法。

要克服孩子爱发脾气的毛病，最好的办法就是防患于未然，尽量不要给孩子提供发脾气的机会，更不要形成父母与孩子互相较劲的尴尬局面。

其要点是：

1. 父母要民主

父母应该成为宽厚仁慈的、具有"民主作风"的父母，而不要做一个专横武断的父母。父母不应该把自己的意志强加给孩子，不要强迫孩子做这做那。如果要求孩子做什么事情，父母应该向孩子讲清楚道理。不许孩子做的事情，也应该给孩子说明原因。如果孩子有什么事情要向父母说明，父母要认真地倾听孩子所说的话，不要因为孩子小就爱理不理的。父母认真地听孩子讲话，孩子就感到一种安慰。给孩子安慰，一般来说，他就不会发脾气了。有的孩子个性强一些，如果父母对他比较尊重，那么他即使闹起来也不至于形成和父母"顶牛""较劲"的局面。

2. 学会"冷处理"

父母可以采用"冷处理"的方法来对待发脾气的孩子。有时候，无论父母怎样做，孩子还是难免发脾气。遇到这种情况，父母可以采取"冷处理"或者"转移注意力"的方法来摆脱尴尬的局面或化解"尖锐"的矛盾。"冷处理"方法的关键是父母要保持沉默，对大发脾气的孩子暂时不予理睬，等到孩子冷静下来后再去和他沟通。"转移注意力"就是用其他事情去吸引孩子的注意力，避免在某一件事情上与孩子形成对立。

心理学家研究发现，一两岁孩子的情绪是很不稳定的，他们哭着哭着，如果看到新奇的事物马上就会笑起来。他们的注意力也很不稳定，而当今的世界又是这样丰富多彩，聪明的父母是容易把孩子的注意力吸引过来的。

父母尽量不与孩子顶牛和较劲，这并不是一种权宜之计，而是教给孩子一种待人处世的技巧。如果父母经常这样对待孩子，久而久之，潜移默化，孩子也学会使用这种方法了，将来就会用到他们自己的生活和工作中去。

摒弃"男儿有泪不轻弹"的偏见

自古至今，人们习惯了这样来要求男性，那就是"有泪不轻弹"。于是，很多妈妈在看到自己的儿子哭泣的时候，或者是不知道怎么样来哄孩子不要哭的时候，会说上一句"你是小小男子汉，男儿有泪不轻弹"，以为这样教育男孩儿，他们就会变得十分坚强。其实不然。不管是男孩还是女孩，在孩子的童年时代，泪水应该伴随着他们成长。对于男孩来讲，他们也有不开心的时候，也有感觉到委屈的时候，如果在这么小的年龄段就压制他们哭泣的情绪，那么对他们来讲是不是有点太不公平了呢？

一个孩子的性格会影响孩子的一生，一个男孩爱哭，那只能证明他的情感丰富、充满童真，如果他在儿童时期就不善于表达自己的喜怒哀乐，压制自己的心情，那么长大之后怎么可能会变成一个开朗乐观的人呢？作为家长，不应该总是用"男儿"的高帽子压在小孩的头上，在他们的年龄段应该允许他们肆无忌惮地哭泣。

当孩子因为淘气而闯祸之后，家长们会冲着孩子大吼，吼完之后孩子往往会因为害怕而号啕大哭，这个时候家长们还会嚷道："哭什么哭，你还有资格哭了，看谁家男孩子像你这么爱哭。"或者是当孩子因为想要一个新玩具而在玩具店前哭闹的时候，作为家长的你可能也会说道："宝贝，你看人家多听话啊，从来就不哭。你是妈妈的小男子汉，小男子汉是最听话的，是从来不会轻易流泪的。"家长们以为这样就能够培养出坚强的儿子，但是却不知道这样的言语无非是给孩子加重心灵的负担。

家长们认为一个男孩如果从小养成了爱哭的习惯，那么长大后也不会变得勇敢坚强。那么反过来讲，现实生活中，那些不爱哭的男人难道真的是坚强的或者是勇敢的吗？很多男人不哭是因为他们不懂得表达自己的情感，是因为他们内向的性格，而并非是因为坚强或者是勇敢。所以说，哭泣和坚强不成正比，男孩就应该在不开心和受到委屈的时候在大人面前哭泣。

林莹莹的儿子已经5岁了，平时很少跟幼儿园的小朋友打架，可今天不知道怎么了，儿子的老师打电话说儿子小凡在幼儿园和一个小男孩抢夺玩具，并且把那位小朋友惹哭了。

林莹莹很着急地来到幼儿园，老师看到她来了之后，便开始对她抱怨个不停："你家小凡最近也不知道是怎么回事，以前在课堂上是十分活跃的，也很少和小朋友闹意见，可是最近他不但很少说话，而且也很少笑。平时跟他玩的小朋友也都不怎么愿意和他玩了。今天他又跟其他小朋友抢玩具，还打了别的小朋友。别的小朋友哭得一团糟，他像是没事人一样。你们父母最近没有发现孩子的情绪有点不正常吗？"

林莹莹听完老师说的话，心中有点不解。"没发现有什么不正常的呀。"林莹莹说道。正在这个时候，只听儿子对那个哭泣的男孩嚷道："你还好意思哭呢，男孩从来都不哭的，真没出息。"听到儿子说这句话，她突然想起了上个星期和儿子去买玩具，他要一个两百多块钱的玩具，自己没舍得给他买，他就开始哭闹，当时自己也是这样说儿子的。还有一次，给孩子打疫苗，儿子不想去，便开始哭闹，她就说："男孩哭鼻子是最丢人的，别的小朋友最不喜欢哭鼻子的男孩。"林莹莹心想可能是自己的这些话触动了儿子的内心。

后来，林莹莹将这件事情告诉了一名儿童心理咨询师，才知道原来是自己的"男儿有泪不轻弹"的思想让孩子的情绪变得压抑了。他因为在委屈的时候不敢哭泣，扩展到在开心的时候也不想微笑，从而就形成了老师口中的"不正常"。

其实，男孩也需要发泄自己的情绪，他们毕竟不是大人，他们的心灵还很脆弱，不要以要求大人的方式来要求孩子。即便你家的宝贝是男孩，也不要采取抑制他情绪的方式来让他变得坚强。一个不懂得表达自己情绪的人，怎么可能会懂得让自己变得坚强呢？

帮助孩子把烦恼驱逐出去

烦恼是一种不健康的心态，它多来自内心的不安宁。其实，大多数烦恼是杞人忧天，担心的事情并不一定会发生，但是由于孩子的"免疫力"较差，因此烦恼往往会"乘虚而入"。于是，在一些家庭里便会出现这样的情况：

"妈妈，我睡不着。"

"是不舒服吗?"

"不是，我担心明天会下雨，班里组织的郊游就会取消呢。"

"儿子，你晚饭怎么只吃了一丁点儿呢？"

"妈妈，我吃不下，明天老师就要公布考试成绩了，我担心自己没及格。"

"妈妈，我不想去乡下姥姥家。"

"为什么？是不喜欢姥姥吗？"

"不是，我担心去了会像上次一样又停电，害得我连电视都看不上。"

那么，孩子们担心的这些事情真的都会发生吗？99%不会发生。这些孩子的烦恼都是自找的，是杞人忧天。

心理学家告诉我们，自寻烦恼有百害而无一利，因为再怎么样的忧虑都无法解决任何问题，只会让自己的心情更糟糕、想法更消极而已。可是，为什么有许多人仍然不经意地自寻烦恼呢？这主要是性格使然，也有环境因素的影响。了解到这些情况后，当发现自己的孩子经常无端烦恼时，就应该对孩子进行劝导，让其开朗一点，开心一点，帮助孩子逐渐克服无端烦恼的恶习。当孩子事事往积极的一面去考虑并付诸行动时，长大成人后他就有可能比别人更优秀，并且能成就一番事业。

凯蒙斯·威尔逊是假日饭店的创始人，是闻名世界的企业家。1991年他退休时，他的公司在50多个国家拥有1759家饭店，年收入10亿美元。但是，很少有人知道他青少年时期也是一个爱烦恼的孩子，幸运的是他有一位乐观、坚强的母亲。在母亲正确的引导下，凯蒙斯克服了爱自寻烦恼的恶习，一步一步走向了成功。

凯蒙斯出生后9个月，他的父亲就去世了。那时，他的母亲也只有18岁。童年的凯蒙斯由于缺乏父爱和生活的艰辛，每天都烦恼，总觉得有许多不幸的事情要发生。对此，凯蒙斯的母亲没有熟视无睹，而是经常对他说："凯蒙斯，你命中注定就是大人物，只要你抛开这些无谓的烦恼，去努力奋斗，你必将无所不能。"在母亲的鼓励和开导下，整日愁容满面的凯蒙斯逐渐变得开朗起来。

但是，不幸又一次降临到凯蒙斯的身上。14 岁那年，凯蒙斯遭遇了车祸。当躺在病床上时，凯蒙斯认为自己永远也站不起来了，大夫也这样告诉过他。就在凯蒙斯想着以后的日子将会遇到种种困难又将如何度过时，他的母亲又一次对他进行了正确的疏导。

"凯蒙斯，你现在不要总是考虑自己不能走路后怎么办，而是应该想'我怎样才能让自己站起来'！"

在妈妈的开导下，凯蒙斯真的不再去想如果自己站不起来后的一系列灰暗的事情，而是鼓起勇气使自己努力站起来。一年后，凯蒙斯又走进了校园——是他自己走进去的。

孩子偶尔忧虑、烦恼并不可怕，可怕的是父母的疏忽而不加以正确引导。孩子自己一时无法意识到烦恼对身心的危害，这样烦恼就会像章鱼的手一样，把孩子紧紧箍住，使孩子喘不过气来，从而给孩子的身心带来伤害。

每个孩子都会有烦恼，关键是看父母如何去应对。为了帮助孩子尽快走出烦恼的阴影，家长要注意以下几点：

1. 孩子需要释放烦恼

家长应该接受并允许孩子释放烦恼，只要孩子的言行不是太过分，家长可以让他适度哭闹或大声吼叫。孩子能够将烦恼情绪及时释放是件好事，释放可以宣泄负面情绪，避免抑郁，使孩子形成健康、乐观的人格。值得一提的是，家长要意识到该怎样教会孩子合理地表达自己的感受。

2. 孩子需要倾诉烦恼

家长要做孩子的倾诉对象，要经常站在孩子的角度去看、去想、去倾听，这样才能及时了解他烦恼的原因，从而帮助他摆脱烦恼。比如，孩子与小朋友争吵，小朋友占了上风，孩子心里会十分难受，家长一定要引导孩子主动诉说，如"你怎么了，有什么不开心的事吗？讲给我听一听吧"。家长只要能耐心倾听，让他发泄心中的怒气，孩子就会很快忘记心中的恨意，烦恼也许自然就消失了。当孩子烦恼时，让孩子倾诉就会减少许多压力，当孩子提及自己的感受时，家长要鼓励他说出为什么会有这样的感受。许多家长不懂得倾听，习惯于用成年人的想法来揣摩孩子，当孩子烦恼时常常埋怨或批评，不给他解释的机会，结果让孩子的烦恼有增无减。孩子有了向父母倾诉内心感受的机会，才会在倾诉中释放烦恼，从而跳出烦恼的心境，使身心得到良好的调整。

3. 孩子烦恼时需要安慰

孩子若是因遇到挫折而产生烦恼，自然会希望从家长那儿获得理解和安慰，家长的安慰能抚慰孩子受创的心灵。当孩子烦恼时，可能会满脸鼻涕眼泪地向家长哭诉，或是愤愤不平地抱怨其他小朋友。这时，家长先要能接纳他的情感，听听孩子的倾诉，然后根据情况作适度的安慰。家长处理的态度一定要适度，要表现得很镇静，心平气和地和孩子讲话。既不能太敷衍，如"没关系，不要紧"，三言两语带过，这样孩子会觉得你不重视他的问题，对家长产生怀疑；也不要太严厉，一个劲儿说孩子的不是，这样会使他更烦恼。家长安慰孩子，是设法使他的烦恼在爆发后能够渐渐平息下来，但不应该是无条件地顺从。如果毫无原则地一味迁就孩子，就不能真正解决孩子的问题。

4. 锻炼孩子的承受能力

在幼儿园里，孩子产生烦恼，原因一般很简单，多数是由于争抢东西不成或东西被别人所抢，或是被老师或小朋友无意中忽略所致。比如，音乐课老师没有叫大力唱歌，大力一整天都不开心，直到第二天美术课老师表扬了他，脸上才恢复了笑容。现在的孩子大多娇气、任性，一点儿小挫折就会引起烦恼。孩子爱表现是优点，如果演变成妒忌心而导致承受力差，不仅会烦恼自扰，将来也很难立足社会。所以，家长要从小锻炼孩子的承受能力，让孩子既经得起表扬，又受得了委屈。这样，孩子面对挫折才会越发勇敢、坚强，也就没有那么多烦恼了。

家长要告诉孩子：经常被烦恼困扰，不仅会影响人的情绪状态，还会使人对生活缺少幸福感，导致心理不健康或人格发展不健全。

父母学会冷处理，孩子拥有好情绪

一般来说，孩子对自己情绪的控制能力是比较差的，他们时不时地发些"小脾气"是常见的事情。有时候，这也不是什么异常现象，也不需要特别地加以"控制"。父母采取视而不见的冷处理方法，孩子的脾气可能很快就过去了。

如果孩子发一点小脾气，父母自己不进行"情绪控制"，反而对孩子没有好处。只要孩子的脾气不是太过火，对别人不造成损害，父母就可以泰然处之。如果这样，孩子就会发现，发脾气并没有什么好处，脾气可能就会越来越小，最后也许就"没脾气"了。

培养孩子控制情绪的能力，应该尽量使孩子在合理范围内有充分表达情绪的权利，因为如果孩子能够充分地、合理地发泄自己的情绪，这正是孩子心理发育健康的标志。

但是孩子毕竟是孩子，情绪表达的方式难免偏颇，有时会产生一些对己和对人都不利的情绪。比如，孩子因为发脾气与别的孩子争吵打架，就可能伤着自己或对方；对着长辈或老师发脾气，就是不礼貌的行为；或者脾气上来的时候，碰头捶胸、摔砸物品等都是不合情理的。

如果孩子发生这些情况，父母就不能视而不见，采取冷处理的方法了，而应该采取一致意见进行严厉制止，让孩子知道发泄情绪也应有一定的限度，不应损害别人的利益和损害物品。对大一些的孩子，父母要尽量鼓励孩子用语言表达自己的情绪，告诉他情绪不好的时候要讲明道理，说出原因，不要动不动就胡搅蛮缠，大发脾气。

在日常生活当中，发生一些不愉快的事情是很常见的。这些事情常常都会影响一个人的情绪，特别是遭受挫折等方面的事情。人们会因此沮丧、抑郁，孩子也不例外。比如孩子考试没有考好，没有被评上三好学生等，这时比较要强的孩子就会出现明显的挫折感，会显得很不高兴，怕同学和老师看不起，也怕受到父母的责怪。这时，孩子就可能表现得话少、紧张、沉默。

如果孩子能够在较短时间内自我调节过来，那么父母不必为此担心。如果孩子经过一段时间还是情绪不好，父母就应该进行有效的干预了。其基本原则是具体问题具体对待，帮助孩子找出失败的原因。找到原因之后，父母不要批评孩子，主要是鼓励孩子以后多加努力。父母如果能够以平常的心态去对待孩子的挫折，孩子就会很好地控制自己的情绪了。

父母可以这样对孩子说："一次考试成绩差一些并不能说明太多问题，也不能代表你就是一个笨孩子，老师也不会看不起你。"必要时，父母可以把对孩子的期望值放得低一些，不要总是要孩子争第一名、第二名。因为第一名、第二名只有一两个，一个人不可能常常立于不败之地。经过这样的疏导和分析，孩子就可能会变得心平气和了，也就没有或少有情绪了。

有时候，因为在某一方面做得很出色而受到某种奖励，孩子可能出现很高兴的情况，这是正常的，父母完全应该让孩子尽情地高兴一阵，并及时对孩子取得的成绩给予表扬。但是，也要及时告诉孩子，不能因为这一点成绩就骄傲自满起来，做人需要谦虚，谦虚才能取得更大的成绩，也才能与人更好地相处。

当然，特别要引导孩子不要"得意忘形"，"得意忘形"也是一种不良情绪。

要使孩子养成良好的情绪表达习惯，父母首先应对自己的情绪表达方式进行反省，因为父母的榜样作用会在很大程度上影响孩子。

如父母对孩子比较粗暴，动不动就训斥孩子，孩子对各种事情都没有任何解释的可能和发言权，这样就会使孩子缺乏学习用语言正确表达情感的机会，也就有可能最终形成粗暴待人等不良习惯。这样是对孩子不利的，不仅会给孩子的心理造成消极影响，也不利于孩子以后的生活和事业。

心理学研究证明，孩子的情绪宜疏不宜堵。

情绪是体验，又是反应；是冲动，又是行为。它包括人在生理和心理许多水平上的整合，与其他心理过程有广泛的联系。孩子心理的紧张状态和平衡失调往往是与其情绪状态，特别是与消极的情绪状态联系在一起的。如果消极情绪表现得过分强烈，或者持续时间过长，或者受到压抑，都会损害孩子人格的成长，引起身心机能的失调。

孩子的喜怒哀乐通常是很真实的，也很强烈，往往直接地支配着他的行为。一件在成人看来是芝麻绿豆大小的事，常常可以激发起孩子十分强烈的情绪波动，甚至引起情绪的"暴风骤雨"，且伴随脸谱、声调、手势和姿态的变化。与成人相同，孩子的情绪也有消极情绪和积极情绪之分。大约1岁左右，孩子的情绪开始逐渐变化，2岁时出现各种基本情绪，即愤怒、惧怕、焦虑、悲伤等消极情绪和愉快、喜悦、欢乐等积极情绪。积极的情绪对孩子的身心发展能起促进作用，有助于孩子潜在能力的发挥；消极的情绪则可使孩子的人格建构受阻。

一个人情绪反应的强度和持久程度在一定程度上取决于他对于触发情绪反应的情境的理解、认识和评价。年龄越小的孩子对情境的理解、认识和评价会越多地取决于其基本需要是否得到满足。一个两岁多的孩子，可以因为妈妈不给他一颗糖果而号啕大哭，也可以因为后来得到糖果而破涕为笑，这在成人眼里是不可思议的。

对孩子来说，产生情绪是再平常不过的事了。当一个成人发脾气的时候，旁观者以好言相劝。然而，当一个孩子发脾气的时候，他受到的可能是申诉，甚至会挨打。这实际上是不公平的。孩子在生活中产生的消极情绪应以适当的方式予以疏泄。

情绪一旦产生，宜疏导而不宜堵截。精神分析学派的奠基人弗洛伊德充分肯定了情绪宣泄对维护心态平衡的作用。他认为，讲出一切来，能减轻精神上的症状。当孩子在遭遇挫折或者感受到不愉快时，让他能够不受压抑地通过语言或非语言方式表达自己的情绪，可以减轻他心理上的压力。哭是孩子特别是幼儿情绪宣泄的一条重要渠道。几乎每个孩子都采用过哭的方式宣泄自己的情绪，在不少情况下，哭使孩子在紧张状态中变得轻松了一点。有人说过，最残忍的事莫过于不让孩子眼眶里的泪水往下淌。这句话并不是哗众取宠，因为在这种情况下，孩子只能强行压抑自己，其内心不良的情绪体验会变得更加强烈，积压的能量只能伤害其自身。

哭是孩子情绪宣泄的一条重要渠道，是孩子情绪的自然流露，但绝不是唯一的渠道，而且也不是最好的渠道。因为用这种方式疏泄情绪往往不会引起周围人的同情和理解，相反，常使人感到烦躁不安，这样成人就会运用压抑的方式加以堵截。让孩子学习和掌握一些哭以外的合理疏泄自己消极情绪的方法和技能是很重要的，合理疏泄情绪的方法和技能应该是既不影响孩子的身心健康，又是社会行为规范所允许或倡导的。

倾诉，这是合理疏泄情绪的一种良好途径。要让孩子学习在遭遇冲突或挫折时将事由或心中的感受告诉他人，以寻得同情、理解、安慰和支持。孩子对成人有很大的依赖性，成人对孩子表现出的同情和宽慰会缓解。甚至消除孩子的心理紧张和情绪不安。即使在孩子的倾诉并不合乎情理的情况下，也要耐心地听下去。至少保持沉默，等待情绪的"风雨"过后，再与孩子细作理论。

转移也是合理疏泄情绪的良好途径。要让孩子学习遇到冲突或挫折时，不要将注意力集中在引起冲突或挫折的情境之中，而应该尽快地摆脱这种情境，投入自己感兴趣的活动中去。例如，孩子为了玩具而与其他孩子发生了争执，可让他到室外去踢一会儿球，在剧烈的运动中将积累的情绪能量发散到其他地方。

有些孩子会自觉地借助一些消极的心理防御机制去应付压力，疏泄消极的情绪。偶尔运用一些较少歪曲现实的心理防御机制，能够暂时缓解孩子的心理紧张和不安，但是，如果不适当地、过分地运用一些严重歪曲现实的心理防御机制，则会使孩子陷入更深的心理旋涡之中，造成孩子社会适应不良，从而破坏孩子人格的健康成长。

例如，某幼儿园大班有一个男孩平时经常欺负其他孩子，大家都畏惧他，对他敢怒不敢言。一天教师让大家集体创作《百猴图》，那个专门欺负别人的男孩画了一个孙悟空，十分得意地把孙悟空剪贴在墙上。那些常被他欺负的孩子们不约而同地都画了手拿金箍棒、大刀或弓箭的孙悟空，个个怒目对视，杀气腾腾，他们又不约而同地把所画的孙悟空剪贴在那个小男孩剪贴的孙悟空周围。当大家看到那个孙悟空被一群手拿兵器的孙悟空团团围住，显得十分狼狈和孤立时，都高兴地跳了起来。

他们借助了孙悟空的手"报复"了平时欺负自己的孩子，即使他们"报复"所选择的是替代对象，但是也会像"报复"原来的对象一样，达到了一种心理上的满足。

孩子们因平时所受的欺负而产生的情绪体验总是要千方百计地发泄或表现出来，当他们将自己情绪的发泄对象"移置"到一个合适的替代对象的时候，这种做法就会产生积极的结果。同样的心理防御机制如果运用得不恰当，或者过多地运用，往往会带来消极的结果。例如，一个受到父母严厉责骂的孩子，当着父母的面可能会"忍气吞声"，可是一离开父母，他就可能通过破坏玩具或者欺负同伴等方式发泄自己的情绪。由于他"移置"的发泄对象不适当，尽管他的做法使他得到了暂时的满足，但是，他的态度和行为也不能被社会所接受，有可能使他陷入恶性循环之中。

因此，要十分注意孩子是如何应付各种心理压力、疏泄自己的消极情绪的。如果发现孩子经常运用压抑、投射作用、自我惩罚、幻想等方式去解脱情绪的困扰，就应该及时纠正，教导他们以积极的应付方式去替代那些被动的、消极的应付方式。这样做会对孩子人格的健康成长产生十分重要的影响。

校正孩子的不良行为，不能靠责骂，更不能动拳头，而需要的是理智地宽容、细心地纠正，让孩子增加信心，确立自尊，走出幽谷，走向光明。

是孩子就会出现过失，不出现过失就不是孩子了。对待孩子的过失，父母最好的方法就是宽容。宽容能够让孩子纠正过失，宽容能够使孩子增加信心，宽容可以使孩子少发脾气，宽容可以让孩子学会克制。孩子感悟到这些过失，他们就会茁壮成长，成为理想的人才。

警惕！那些有意无意的心理虐待

心理学上有一个术语叫心理虐待。把心理虐待一词用在父母身上似乎有些耸人听闻，其中一些虐待是故意的，法律上明确规定了的，比如毒打；有些则是没有明确的法律规定的，但是这些行为对孩子的身心发展很不利，我们也称之为虐待，包括精神上的虐待。

所谓"心理虐待"又称"心灵施暴"或"情感虐待"，是指那种在幼儿教育过程中有意无意地、经常性或习惯性地发生的伤害性的言行。心理虐待对儿童造成的伤害不像体罚那样显现在外表，在短期内难以看到其负面影响，因此不易引起人们的注意，更难以对其进行量的统计。然而心理虐待给儿童造成的伤害与体罚一样严重，甚至还大于体罚所造成的伤害。

目前，最令人悲哀的是这样一种现象：父母往往在物质上对孩子无微不至，而在心理上对孩子却很吝惜，甚至刻薄。

例如以下的做法，对孩子的精神发展非常不利：

1. 对孩子冷漠

爱的剥夺对孩子的心灵伤害至深。有的父母不吝孩子的吃穿，却对孩子不管不问，不拥抱孩子，不和孩子一起玩儿，视孩子为负担，把孩子扔给保姆或者爷爷奶奶。这样条件下长大的孩子感到生活根本就没有意义，对人缺乏信任，冷漠，破坏欲强，容易和其他遭遇相似的孩子混在一起，形成犯罪小团伙，也容易被其他成年犯罪分子的所谓关心拉下水。一个缺衣少食、干重活的孩子，如果有温暖的家庭，不会造成心理上的不健康；而如果情况相反，孩子的人格发展极有可能出现问题。对孩子幼小的心灵来说，"有奶未必就是娘"。

2. 隔离孩子

美国曾经有一个极端的案例：一个出生后 1 年多就被关在小厕所的女孩，在 10 多岁被发现时，身体发育、智力发育只相当于几岁的孩子，连说话都不会。现在有些父母担心孩子外出不安全，把孩子关在家里，使孩子孤单得不得了。在幼儿园、小学阶段，这样的孩子就可能受到人际关系问题的困扰。

3. 剥夺孩子玩游戏的权利

孩子的天性就是爱玩游戏，在游戏中，孩子得到快乐。现在的父母往往对子女期望很高，让孩子每天都是要么做作业，要么参加各种各样的辅导班，让孩子每天忙得喘不过气。不让孩子玩儿的另一个后果是导致孩子厌倦学习。父母剥夺了孩子玩游戏的快乐，也使得在学习中发现新知识的过程变成了负担。

4. 忽略孩子的进步

在孩子看来，每当他取得一点进步，就值得好好高兴一番。有的父母不懂从孩子的角度来看问题，或者担心孩子听到表扬之后骄傲，就老是批评孩子，不把孩子的进步当回事儿。久而久之，孩子也会认为自己真是没有用，丧失进步的动力。

5. 损伤孩子的自尊

有些父母在孩子的同伴面前，毫不留情地数落孩子，揭孩子的短，让孩子感到无地自容，这也容易让自己的孩子成为小伙伴们嘲笑的对象。社会心理学有个术语叫作"标签效应"，意思是说，对人的看法就像给人贴了一个标签一样，使得此人以后做出与标签相符合的行为。父母当众说孩子调皮不听话，就是给孩子贴一个标签，以后即使孩子有了改变，别人对孩子的看法还是很难改变。

6. 迁怒于孩子

有的夫妻因爱成仇，离婚后不许孩子和另一方接触，在孩子面前辱骂另一方。孩子看到自己最亲爱的两个人如此相待，哪里还会相信有真正的关爱？还有的夫妻每当看到孩子就想起对方，不由得怒从心中来，责骂孩子，孩子会觉得自己是多余的。这样的孩子缺乏安全感，容易出现行为问题，将来到了谈婚论嫁的年龄，虽然心中渴望爱情，但是又心怀恐惧，在感情问题上非常敏感，也容易出现问题。

7. 破坏孩子心爱的东西

小孩子往往有个百宝箱，里面装满了他心爱的东西。另外，孩子对小动物的喜爱、亲近更是一种天性。父母在看待这些东西时，往往会觉得那简直就是一堆破烂。

有的父母不仅自己动手，有时还逼着孩子亲自扔掉、破坏掉这些东西。现在的孩子多有玩具、宠物，有时候扮演了孩子的朋友的角色，孩子无微不至地照顾宠物，对玩具娃娃小心呵护，实际上是在锻炼如何去关爱。

很多父母都抱怨，孩子长大后不知道如何爱别人，不懂得体贴别人，却没有想一想，在孩子小的时候，父母有没有有意识地引导他如何关爱？

六、

恶习背后是渎职的父母

孩子在小的时候难免有不好的习惯，有坏的习惯不可怕，关键看坏习惯能否得到及时的纠正。遗憾的是，很多父母对孩子的一些小毛病，比如霸道、无礼、懒惰等都不在意，认为那是"无关紧要"的小事情。但放纵的结果是孩子的小毛病变成了大缺陷，甚至影响了孩子一生的幸福。因此从某种程度上说，孩子恶习的背后藏着的一定是渎职的父母。所以说，问题虽小，但也要严管，防微杜渐，等小毛病变成大问题，那时家长再想让孩子改正，就不那么容易了。家长们绝不要姑息孩子的小毛病，要知道严管同样是爱的表现。

姑息小毛病，就会衍生坏习惯

一些家长常常会这样评价自己的孩子："我儿子学习好、体育好，可就是有些坏习惯让人受不了。唉！"所谓习惯，当然是在生活中慢慢养成的，而孩子之所以会养成坏习惯，也都是由于当孩子刚刚出现小毛病时，当父母的或者听之任之，或者姑息迁就，以至于有了这样的结果。如果家长能一直对孩子进行严管，努力消除妨碍孩子形成好习惯的消极因素，那么他们也就不会有后来的烦恼了。

童童是父母的掌上明珠，从小父母就对她格外娇惯。童童虽然聪明可爱，但也有不少小毛病和小脾气。比如挑食，不吃青椒，不吃姜蒜，不吃牛肉；还有，不会洗衣服，她的衣服从来都是妈妈洗；另外，童童还特别任性，什么事都得听她的，爱发脾气……不过父母认为，谁家的孩子能没有毛病，想管吧自己又怎么舍得骂女儿呢！转眼童童上高中了，父母的烦恼和麻烦也就来了：童童是在另一个城市里读重点高中，因此得住校。结果开学不到三天，童童就哭着打来了电话，抱怨学校食堂的饭菜没法吃，她每天都吃方便面，不会洗衣服也没人帮她，另外与同寝室的室友相处得也不好，大家都欺负她……童童的父母赶忙扔下工作，赶到女儿的学校，结果发现学校的饭菜其实很可口，只是有青椒、牛肉，所以童童不肯吃；童童的衣物丢得满寝室都是，同寝室的人都拿她没办法；而且也不是同寝室的女孩难相处，是童童自己太任性、太以自我为中心了。看着哭闹不休的女儿，夫妇俩都不知道该说什么好了。

生活中，如果发现孩子自私、任性、不讲卫生、不遵守公共秩序时，父母就必须及时进行批评，指出这种行为的错误，千万不要认为"孩子嘛！都是这样，长大就好了"。孩子没有明确的是非观念，大人的迁就只会使孩子变本加厉，到最后不可收拾。这就是为什么说爱必须是严格的。严才是爱的表现形式之一。没有真正严格的要求，也就不会有真正的爱。所谓"爱之愈深，责之愈切"就是这个道理。严格要求孩子，不姑息孩子的一点小毛病，就是在他们懂得道理的基础上，向孩子提出合理的要求，防微杜渐，不让小毛病变成大患。

当然，运用防微计严格要求孩子讲起来容易，做起来可没那么容易。原因就是父母总喜欢或容易原谅孩子的一些小毛病，对孩子的一些不太好的行为与言论给予宽容，而不能够真正及时纠正或及时指出。做父母的教育孩子一定要懂得爱就必须严的道理。

所以，父母对孩子生活上的某些小节绝不能忽视，要随时纠正孩子的不良行为。

不要姑息孩子的小毛病，这样做只会害了孩子，因为放纵、姑息、迁就是一切不良习惯的根源，只有对孩子的不良行为严加管教，才能让孩子从小养成好习惯。

今天纵容孩子去"拿"，日后就会变成去"偷"

一些孩子往往在不知不觉中养成了小偷小摸的坏习惯，同学的铅笔盒、朋友的玩具，"想拿就拿""喜欢就要"。如果出现了这种情况，家长就该注意了，不要因为事情小就不管不问，必须对孩子防微杜渐，坚决纠正孩子的不良行为，免得孩子将来犯大错。

淘淘是个小学五年级的孩子，他的父亲开了间汽车配件商店，妈妈是一家公司的管理人员，家里经济条件很不错。但据班主任老师说，淘淘有小偷小摸的习惯。二年级时，他有几次把同学的笔、橡皮泥等带回了家。上四年级后，他有几次拿走了同学文具盒里的钱。老师曾多次对他进行教育，但效果不明显。这次他又拿了同学书包里的一百多元钱，学校认为这是个很严重的问题，不但把家长找来谈话，还表示如果再有类似事情，就请他们把孩子带走。这下淘淘的父母可着了忙，他们没想到问题这么严重。其实孩子小时候拿同学文具的事，他们都知道，可是他们那时觉得自己家又不缺钱，孩子不过觉得新奇，拿来玩而已，没有必要"小题大做"，没想到孩子这么不争气，竟然偷同学的钱，而且还屡教不改。

古人说："勿轻小事，小隙沉舟；勿轻小物，小虫毒身。"不管孩子的偷盗是源于什么原因，亦不管其所偷盗之物价值如何，父母都必须认真对待。千万不能因为事情小就不去追究，要知道"星星之火，可以燎原"。

那么家长们怎样防止孩子养成小偷小摸的习惯呢？

1. 在思想上防"微"

从孩子懂事的时候起，就要经常给孩子讲一些拾金不昧的故事，告诉孩子不能拿小朋友的东西，因为那样做是不对的。

小小的妈妈是老师，她非常注意对女儿的道德教育，从不许女儿随便拿人家的东西。小小读小学一年级的时候，老师带着孩子们去郊外野炊，小小所在的小组负责拾柴火。孩子们走了很远，又忘记带水，一个个渴得嘴里直冒烟，正在这时，他们来到了瓜地，地里满是又大又圆的西瓜。孩子们立刻冲了过去，一个虎头虎脑的男孩子说："西瓜又不值什么钱，而且现在又没人，干脆我们自己拿两个吃吧！"小小立刻反对说："这是偷窃，是不对的！"几个男孩子不高兴地回答："偷个瓜难道还用坐牢吗？你不偷就一口也别想吃！"结果小小一个人走开了。后来老师从其他同学口中知道了这件事，就在全班同学面前表扬了小小，还告诉小小："你有一个好妈妈。"

2. 生活中，要多注意孩子，细心防"微"

要非常注意观察孩子的日常用品是否有变化。如，经常性地检查孩子的书包，看书包里是否多了东西，看书包里的橡皮、铅笔、钢笔等是不是孩子自己的。这些东西为什么会多？多的东西是从哪里来的？要注意检点孩子的行为，看行为上是否出现不良的苗头。

3. 防"微"还要"杜渐"

"杜渐"就是将其杜绝，不让其继续发展。当发现孩子有小偷小摸的行为时，不管孩子拿的东西有多么小、多么不值钱，都要严厉地管教孩子，避免偷窃再次发生。

一天，妈妈看见多多一个人在院子里踢毽子，不禁有点纳闷：儿子怎么会玩起女孩子的东西来了？她走出去问多多毽子是什么时候买的，多多犹豫了一下，然后说："谁买它呀！是我在小敏的书桌上拿的！"妈妈生气了："是没告诉小敏就拿回来了吗？"儿子点了点头。妈妈立刻批评他说："知不知道你这样做是在偷东西？不告诉人家把东西拿走就是偷东西！"多多满脸通红地站在那儿，好半天才说："妈妈，我错了！"妈妈点点头，语气也温和了些："那好，赶快去把毽子还给小敏，向她说声对不起！孩子，不要认为妈妈对你太严厉，你们在学校也学过的，不能偷拿同学的东西，对不对？"多多想了想，认真地点了点头。从那以后，多多再也没有随便拿过别人的任何东西。

有一句俗语："做贼偷瓜起。"意思是说，一个人成为盗贼往往一开始的时候，是从偷吃别人的一个小瓜开始的。这就说明，当一个人坏思想、坏行为刚处在萌芽状态时，如果不制止，而是任其发展，就会成为大患。因此，当发现孩子有小偷小摸的苗头时，就一定要防微杜渐，姑息放任只会害了孩子。

父母言而无信，孩子谎话连篇

孩子说谎，父母一般都感到非常愤怒，认为说谎是一种不容宽恕的毛病。可是很多父母都不知道孩子说谎的根源往往在自己身上。要孩子不说谎，父母应该从自己做起。

在电影或电视中我们时常看到这样一个镜头，即孩子对母亲或父亲说："你撒谎，你撒谎，我不相信你！"当孩子发现父母数次说谎，而失望地发出这种歇斯底里的喊声，确实是一种悲剧。孩子认为父母会撒谎，当然就再也不会听信父母——即使父母这次没有撒谎，父母说的是真实的大实话。

孩子发现父母说谎后之所以感到如此失望和愤恨，是因为做父母的总是教育自己的孩子不要说谎。说谎是一种不道德或不好的行为。不少孩子曾为说谎挨过父母的骂，甚至打。既然父母要求和教育孩子不要说谎，那么他们自己又为什么要说谎呢？这是因为有时孩子经常缠住父母要这要那，吵闹不休。父母为了安抚孩子，不得已只得用谎话来哄骗他，以换取一时的安静。

日本有一本关于儿童教育的书里曾举了一个很生动的例子：作者在一次长途客车上看见一个5岁的孩子吵嚷着："我的香蕉！"

孩子的母亲怕打扰了周围的乘客，就说："香蕉没有了呀！"

她原想这样可以把孩子哄住，哪知孩子早看到了行李架上的香蕉，坚持嚷道："有！有！"

母亲没有办法，只得起身在行李架上摘了一只说："吵死了！给你一根，再不准吵了！"

在我们的日常生活中，常有这种时候，孩子无理的要求使父母无法招架，为了暂时安抚孩子，就说："没有那种东西了。"或："你要的没有了！"孩子有时虽然暂时安静了，哄住了，不吵了，但是后果却是危险的。那就是一旦孩子发现父母说的是假的、父母在说谎，父母在孩子的心目中就会失去权威，孩子就会愈来愈不听话，甚至变本加厉地说谎。

所以，为了正确地教育孩子，当孩子提出他的要求时，父母如果认为孩子的要求不当，应该据理说服，提出孩子要求的不当之处。比如告诉他，车上这么多乘客，在行李架上取香蕉很不方便，会打扰别人；或者讲清，刚刚才吃过点心和香蕉，现在又吃，会对肠胃不好，待会儿回到家里再吃。这样说清道理，孩子可能也就不会再吵着要香蕉了。

反之，如果你未说清道理，孩子不懂得自己的要求是错误的，就只知道吵着要，而且认为只要吵，父母就会答应，以后就容易胡闹。

同时，父母如果以哄骗或说谎来拒绝、搪塞孩子的要求，反而会使孩子和父母永远无法沟通。一般来说，父母往往不愿在他人面前纠正孩子的行为，只想安抚一下，哄住孩子了事。这是不对的。为了不让孩子养成不良的习惯，无论是否有外人在旁，无论在什么场合，都应该纠正孩子的无理要求。

当然，要孩子明了事理确非易事，有时是需要满足孩子的要求的。就以上面所举的吃香蕉为例，父母就只能说："在客车上取香蕉不方便，待会儿到了家我们再吃。"

这样，孩子既可以知道父母为什么不接受自己的要求，同时也可以学会控制自己以及与他人和睦相处的方法。

与说谎相近的是父母对孩子作出虚假的承诺，开"空头支票"。开"空头支票"也常是父母在非常情况下用来哄骗孩子的一种手法。

如果说父母被迫说谎是因为父母无法摆脱孩子的无理要求和吵闹，那么父母开空头支票，则常是由于父母对孩子的合理要求无法满足，被迫采用哄骗的手段。我们日常生活中常见的，如父母要孩子做功课，孩子顽皮，不愿做功课。母亲想起儿子曾几次吵着要去动物园，便说："你好好学习，好好做功课，礼拜天我带你到动物园去看动物。"孩子认真做了功课，可是到礼拜天母亲又不带他去动物园了。

类似的例子："你听话，妈明天给你买玩具。"儿子听话了，第二天母亲变卦了，不给他买新玩具。这样，父母虽然用空头支票哄住了孩子，让孩子满足了父母的要求，但是当诺言应兑现时，父母又失言，不履行，这样头一两次还可能哄住孩子听话，以后再作许诺，要孩子做什么事时，孩子不但可能不听，而且会说："我不听，我不信你的假话!"

总之，父母要做好孩子的榜样。孩子会不自觉地效仿父母的言行，因此要求孩子不要做的事，父母首先就不能做。另外，父母对孩子要讲信用，答应了的事，一定要兑现，不答应的事就一定不去做。这样父母在孩子的心目中就会有威信，在以后培养孩子的过程中，才能对孩子进行有效的教育。

那么，作为父母怎样才能正确地向孩子许诺，并且去实现自己的诺言呢？许诺时要注意以下几个方面的问题:

1. 尊重孩子，做到言而有信。父母要尊重孩子，让孩子感觉到一种平等关系的存在。不要以为孩子年龄小、不懂事，对孩子许下的诺言就不重视；更不要觉得孩子不会计较这些，他们也没心思去计较。在孩子的眼里，守信用是最重要的，一旦父母不守信，那么就对孩子不尊重。孩子有时会抱怨大人说话不算数，只是因为他们希望自己的愿望得到满足。所以说在这个时候，父母要从平等的角度出发，实现自己的诺言。

2. 把握许诺的次数。许诺应随着孩子年龄的增长逐渐减少，对于自己做不到的或者是暂时无法实现的事，最好不要轻易地去承诺。因为年龄小的孩子，控制能力差，许诺是可以多一些的；随着孩子年龄的增长，有较好的自控能力之后，许诺次数可以逐渐减少。但是一旦许诺，就要主动地去实现。

3. 不可胡乱许诺。父母要对自己说出的话负责，父母的承诺必须有利于孩子的健康成长，起到正面教育的作用。千万不要贪图一时之快，在孩子面前夸下海口，因为一旦许诺，如果实现不了，会使父母在孩子心目中的地位大大降低。

4. 应增加精神许诺的比重。许诺包括物质许诺和精神许诺，最好增加精神许诺的分量，不要总是期望用物质来控制孩子或者是引诱孩子。适当的物质许诺是可行的，但千万不能过度，否则会滋长孩子虚荣、自私等不良习性。比如可以让孩子感觉到自己存在的价值，许诺给孩子买书籍，等等，通过自己的许诺能够让孩子的精神生活变得更加丰富。

5. 积极应对诺言不能兑现的结果。当父母因为工作等原因影响了诺言的兑现，孩子自然会感到失望、委屈。但是，如果父母实在是不能够兑现自己的承诺，要主动地并且诚恳地给孩子道歉，把不能兑现的原因跟孩子讲清楚。当父母取得孩子的理解和原谅之后，可以寻找适当的机会兑现自己的承诺。即使孩子暂时无法谅解，也不能用呵斥、教训的方式对待孩子，应该允许孩子发牢骚、表示不满。

不要以为孩子还小，对他的承诺就可以随意地违背，要知道家长是孩子的榜样，要以身作则。父母们天天都在告诉孩子要诚信，但是如果自己都做不到，那么还有什么资格要求孩子做到呢？对孩子说话不算数的父母，很少用同样的态度对待身边的成年人，因为他们知道"言而无信，不知其可"的道理；但是对待孩子，却认为说话算不算数似乎无关紧要，这样的观点是很不正确的。

孩子的礼貌不是骂出来的

我们说，对孩子无心犯下的一些小错误要宽容，但是对孩子的不良行为、不良习惯就要进行批评教育，千万不要纵容孩子。而孩子的不讲礼貌，就是迫切需要家长"治理"的问题。

许多父母由于忽视了孩子的个人修养教育，一些孩子说脏话便成了习惯。也许孩子口中飞出的污秽之语没有任何针对性，似乎也未给任何人造成心灵上的伤害，但脏话毕竟刺耳，会破坏一个人的形象，同时也会妨碍正常的人际交往。试想，谁会喜欢和一个不讲礼貌、满嘴脏话的孩子成为好朋友？而这些孩子走到社会上以后，他又如何能获得别人的好感，和人良好相处呢？

其实，生活中一些父母发现孩子有不讲礼貌的习惯后，也想管教孩子，纠正孩子的坏习惯，可往往因为用的方法不当，而收不到教育的效果。

刘震从小在乡下爷爷家长大，直到6岁该上学了，才回到父母身边。刘震聪明伶俐，动手能力强，这让父母非常高兴，但不久他们就发现，刘震是个很没礼貌的孩子，常常会出口成"脏"。为此，妈妈骂，爸爸打，一段时间后，刘震似乎改了这个坏习惯，父母很满意。可有一天，老师来做家访时，告诉刘震的父母，刘震在学校里张口闭口都是脏话，班上大多数同学都挨过他的骂。父母气得要命，把刘震拉回来就是一阵狂风暴雨式的"教育"，可刘震始终就改不了这个习惯，刘震的父母真不知怎么办好了。

我们可以理解刘震父母"恨铁不成钢"的心情，但却不能赞同他们的做法。打骂是最差的教育方式，这样做有什么用呢？父母打骂之后，刘震就不在父母面前说脏话了，但是在学校里却变本加厉了。父母再打骂，孩子的逆反心理就跑出来了，干脆打骂都不听了。

教育学家建议家长在这种情况下，应用训诫的手段教育孩子。训诫是一种综合教育，有批评也有教育，批评中有激励，教育中有希望。孩子并不是完全不讲道理的，批评可以让他认识到自己的错误，而教育又可以使他明白道理，改过自新。

那么，训诫不懂礼貌的孩子应该怎么做呢？

1. 多讲道理，少点责骂

孩子的自律性比较差，即或是那些乖孩子也会有不乖、不讲文明礼貌的时候。当父母发现孩子竟然说脏话，或者行为粗鲁无礼时，一定不要仅仅是简单粗暴地加以制止，而是要耐心地给孩子讲道理，告诉孩子为什么不能那样说话做事。比如，当发现孩子在饭桌上打饱嗝的时候，不要只是大声呵斥他"太没有教养了"，而是要告诉孩子这种行为太没有礼貌了，应该有意识地控制；实在控制不了，应该向大家说对不起。

2. 批评中有期望和要求

批评孩子时不能一味责骂，要明确告诉孩子哪些言行是文明礼貌的，哪些言行是粗鲁无礼的，让孩子明白文明礼貌的重要性。和孩子外出的时候，当看见有人在大街上打架或吵架时，父母应该立即告诉孩子，这种行为严重影响了社会公共秩序，是不文明礼貌的。当孩子在家里说脏话或者有其他不礼貌行为的时候，父母可能非常生气，但一定要控制住情绪，尽量避免对孩子大叫大嚷，而是要语气平和地告诫孩子："你现在的表现妈妈不喜欢，没有人喜欢不礼貌的孩子，希望你不要再做这样的事了。"

3. 教育孩子要循序渐进

培养孩子讲文明有礼貌是一个循序渐进的过程，父母不可能要求孩子在一夜之间就变得彬彬有礼。当发现孩子不习惯用敬语时，应立即批评教育，直到孩子养成了说敬语的好习惯为止。父母切不要把孩子的许多问题都累积起来，企图突击解决。正确的做法应该是发现一个问题就立即解决。

一个人的礼貌是其高尚精神境界的体现，它来自良好的道德品质。一个有礼貌的孩子不仅会有一个快乐的人生，还会因为自己良好的品质走向成功。

有一批应届毕业生实习时被导师带到北京的国家某部的实验室里参观。全体学生坐在会议室里等待部长的到来，这时有秘书给大家倒水，同学们表情木然地看着她忙活，其中一个学生问了句："有绿茶吗？天太热了。"秘书回答说："抱歉，刚刚用完了。"有一个名叫林晖的学生看着有点别扭，心里嘀咕："人家给你倒水还挑三拣四的。"轮到他时，他轻声说："谢谢，大热天的，辛苦了。"秘书抬头看了他一眼，满含着惊喜，虽然这是很普通的客气话，却是她今天听到的唯一一句。

门开了，部长走进来和大家打招呼，不知怎么回事，静悄悄的，没有一个人回应。林晖左右看了看，犹犹豫豫地鼓了几下掌，同学们这才稀稀拉拉地跟着拍手，由于不齐，越发显得凌乱起来。部长挥了挥手："欢迎同学们到这里来参观。平时这些事一般都是由办公室负责接待，因为我和你们的导师是老同学，非常要好，所以这次我亲自来给大家讲一些有关情况。我看同学们好像都没有带笔记本，这样吧，王秘书，请你去拿一些我们部里印的纪念手册，送给同学们作纪念。"

接下来，更尴尬的事情发生了，大家都坐在那里，很随意地用一只手接过部长亲手递过的手册。部长脸色越来越难看，来到林晖面前时，已经快要没有耐心了。就在这时，林晖礼貌地站起来，身体微倾，双手接过手册，恭敬地说了一声："谢谢您！"部长听了这话，眼前一亮，伸手拍了拍林晖的肩膀："你叫什么名字？"林晖照实回答了，部长微微点头回到自己的座位上。早已汗颜的导师看到此景，微微松了一口气。

让孩子养成有礼貌的好习惯，就是教孩子怎样待人，怎样跟人相处，同时还要教孩子尊老爱幼、尊敬师长、讲文明、懂礼貌、守时守信、讲卫生、守秩序等多方面的内容。

培养有礼貌的孩子，家长可以按以下方法去做：

1. 教育孩子要注意场合

当父母带着孩子去别人家做客的时候，如果孩子忘了说礼貌用语，父母不要在别人面前指责孩子，而是要对孩子作出适时的提醒，或是在事后提醒教育孩子。要知道，公开批评或是指责往往会造成孩子的逆反心理，而且这种做法本身就不礼貌。

2. 教给孩子文明礼貌的常识

父母要教给孩子日常的文明礼貌，如早上见了人说"您好""早上好"

"见到您非常高兴",再如其他场合用的"欢迎光临""晚安""再见""欢迎再来""对不起""没关系""谢谢""请"等。文明礼貌行为包括交往行为和环境行为两种。交往行为包括见面或分手时打招呼、握手,与人交谈时的眼神、体态和表情都要体现出对对方的尊重。

3. 随时对孩子进行礼貌教育

比如当父母要带孩子去做客的时候,要提前告诉孩子,到别人家里应该怎么做,要有什么规矩。经过父母事先的教育,孩子在做客的时候就会表现出应有的礼节。当孩子表现出懂礼貌时,很可能会受到别人的表扬,这对孩子来说又是一种鼓励。

4. 穿着打扮方面也要注意礼仪

着装礼仪也是礼仪习惯的一个内容。家长打扮孩子也要得体大方,要注意年龄特点,注意穿戴场合,学一些美学知识,让孩子的服饰与周围的环境相协调。但是,凡事都有个度,如果过分打扮孩子,就容易使孩子养成爱慕虚荣的毛病,容易分散孩子对学习的追求和对正当事情的注意及兴趣,变得娇气。

对着镜子笑,镜子就会回赠你微笑;对着镜子愁眉苦脸,镜子也会把同样的忧容愁面原本原样地反馈给你。世间万物,皆是有此才有彼。人需要尊重,尊重是人与人交往的前提。

孩子的饮食习惯如何,根源其实还在父母身上

几乎所有的孩子都会认为,爸爸妈妈认为不好吃的东西一定不好吃。有了这种想法的孩子,下次看到这种食物时,先入为主的意识会让他对这种食物产生排斥心理。

对于孩子的挑食行为，家长们一般认为这是一种最为常见的小毛病，处理起来也至为简单："孩子天生不喜欢吃那样东西，只好给他换一样了，有什么办法。"这倒也没有什么，孩子只要不是严重地偏食，比如只吃肉食不吃任何蔬菜或者相反，喜欢吃什么不喜欢吃什么，家长不宜过于勉强。只是家长们必须明白，孩子的口味一般都是受了大人的引导和暗示，并非"天生如此"这回事儿。

维尼是一个 7 岁的混血小姑娘，她的父亲是英国人，母亲是中国人。暑假期间，母亲带维尼回国探亲，目的是要让维尼学习汉语。维尼非常喜欢姥姥家，因为姥姥家有很多的小伙伴，而且一个个对她都非常友善。但是只有一件事情不太好，那就是维尼很不喜欢姥姥家的饭——中国餐。

第一天坐上姥姥家的大餐桌，看着一桌子丰盛的中餐，维尼死活也不肯吃，而是躺倒在地上，大声喊道："Milk！Bread！"无论姥姥怎么哄都无济于事，她就是不肯吃米饭和蔬菜。姥姥怕把这个宝贝洋娃娃饿病了，只好去买了牛奶和面包。晚上，维尼的妈妈知道了这件事，便对母亲说："她在家里也不肯吃中国饭，米饭、馒头都不肯吃，总是哭着喊着要面包吃，我们都不理会她。过一会儿，她饿极了，自然就会去吃，下次不要再给她买了。"

第二天吃饭的时候，维尼还是不吃，而是像前一天一样向姥姥要牛奶和面包。姥姥记得维尼妈妈的话，任凭维尼大喊大叫，就是不给她买牛奶和面包。就这样，小家伙饿了一个上午，一口饭都没吃。下午午休起床后，姥姥开始心疼起维尼，她找来一些小点心对她说："你看这蝴蝶酥多好看啊，你尝尝，是甜的。这叫作糖三角，里面藏着好吃的果酱呢，快吃一口吧。"看着姥姥手里诱人的小点心，维尼的肚子又开始咕噜咕噜地叫了起来。在姥姥的劝导下，维尼小心地尝了一口，香香的、甜甜的，一点都不比面包差。于是，饿极了的维尼自己拿着点心大口大口地吃了起来，再也不叫"Milk！Bread"了。再到吃饭的时间，姥姥让维尼坐在几个小哥哥、小姐姐的中间，维尼看着哥哥、姐姐们吃得那么香，自己也安静地吃了起来，还会对姥姥说某道菜好吃。

小孩子挑食是普遍的，关键是父母面对挑食的孩子采取什么方式。一味地哄、劝，结果孩子还是挑食，甚至挑得更厉害。对此，专家的意见是孩子一顿不吃饭，父母不必大惊小怪，强迫或哄劝都会激起他的逆反心理，把进食当成一种负担。这时不如暂时不加理睬，孩子饿了自然会吃。

许多父母总是向别人抱怨，最发愁的就是孩子的吃饭问题了。平时看着挺可爱的，可一到吃饭的时候，什么毛病都来了。青菜不吃，鱼不吃，这个咸的不吃，那个辣的不吃，好不容易吃了两口，忽然想起什么来，转身就跑，好像和饭有仇似的。结果孩子身体又瘦又小，一副营养不良的样子，做父母的看着干着急。

如果你的孩子也有挑食的毛病，可以按下面的方法试试：

吃饭之前，父母要积极地向孩子逐一介绍饭菜的营养、口味等，激起孩子对进餐的兴趣和好感，引发食欲，并与孩子一起品尝不同饭菜的味道，观察食物的颜色，然后一起发表对这顿饭菜的评论。

父母切忌当着孩子的面议论某种食物不好吃。几乎所有的孩子都会认为，爸爸妈妈认为不好吃的东西一定不好吃。有了这种想法的孩子下次看到这种食物时，先入为主的意识会让他对这种食物产生排斥心理。

改变孩子吃饭的坏习惯并不困难，如果父母能抓住难得的教育时机，坚持对孩子进行良好行为习惯的培养，那么，不仅是孩子受益，我们的生活也将会因此而变得轻松和愉快。

孩子很容易接受来自身边亲人的暗示，他在学习和生活的其他方面如此，在饮食习惯上也不例外。如果父母中有一个人对于某种食物忌口，那么，孩子也会自然而然地排斥那种东西。孩子的饮食习惯如何，根源其实还在父母身上。

利用契约限制，让孩子懂得规矩

"没有规矩，不成方圆。"大人要遵守社会公德、法律、规矩，孩子也必须遵守这些。要让孩子守规矩，从小就应该懂得遵守规矩的必要性。

有一个故事发生在美国。在一个再婚家庭里，有个少年名叫阿尔伯特，他是个非常不听话的孩子，与继父关系很紧张。平时他对继父总是绷着脸，心里怀着很强烈的对立情绪。有一次，阿尔伯特为了一点小事就用菜刀威胁继父，吓得继父只好找来警察。

后来，继父找来了心理学家。经过分析研究，发现阿尔伯特有一个爱好，就是特别喜欢开汽车，并且很希望自己拥有一部汽车。心理学家与阿尔伯特的继父商量，让阿尔伯特的继父借给阿尔伯特 400 美元买了一部旧汽车。继父与阿尔伯特订立了这样的一份契约，大概内容如下：继父借给阿尔伯特 400 美元买一部二手汽车，阿尔伯特以每周还 5 美元的方式归还。阿尔伯特可以采用以下方式挣钱：

1. 阿尔伯特星期日到星期四晚上留在家里，或者在每天晚上 9：30 之前把汽车钥匙交给继父，每晚 4 角；

2. 阿尔伯特星期五和星期六晚上留在家里，或在半夜 12：00 前把汽车钥匙交给继父，每晚 6 角；

3. 每星期一次，在白天（具体时间由阿尔伯特自己决定）把门前屋后的草坪修整好，每周 6 角；

4. 阿尔伯特星期一到星期五，每天晚饭前把家里的狗喂好，每次 1 角；

5. 阿尔伯特每天 6：30 前回家吃晚饭，或者按早上母亲说的时间按时回家吃饭，每次 5 分；

6. 阿尔伯特离家前，最迟不能超过中午，收拾好自己的房间，每天 5 分。

如果全部做到，这些钱正好是 5 美元。

阿尔伯特要是做不到，就按以下条款给予处罚：

1. 按照不能做到的条款的价值，阿尔伯特将在下一个星期被限制使用汽车，每缺 5 分钱就限制使用 15 分钟；

2. 阿尔伯特如果什么都办不到，就在下一个星期完全剥夺使用汽车的权利。

上述条款由继父负责执行。条款还规定，阿尔伯特做了其他好事，可以向继父和母亲提出来，并且商量好这些好事的价值。

契约还规定，双方只要提出要求，均可以修改甚至重新订立契约。

这份契约还真管用。从此以后，阿尔伯特很快地改变了他不听话的行为。为了尽快地得到这部汽车，他还表现出了许多意想不到的好行为，他与继父之间的关系也变好了。等到这部汽车属于阿尔伯特所有，他与继父之间已经建立起亲密的情感关系。

现在的父母，特别是面对初中生的时候，这种父母子女对立的情况是经常发生的。如果你遇到这种情况，不妨也采用这种方法试试。这种方法一方面很简明，便于把握，另一方面能从小培养孩子按照规则办事的好习惯。

通过临时隔离，及时终止不良行为

从很多书上或电视上都可以看到，美国的妈妈们对犯了错的孩子的惩罚是"回自己屋子去"。据说，这种"隔离法"还挺管用，调皮的孩子出来后至少会"老实"一些，最后慢慢形成好的习惯。

"隔离法"的主要对象是出现不良行为的孩子。这种方法其实很简单，就是暂时中止孩子的活动。这种方法的主要优点是能够在较短时间内有效地终止孩子的某些不良行为，而且简单易学，可以随时方便地运用。有一点非常重要，这种方法能够让父母很好地控制自己的情绪，成为孩子理性行动的榜样。这种方法既不会对孩子的身体造成任何伤害，也不会伤害孩子的感情。

让我们先来看下面的例子：一个小孩只有 3 岁，一天，他用积木砸他的小客人。

妈妈看到后说："孩子，你不能这样做！你要再这样，我马上对你实行隔离。"

孩子嬉笑着继续扔积木。妈妈走过去，语气坚定地说："因为你用积木砸了小朋友，所以现在我要开始对你实行隔离！"

母亲不再多说什么，抱起他走向屋中间的一张高靠背椅，把他放在上面，并把他手中拿着的积木取下，然后取一个定时器，定好三分钟时间，放在孩子看得见但是手够不着的地方。

孩子自然是满脸不高兴，从椅子上跳下来。妈妈坚定但不粗暴地把他重新抱上椅子，站在他身后监视着他，并把孩子的手交叉摆在其胸前，说："只有你不再跳下椅子，我才会松开你的手。"

孩子挣扎了几下，发现无法挣脱，就安静下来，开始掉眼泪。妈妈装作什么都没看见，转身回到自己的房间里做自己的事。

等到定时器一响，妈妈走过去问："你知道为什么妈妈要对你实行隔离吗？"

孩子不吭声，妈妈说："你这样做是不对的，会把别人打痛的。如果你以后还这样做，妈妈还会对你实行隔离。不过妈妈希望你下次不要这样了。"

孩子跳下椅子走了。这位母亲所使用的方法就是"临时隔离"。

这种方法的要点如下：

1. 必须有前提

孩子用积木砸小朋友的行为，是妈妈对孩子施用"临时隔离法"的前提条件。如果没有这个前提条件，妈妈就不可能对孩子采用这种方法。

按照一般情况，这个行为在孩子的身上是经常出现的。父母在采用这种方法前，应该对孩子的这种攻击性行为进行统计。如果这种行为出现的频率较高，就必须采取必要的措施了。

这个孩子经常发生这种行为，所以妈妈把其确定为目标行为。据介绍，妈妈在日历上记录孩子的攻击行为时，孩子好奇地问妈妈在干什么。妈妈告诉他在记录他的这种不良行为。孩子知道妈妈在注意他的行为时，就开始有意识地克制自己的这种行为，他的攻击性行为开始减少了。

2. 控制好自己的情绪

在实施隔离法时，父母要始终很好地控制住自己的情绪，不能因为孩子反抗而大打出手。

父母实施这种方法时，不要发火，也不要吼叫，只需要简短地说明隔离的理由就可以了。有人建议用不超过十个字的话来说明隔离理由，冷静地终止孩子的攻击性行为。而且这位孩子的妈妈是在孩子的行为发生后10秒钟内实行隔离的，这符合隔离法的及时性原则。

3. 选择合适的隔离地点

实施临时隔离，必须选择合适的地点作为隔离区。

父母要根据孩子年龄的大小，充分考虑安全因素，把隔离地点选在父母完全能够控制的范围之内。如这位母亲把地点选在靠背椅上，就是因为孩子的年龄比较小。

对年龄大一些的孩子，可以选择卫生间、储藏室、走廊等作为隔离地点。选择地点时总的原则是让孩子感到无聊、单调、枯燥，但又应该是安全的地点，不能让孩子感到恐惧。并且要保证隔离期终止之前孩子不能接触一切游戏和活动。如果家里正在开着电视或录音机，也必须关掉，不能让孩子在被隔离的时候偷着看电视和听音乐。

4. 恰当的时间

隔离时间的长短一般是"1岁1分钟"。

这个孩子只有3岁，所以时间设定为3分钟。要让孩子知道，是定时器而不是妈妈决定孩子什么时候停止隔离。所以有铃声且可移动的定时器是隔离法必备的工具。妈妈把定时器放在孩子够不着的地方，是为了防止孩子把定时器作为玩具。

5. 父母要若即若离

在隔离期间，父母应该做自己的事而不是一直在旁边看着孩子。

如果父母一直盯着孩子，孩子就觉得自己虽然受到了惩罚，但是同时也引起了父母的注意。虽然这种注意是负面的注意，但是孩子也会非常在意。事实证明，有的孩子会为了得到这种注意而有意干坏事。父母的过分关注常常会降低惩罚效果。

6. 说明原因

隔离结束时，父母要简短地向孩子说明被隔离的原因。

孩子的年龄很小，所以要加深孩子的印象。隔离结束，父母向孩子说明原因可以加深孩子对隔离原因的印象。因为有些孩子年龄太小，常常会忘记被隔离的原因。

孩子受到隔离，一般不会有太好的情绪，所以，父母不要太在意孩子的情绪。

"临时隔离法"适用于 2 ~ 12 岁的孩子。这种方法看起来简单，但是常常很有效。因为在孩子看来，离开伙伴、停止活动是最不能容忍的惩罚。被隔离过的孩子都不愿意再次被隔离。在他们看来，那种滋味是不好受的。

留给孩子希望，逐步纠正坏习惯

孩子之所以"屡教不改"，就是因为他们没有发现改正错误的希望。有一种"代币"的方法可以改变这种情况，细心的父母不妨一试。

"代币法"是心理治疗中常用的一种行为疗法，对年龄小或智力发展缓慢的孩子效果很显著。"代币"即真正奖励物的暂时代替，就像"小红花""红五星"等一样。"代币"可以是实际的物件，也可以是打点、画钩一类的记号，无论什么东西都可以，但在具体使用时要合乎以下原则：安全、耐用、便宜；数量容易控制，使用起来方便；不是孩子急切想要的东西。这种方法的最大优点就在于当孩子表现出良好行为时，不是立刻就满足他的要求，比如"我不哭，你就得给我买玩具"，而是经过一段时间才满足孩子的要求。因此，孩子要达到某种目的，就需要他将某种好行为保持一段时间后才能实现。这对于孩子形成良好的习惯是很有好处的。这种方法可以很好地提高合理行为有意识反复出现的频率，同时因为有"代币"刺激，也可以使孩子的合理行为得到进一步的鼓励，起到"望梅止渴"的作用。

请看下面这个真实的事例。

一个女孩，小学三年级学生，毛病是上课不能集中注意力、爱说闲话、做作业速度慢、脾气大、吃手指甲，甚至上学常常拖拖拉拉，等等。

无奈之下，母亲只好带着孩子去看心理医师。

心理医师与女孩"谈心"。女孩也知道自己有很多"毛病"，可就是无法及时地控制自己。心理医师经过与父母研究认为，在她的旁边安个"提醒器"就可以解决问题了。

心理医师在确定了女孩本人愿意改正的决心以后，根据孩子的年龄和性格特点，决定采用"代币"法。

心理医师先同女孩的妈妈和女孩一起将所有要改正的不良行为列成表格，然后请女孩把自己想做的事、想要的东西、想实现的愿望都通通写出来，最后帮助女孩的妈妈和女孩一起制定了"代币"规则。父母以自制"纸板"为"代币"，具体情况如下：

1. 每天按时到校，得 1 分。

2. 上课的时候不说话，得 3 分。

3. 上课回答问题，每天回答 5 次以上，得 4 分；每天回答 3~5 次，得 3 分；每天回答 1~3 次得 2 分。

4. 独立完成作业，一个小时内完成，加 1 分；全对得 4 分；85% 以上正确，得 3 分；60% 以上正确，得 2 分。

5. 自己整理书包，不忘记带东西，不少带东西，得 2 分。

附加规则：

1. 每月可先给孩子 10 个"预支板"。如果父母认为孩子本月表现不错，可以加入孩子的"代币"总量中，否则就要扣除。

2. 获得老师指名表扬，每次 5 分。

3. 一个星期内未受老师批评，得 3 分。

4. 被老师罚抄、罚做作业或合理的批评，每次扣 1 分。如果孩子表现不错，爸爸妈妈每人说 5 句让孩子开心的话。

孩子所得分数奖励如下：

10 分，一句好话和一块巧克力；

20 分，父母说表扬的话和一个小黄鸭玩具；

25 分，父母说表扬的话和樱桃小丸子铅笔盒；

35 分，父母说表扬的话和外出游玩一次。

如果孩子不愿要以上奖品，可以把这些钱积累起来买孩子需要的东西。

这个女孩感到"代币"法很新奇而又有刺激性，很乐意这样做。为了让孩子更有信心，医生让女孩把"代币"带在身边，放在口袋里或铅笔盒中；建议父母和孩子一起制作一张挂图挂在家中，比较详细地记录女孩获得"代币"的数量。

这样做有两个目的：第一，用具体可见的"代币"提醒孩子，增强她自我监督的意识。第二，具体可见的"代币"只是一种暂时的奖励替代，可以起到心理激励作用。

不同的行为对应不同的代币数目，不同的代币数目又对应不同的奖励，这样就避免了以一次行为定论的局限，可以避免主观性，又为孩子提供了足够的选择行为的方式和获取奖励的机会。孩子在行为改变的同时，就会不断形成自我管理的好习惯。

经过一段时间的实行，女孩有了很大的进步，不但上课经常受到老师的表扬，做作业速度也大大提高了，父母与孩子的关系也得到了很大的改善。

"代币法"的具体内容可以根据孩子的不同时期灵活调整，必须记住的是，父母应该与孩子一起来完成，但是毕竟最后的行为实施者是孩子本人，所以应该注意以下几点：

1. 这种方法有"鼓励"成分，孩子应该比较容易完成，通过完成几个比较简单的行为，如按时上学或"预支代币"等形式去激发孩子的主动性。千万不要把目标定得太高，力所不能及，这样孩子就得不到刺激和鼓励，就没有信心了，会很快丧失尝试的兴趣。

2. 属于生活必须支付的物品，父母应该照常提供，不要把这些东西也变为奖励品。

3. 奖励品要比较合理，不要"克扣"，也不要"盲目奖励"。整个家庭都要步调一致，不能够随意改变。如果有一个人随意改变代币规则，就有可能使"代币"法无法顺利进行。

七、

一味要求孩子听话，孩子从此怕这怕那

　　大人一般都觉得听话的孩子比不乖的孩子更能教好，只要孩子听话什么都好办。其实不然。为什么有的家庭中的父母甚至与子女的关系形同陌路呢？主要是父母与孩子不能互相理解。父母一味要求孩子听话，孩子看父母是高高在上的"统治者"；父母看孩子，则是什么都不懂的毛孩子。做父母的总是把自己的想法强加给孩子，而不管他是否理解，是否心悦诚服地接受。这样的教育方法是不会有什么好的效果的。

过多地要求听话，妨碍孩子的智力发展

在很多父母的头脑中还根深蒂固着一种习惯，喜欢孩子听话，百依百顺，容不得孩子的反对意见，更容不得孩子反驳自己。而现在时代已经变了，再要求孩子们百依百顺是很难做到的，而且也不一定就正确。孩子们有时提出反对或者有不同的意见并不一定就是什么严重的错误，更不是对大人的不尊重和不敬。我们日常生活中的许多事情本来就既可以这样做，也可以那样做。

并不是只有一种方法才能成功。俗话说"条条道路通罗马"，也就是这个道理。

可是，由于父母和老师都喜欢孩子听话，所以勇于说出自己不同的意见——不同于父母和老师的意见的孩子通常不受欢迎。聪明的父母不会这样。有一个小学教师告诉我们这样一个有趣的故事，具有启发性。

一次，这位教师去一年级上课，她问："一棵树上站着三只小鸟，一个孩子用弹弓打掉了一只，树上还有几只？"

几乎所有的学生都举手说："一只也没有了，树上是零只。"

而一个平常不太爱说话的孩子却举手说："三减一等于二，树上应该还有两只。"

这个孩子的回答引起了全班同学的哄堂大笑，因为这种脑筋急转弯的题目，不少幼儿园就练习过了。

可是那个孩子却执着地说："就是两只嘛！"

于是这位教师说："打掉的虽然是一只，但是弹弓一响，其他的两只就飞走了。"

这样才结束了那场争论。

听了这个故事，我们觉得那位同学很值得称赞，因为他能不为多数人的意见所左右，有自己的主见而不怕被人耻笑，敢于坚持自己的主张。

发现"万有引力"的牛顿，少年时代很少和同龄的孩子一起玩耍，而爱独立摸索研究事物，在学校里他曾被讥嘲为"乡巴佬"。提出"相对论"的爱因斯坦的座右铭之一就是"从他人的意见中独立出来"。

这两个大科学家的发现和创见正是他们能够独排众议、独立思索的结果。当然，要求所有的孩子都这样做是不容易的，因为很多孩子都很难顶住外界的冷嘲热讽和各种压力。有一定的执着，才可能有一定的创造力。

这个道理可能很多父母都能够理解，可是他们还是喜欢自己的孩子在家里言听计从，在外不标新立异。当自己的孩子与别人的意见不合时，父母担心因此让孩子背上"不合群"的骂名，被他人讨厌。这实际上是强迫孩子顺从大家的意见，是不利于孩子创造力的发展的。

法国人的做法值得学习。他们认为，容易受别人意见左右的人没有主见。因此，他们积极鼓励孩子发表不同的意见。我们发现，法国人喜欢孩子相互讨论问题，通过这种方法来锻炼孩子的处世能力。

因此，在孩子反对父母的意见时，我们不应轻易地责备孩子不听话。如果孩子的意见是错误的，也应该耐心地说明、解释，这样才能养成孩子有主见、有创造性的品质。

一次，一位母亲叫孩子去买米。女儿拿了两个提包准备出门。母亲看见，把女儿叫住了："你怎么不拿小推车去推呢？还拿两个提包！"

女儿说："我拿两个提包，一手提十斤提回来了，何必还推什么车子呢？"

母亲却坚持说："当然是推车子方便得多啦！"其实，这种争论是没有必要的。可能母亲的说法是对的，可是女儿喜欢用手提，就让她提好了。如果真是吃力的话，那么下次不用大人提醒，她自己也要用推车的。这既是对女儿的尊重，也是让孩子们自己到生活中去积累经验。只有通过自己的实践获得的知识才最牢固。

一个十四五岁的男孩来到青春的路口，似乎有那么一条小路若隐若现，召唤着他前进。

他的母亲拦住他："孩子，那条路走不得。"

孩子说："我不信。"

母亲说："我就是从那条路上走过来的，你怎么还不相信？要知河深浅，要问过来人。"

孩子说："既然你可以从那条路上走过来，我为什么不能走过来？"

母亲说："我不希望你走弯路。"

孩子说："我喜欢，我不怕。"

母亲想了很久，看了孩子很久，然后叹口气说："好吧。你这孩子太倔强了，那条路很难走，一路多加小心。"

孩子雄心勃勃地上路了。在路上，孩子发现母亲没有骗他，那的确是条弯路。孩子碰了壁，摔了跟头，有时碰得头破血流，但是他不停地走，终于走过来了。可是这一走就是多年。

他坐下来喘息的时候，看见一个女孩，自然也很年轻，正站在当年男孩出发的路口准备出发。

当年的男孩忍不住喊："那条路走不得！"

女孩不信。

当年的男孩说："我母亲就是从那条路上走过来的，我也是。我知道那条路不好走！"

女孩说："既然你们都从那条路上走过来了，我为什么不能？"

他说："我不想让你走同样的弯路。"

女孩说："我喜欢！我愿意！这是我的权利。"

当年的男孩看看女孩，又看看自己，然后笑了："一路小心。"

几千年流传下来的经验不是没有用，而是很多人不会用，特别是年青的一代，很多事情都要他们自己去感悟。有些人喜欢给孩子讲大道理，这些道理最有理，但很空泛，不少孩子都不听；有些人喜欢实际，鼓励孩子去体验，虽然不一定正确，但是很多孩子喜欢。感悟是一辈子的事情，让孩子学会感悟，这是一种很好的方法。

父母都有一个希望，就是自己的孩子聪明、听话。可是，事实往往是聪明的并不一定听话，听话的不一定聪明。老师也有这样的经验，尤其是小学、中学，老师喜欢自己的学生听话，少给自己找麻烦，可是他们更清楚，过多地要求听话就会妨碍儿童的智力发展。

男孩淘气好，女孩淘气巧

中国的孩子从小听得最多的词儿便是"听话"，他们较早接受的观念之一就是"淘气是不好的"。因此，中国孩子最大的缺点是"缺乏独立性""胆小"。从现代教育的眼光看，应当重新审视这种使用频率最高的家庭语言。

《少年儿童研究》杂志曾经推出这样两句话："淘气的男孩是好的，淘气的女孩是巧的。"这家杂志还提出："听话"的儿童是问题儿童。

为什么说"听话"的儿童是问题儿童呢？我们稍加观察即可发现，所谓"听话"的儿童一般不提问题，更不与长辈争议。实际上，只强调"听话"容易培养儿童的奴性，使其毫无独立性，对所有问题缺少个人见解，对邪恶势力无力抗争，以至人格扭曲，成为"问题儿童"。媒介中经常报道某某模范人物自杀或犯罪之类，往往是由问题儿童演化为问题大人的。但是，这个问题至今也未引起人们的警觉，更显示出此问题犹如潜伏的癌症一样可怕。

教育家陶行知先生曾有"六大主张"十分精辟，他提出：解放儿童的头脑，使其从道德、成见、幻想中解放出来；解放儿童的双手，使其从"这也不许动，那也不许动"的束缚中解放出来；解放儿童的嘴巴，使其有提问的自由，从"不许多说话"中解放出来；解放儿童的空间，使其接触大自然、大社会，从鸟笼似的学校解放出来；解放儿童的时间，不过紧安排，从过分的考试制度下解放出来；给予民主生活和自觉纪律，因材施教。我们常听见一些父母在斥责孩子时说："难道连父母的话你都敢不听了？"这当然也是父母被不肯听话的孩子气得没有别的办法时才说出的气话，而且它也似乎成了父母对付不听话的孩子的最后一张王牌。

这是一句强迫的话，而且还带有威胁。如果孩子很小，是个小学生，孩子听了可能会真的有些惧怕，因而也会屈从。但是，这种王牌、这种强迫加威胁用久了，对孩子的头脑、思想的发展都会造成一些消极的影响。

"连父母说的话你都敢不听！"这话背后的意思就是父母所说的具有绝对权威，而且也是绝对正确的，你必须服从，不容讨价还价。这是显示父母权威的一种恐吓行为。这是父母要求孩子们绝对服从。平日我们常说的"听话"，实质上就是服从。

这种话会妨碍孩子完整人格的发展，影响他们思考力的发育和成长。他们可以成为父母眼中的乖孩子，但同时也可能变成毫无判断能力和无法独立生活的人。

"不容讨价还价"，"不容争辩"，这常是我国父母对子女的要求。而在欧美，父母对待子女的态度、教育子女的方法就大不相同。他们不主张强迫，更不主张威胁。在子女不听从父母的劝告的时候，他们先了解孩子的心理，倾听孩子的意见，然后再告诉孩子"为什么应该这样做"，直至孩子心服口服为止。

因为孩子小，不容易理解父母话中的道理，这时父母就要耐心地说明自己的看法和要求，让孩子认同父母的道理，进而知道什么是对错，什么是好坏。久而久之，孩子自然而然便能养成自己判断的能力了。

相反，不加以任何解释，不作耐心地说服，只是说"难道你连妈妈说的话也不听吗"，以此强迫孩子服从，他们并不知道父母是对的，以及对在什么地方；自己是错的，错在什么地方。孩子盲目服从，也就无从养成自己的判断力。更坏的情况是，有的孩子不服从，消极地或公开地与父母对抗。

开发淘气包的聪明潜力

孩子精力旺盛，不停地惹是生非，给父母带来了无尽的麻烦。对于这样的孩子，一般家长的教育策略就是严加管教，然而这样做效果并不好。有的孩子越管越"皮"，处处和父母对着干，无法无天地淘气；有的孩子被家长管得老老实实，对什么都没兴趣，家长让做什么就做什么，失去了自己的个性。其实对淘气孩子的最佳管教方式是：在约束中容忍，但要注意引导孩子向好的方面发展，让孩子在淘气中学到东西。

有一个孩子非常淘气，好在他有一个开明的母亲，从来不会严厉地压抑他的天性。有一天上课时，一名女学生突然发出一声惊叫："蜥蜴！"全班顿时炸开了锅，一片呼叫声。一些学生爬上了桌子，还有一些往教室外逃。年轻的女教师慌了手脚。这个孩子却镇定地趴在桌子底下，伸手一把抓住一条蜥蜴，往一个小纸盒里一塞放进书包，若无其事地坐到位子上。班主任老师把他叫到办公室狠狠地批评了一顿，并找来了孩子的母亲。其他老师都反映这个孩子是个淘气包，贪玩，常捉弄女同学，学习成绩不好，希望家长多配合学校对他进行批评教育。

母亲把孩子领回家，但并没有批评他。因为她知道随便下结论，不分青红皂白地训斥批评，是教育者的大忌。沉默了一会儿，她心平气和地问儿子："为什么要抓蜥蜴，不怕它咬吗？"儿子说："它没有毒，不咬人。"

"是吗？你怎么知道的？""书上说的。""你什么时候抓到的？""四五天了。""这么久了，喂什么给它吃？""我没有喂它。书上说，蜥蜴饿急了会吃掉自己的尾巴，我想试一试，看看是不是真的。它至今还没有吃掉尾巴。"母亲笑着拍了拍儿子的肩膀，鼓励他把实验做下去，并告诉他如何做好观察记录，同时向他指出：不该将蜥蜴带到学校。两个星期后，儿子兴奋地告诉母亲："蜥蜴的尾巴不见了。"母子一起剖开蜥蜴，在肚子里找到了尾巴。孩子高兴得不得了。正在这时，市里要举行科技小发明小论文竞赛。母亲就鼓励孩子把蜥蜴实验的记录写成一篇观察报告，结果这篇报告获得了小论文二等奖。那天放学后，孩子把奖状端端正正地捧在胸前，在同学羡慕的眼光里走出校门。

后来，同学们选他担任科技活动小组长，之后他又成为班里的学习委员。

这个事例告诉了我们这样一个道理：淘气的孩子并不是一无可取，只要父母管教得当，孩子就会大有可为。

欧美很多国家对儿童教育的研究显示，淘气的孩子往往最具有坚强的意志力，而且通常很聪明。事实上，有时候孩子的淘气行为就是他具有开拓精神与创造力的一种表现。所以，父母应避免过分压抑孩子的反抗心理，顺势而为，开发"淘气包"的聪明潜力。

为了有效地开发淘气孩子的潜能，为了让孩子从错误中成长，专家给出了以下建议：

1. 引导孩子改过

接纳孩子已犯的错误，注重事后的引导，是十分重要的。应给予孩子改过的机会，使其从改过的过程中领悟出道理；否则，孩子认为反正父母不再给自己机会，也不再对自己存希望，还用改过吗？这样一来，进步的效果也就达不到了。

"纵容"孩子淘气，并不等于对他们的过错不闻不问，否则，亦达不到启发孩子的效果。所以，应给予孩子正确解释，让他们知道犯错误的原因何在，让孩子想想避免或改过的方法，从中学习。

2. 不要随便责骂孩子

责备孩子前，先站在孩子的立场设想一下，想想他们的能力、感觉。例如孩子吃饭时打破了饭碗。"饭碗太大了，你的小手不够大吧？""所以，吃饭时就最好不要东张西望、看电视啦！"孩子也就觉得父母替自己设想，不是完全责怪自己，会发自内心地自我反省，不再存心推卸责任，并尽力避免下次再犯。

3. 帮孩子分担一部分责任

替孩子分担一小部分责任，减轻他们的心理负担，亦有助于他们反省。在孩子年龄较小时，不应给予太多责备，目的只在于给他们认错及思考、汲取教训的机会。

需要注意的是，"纵容"孩子淘气，关键在于引导孩子，让孩子在淘气中有所得，若一味纵容孩子而不加引导，那就是溺爱孩子了，有害无益。

鼓励孩子去玩，而不是把孩子限制在框框里

孩子贪玩是一个令父母感到头痛的问题。其实，父母们应该知道，玩是孩子的一种天性，是他们对周围世界感到好奇的行为表现。事实上，很多孩子往往是在玩耍中学到知识，加深对客观世界的认识的。哈佛大学著名儿童心理学专家组成的"发现天赋少儿培育计划"课题组，在对世界各地近3000名10岁以下儿童进行跟踪调查后发现，在被认为是聪明过人的孩子里，87%都有"强烈的好玩之心"。因此不要把你的孩子限定在你规定的"框架"里，"纵容"你的孩子开怀地玩耍吧，也许你会培养出一个

好玩的好孩子。

徐宁从小就是个特别贪玩的孩子。每天放学后，徐宁不是拿着他自制的"捕虫器"到田野里捉虫子，就是带着其他几个孩子拿着一个放大镜到田间地头观察庄稼的叶子。

有一段时间，父母对徐宁贪玩的行为十分恼怒，还多次没收了徐宁的一些玩耍工具。但这并不能阻止孩子的贪玩，徐宁总是有很多的"鬼点子"，今天玩耍的工具被没收了，明天他又能做出一个其他的玩耍工具。老师说徐宁够聪明，只是没有把主要精力用在学习上，所以学习成绩平平。爸爸妈妈更是着急，不知道究竟怎么办才好！

小学毕业后，徐宁并没有考进"重点"中学，在一所普通中学里学习成绩也只是"中等偏上"而已。但徐宁制作航空模型的水平却是出了名的，他制作的航空模型不但在学校和市里获了奖，而且还参加过省级赛事。2002年，徐宁还是一名初三的学生，那一年在老师的指导下，由他设计的航空模型获得了全国大奖……

教育学家认为，对于孩子来说，玩是学习，游戏是学习，学习本身也是学习。事实上，我们也很难找到一个不喜欢玩的孩子。父母之所以害怕孩子玩，是怕孩子玩得太出格了，因此限制孩子玩。

一个懂得教育孩子、会培养孩子的父母，理应把陪孩子玩当成亲子教育中最重要的一环。让孩子充当"玩"的主角儿，感受玩的乐趣，在玩中加深对世界的认识，这才是我们的任务。

在与孩子玩的过程中，父母可结合"玩"的内容，培养、引导孩子对事物的兴趣。比如，捉蜻蜓后，引导孩子观察蜻蜓的外形，看看它们各有什么特征，有什么相同和不同的地方，再把它们与其他种类的昆虫比一比，让孩子对自然界的各种小生物发生兴趣。

陪孩子玩也是引导孩子开阔视野、开拓思维的好途径。比如，父母发现孩子喜欢玩汽车玩具，在陪玩中就可向孩子介绍不同种类的汽车。以后再带孩子去参观汽车展览会，扩大孩子的眼界，孩子会饶有兴趣地了解各式各样的汽车。在现实生活中可以和孩子一起观察汽车，获得更多的知识，启发孩子的求知欲望。

同时，玩也是培养孩子良好品德的有效方法。父母在陪孩子玩的过程中，可以针对各种情况进行品德的培养。如带孩子去公园，要教育孩子爱护花木，爬山时不怕苦、不怕累，摔跤了要勇敢，不要破坏文物等。带孩子看电影，就应跟孩子一起做个文明的观众，不大声喧哗，不乱丢果皮纸屑，等等。

为了帮助家长们更准确地运用纵容计，建议家长在三个方面多下功夫：

1. 观察孩子的喜好

对于贪玩的孩子，父母应该注意细心观察孩子爱玩什么，怎么玩……分析这样玩对孩子身心健康是否有益，是否妨碍和伤害到其他人的利益，是否对社会环境产生不良的影响等。千万不要不分青红皂白就对贪玩的孩子主观地横加干预。

2. 引导孩子去玩

贪玩的孩子兴趣爱好往往十分广泛，聪明的父母不是限制孩子玩，而是把孩子的爱好引向更科学、合理，有助于孩子身心健康的方面。孩子如果爱好广泛又比较贪玩，他们往往玩起来认真投入，不能自制。父母应该怎样做呢？我们不妨看看下面这个例子。

小宇喜欢踢足球，放学后就在楼下的小路上踢。尽管场地狭小，他仍然玩得汗流满面，还曾踢碎过人家的玻璃。后来父母分析，孩子喜欢踢足球是件好事，他在体育课中的长跑项目没有达标，而踢足球也是锻炼长跑的好机会。于是父母阻止了孩子在楼下踢球，而是在周末带他到学校的操场上去踢，这一下孩子玩得更尽兴了。这样做的结果既保护了孩子的兴趣，又弥补了体育课中孩子的弱项。

3. 帮孩子合理安排玩的时间

孩子的兴趣广泛，又得不到合理的安排，往往在玩的时候投入的精力多，占用的时间长，没有节制地玩，造成"贪玩"。改变孩子贪玩的现象，应该是父母帮助孩子合理地安排和选择"玩什么""怎么玩"和"什么时间玩"，使孩子能够在"玩"中受益。如父母不妨训练他的骑车、游泳等基本技能。有条件还可以经常带他们郊游、爬山、参观博物馆等。

孩子在"玩"的过程中不仅能开阔眼界，同时也能增长知识。因此，家长应当鼓励孩子去玩，不要把孩子的一举一动都限制在框框里。

别怕孩子搞"破坏"

给孩子新买的电动车，被孩子拆得七零八落；爸爸旅游时带回来的工艺品小木船也被孩子给"分解"成一块块碎木片……这几乎是每位家长都会遇到的情况，那么家长们在这种情况下通常会有什么反应呢？大声呵斥？耐心劝导？不，我们给家长的建议是您不妨纵容孩子一次，满足孩子的好奇心。让孩子在"搞破坏"中提高创造力，不也是一件好事吗？

希尔是个生活刻板严谨的人，做事情总是规规矩矩。但这么一个讲究纪律的人，却有一个最调皮捣蛋的儿子布鲁克林。

布鲁克林是个9岁的孩子，成天都在不停地动，不知疲倦地摔碎器皿，弄坏东西，惹是生非。他与他的父亲在个性上是两个极端，因此父子俩之间的战争一天之中不知要发生多少次。

有一次，布鲁克林把舅舅送给他的望远镜拆开了，想看看里面究竟藏了些什么，这自然会招致他父亲的愤怒。不过，拆东西可算是布鲁克林最大的爱好了，凡是让他感到好奇的东西，都逃不过被拆的命运，当然因此他也没少挨父母的打骂。可是无论父亲怎么打骂，他的这个毛病始终也改不了。

还有一次，布鲁克林竟然把一块金表给拆开了，要知道这块表是布鲁克林故去的爷爷留下来的遗物，有七十多年的历史。希尔一直十分珍惜，总是戴在身上，从不离身。不久前表出了点故障，必须拿去修理，哪知还没来得及修，就被他这个调皮的儿子给翻了出来。现在这表被大卸八块，零件散落了一地。希尔立即暴跳如雷，一耳光将儿子扇得坐在地上，而且还准备再冲上去打他一顿。

然而妻子却拦住了他："请不要打了，你这样打孩子太过分了。"

希尔火冒三丈地说："不，这是他应得的！你看他把我的表弄成什么样子。"

"布鲁克林是弄坏了表，但是你认为一块表比自己的儿子更重要吗？"

这时，布鲁克林抽抽咽咽地辩解说："我没弄坏表……我只想帮你把它修理好……"

妻子在一旁气愤地说道："不管布鲁克林是修表还是拆表，你都不应该打他，恐怕又一个'爱迪生'就这样被你给'枪毙'了。"

希尔愣了一下，问道："我不懂你这话是什么意思！"

"孩子拆开金表，他也只是想知道金表里到底有什么，这是一种好奇心，这是有求知欲和想象力的表现，也是一种创造。如果你是一个明智的父亲，就不应该打孩子，而应该理解孩子，要给孩子提供从小就能够动手的机会。"

妻子的话给希尔很大触动，当天晚上他带着金表零件来到儿子的房间，在真诚地向儿子道了歉之后，主动提出和儿子一起修理金表。小布鲁克林原谅了父亲，并答应和父亲一起修理。在这个过程中，希尔才发现儿子原来如此聪明，手指也非常灵巧。他记得零件应该放在什么位置，甚至还能说出一些零件在手表中所起到的作用。

研究人员发现，手指活动灵巧的孩子，大脑的思维活动往往非常活跃。在手工活动中，孩子进行的拆装、粘接、装配等一系列动作，都要通过听、视、触等感觉系统传入大脑的运动区，再由大脑的运动区发出指令，不断地调整手的动作。这样反复循环刺激，能使脑细胞的功能得到加强，思维水平得以提高。因此，孩子在他们感兴趣的手工活动中，能够得到智能的发展。

遗憾的是很多父母在不知不觉中，总是以种种理由抑止孩子这一好奇心驱使下的美好天性。

家长在教育孩子时不要怕麻烦，认为孩子搞手工劳动要摊放材料、工具，弄得家里凌乱不堪；也不要怕孩子弄脏衣服、弄脏了手。父母不妨为孩子提供专门的衣服、擦手的抹布。至于孩子使用剪刀、针等危险工具，父母开始可以指导孩子使用，以后再逐步让孩子独立使用。这样既可以避免孩子初次使用时受到伤害，也能达到训练孩子心、眼、手的协调性和灵活性的目的。实际上，在一些"破坏活动"中，只要注意培养孩子的一些好习惯，许多问题都可解决好。父母千万不要因小失大，使孩子失去锻炼自己的机会。

家长不仅要"纵容"孩子搞"破坏"，还要鼓励孩子把破坏掉的东西复原，这样才能使孩子动手的信心得到加强，有利于孩子创造能力的发展。

别让孩子因为害怕犯错，就什么都不去做

家长在教育孩子时，不要怕孩子犯错误，要允许孩子犯错误，因为不断犯错误，不断汲取经验教训，正是孩子成长的必经之路。

栋栋5岁了，是一个虎头虎脑的小家伙，力气大，活泼好动。妈妈常对别人夸奖栋栋说："我从来不娇惯孩子，栋栋自己穿衣服、吃饭，从来不用我们操心！"就像妈妈说的那样，栋栋确实是个好孩子，不但自己的

事情自己做，还总想帮妈妈忙。

有一天，妈妈出门买菜，把栋栋一个人留在家里看电视。栋栋看到电视中一个小朋友帮妈妈洗衣服的画面，于是决定自己也试试。他拧开水龙头把家里的几个桶、几只盆全都盛满了水，然后打开妈妈的衣柜，把妈妈的衣服一件件地取了出来……

妈妈终于回来了，栋栋满脸兴奋地站在妈妈面前，准备接受妈妈的表扬。

"我的天！你做了什么啊？"妈妈看到浸泡在水里的皮大衣、毛料套裙、羊毛衫，还有两双皮鞋，一时间气得脸色发紫！在妈妈怒气冲冲的斥责里，栋栋惊恐万状、不知所措，终于吓得"哇哇"大哭起来……

这位妈妈为儿子会动手做事而骄傲，但却不能宽容儿子因好心而犯下的错误，而她的责骂必然会给孩子参加家务劳动的主动性和积极性带来沉重打击。可以说，这位妈妈对孩子犯错的处理态度和方法是不妥当的，应当首先问清楚具体的情况和原因。孩子完全是由于缺乏经验，是好心做了错事。这就应当给予宽容、谅解，然后再具体指导孩子如何做。这样既保护了孩子参加家务劳动的积极性，又使孩子学会了如何做家务，可谓一举两得，那该多好。

意大利著名女教育家玛丽亚·蒙台梭利所倡导的教育方法就是"容过"，即不要怕孩子犯错误，要允许孩子犯错误。在蒙台梭利看来，父母怎样对待孩子犯错误及其怎样对待孩子改正错误的态度才是重要的。尤其是父母对待孩子犯错误和改正错误的方式、方法，将直接对孩子产生重大影响，决定孩子正确对待和处理错误的态度和行为。

那些被父母轻视的孩子变得害羞、沮丧和恐惧的例子，在我们身边不胜枚举。"我做不好"，所以"我干脆不做"——这就是孩子在犯错误之后，不能及时得到正确引导、矫正的结果。要解决这样的问题，最好的方式就是允许孩子犯错误，让孩子在错误中得到经验和教训，并从中学习到改正错误的方法。

蒙台梭利认为在传统的管教方式里，孩子的训练是受两条准则的引导：奖赏和惩罚。大部分父母认为，改正孩子的错误和批评孩子是他们的主要任务，于是当孩子有了过失之后，他们就先不分青红皂白地训斥孩子一顿。在训斥警告过孩子之后，有的父母会问一下孩子犯错的原因，有的甚至连问都不问，这是极不恰当的。蒙台梭利认为家长应宽容孩子的错误，和颜悦色面对孩子的错误，容许孩子逐渐改正过来。

有一位中国教育工作者去瑞士访问，一位瑞士同行热情地邀请中国人去他家里做客。闲谈了一会儿后，主人就带着中国客人去楼上看他3岁的儿子。当他们来到孩子的小房间时，发现那个调皮的小家伙正在制造一场"灾难"：他用剪刀把窗帘剪出了好多洞，又把那些碎布片用胶水粘在墙上。中国客人想，这位父亲一定会狠狠地骂孩子几句，甚至打他一顿，但出人意料的是，爸爸兴奋地冲上去抱起了儿子："哦，宝贝！你简直是个天才，这么小就会用胶水和剪刀了！不过我的孩子，你最好别动床单、窗帘什么的，那可是你妈妈的宝贝！晚上爸爸再教你怎么使用它们！"小家伙乖乖地交出了"凶器"，跑到一边玩模型车去了。中国客人目瞪口呆地问："你不教训孩子几句吗？我以为你至少应该让他知道自己闯了多大祸！"主人笑着说："不，犯错是专属于小孩子的自由，我不能粗暴地打他、骂他。我不希望孩子犯错，但更不希望孩子因为害怕犯错，就什么都不去做！"

这位瑞士父亲的做法就很值得我们反省、深思，有时候，家长仅仅宽容孩子的错误是不够的，还要允许孩子犯错误。如果父母们总是把错误看成是罪魁祸首，甚至不惜一切地避免孩子犯错误，那么孩子就会渐渐变得畏缩，什么也不敢去尝试。

当然，允许孩子犯错误，还有一个允许到什么程度的问题，这就要求父母对待孩子所犯的错误设立一个合理的限制尺度。

我们给孩子的自由是限制之内的自由。比如给予孩子在家中自由活动的自由；给予孩子选择的自由，支配时间的自由；给予孩子选择学习或娱乐的自由；给予孩子选择独处或与其他孩子交往的自由……我们所给予孩子的这些自由应当是在限制之内的——孩子不可以干扰或伤害别人！这就是明确而坚定的合理限制。

越压制，越叛逆

处于青春期的孩子，由于生理和心理的原因，他们急于在万事万物中寻找独立的方式，所以常常会表现出一副和父母格格不入的姿态。父母说好的，他偏要说差；父母说差的，他偏要说好。

于是，"对抗"就这样发生了！孩子与家长各执一词，完全不去考虑对方的想法，只想改变别人，不愿改变自己。久而久之，父母便觉得，这孩子太不听话了，简直没法交流。作为孩子呢？他们也想不通："我的父母为什么这么不理解我呢？"

在家庭生活中，作为父母，你也许不知道，进入青春期的孩子正处在成人感迅速增强，但心理却并不成熟的阶段，渴望得到成人的尊重，但他们对成人尤其是父母缺少基本的信任，总觉得父母"跟自己过不去"，也因此形成强烈的逆反心理，心灵的大门朝着同龄人开放，却对成人紧闭。这时候的孩子特别需要心灵关怀，需要理解和尊重，需要知心朋友。

如果在这个时候，做父母的不理解孩子所处的生理周期，一味要求孩子言听计从，百依百顺，便会产生强大的逆差。一方面，觉得辛辛苦苦地把孩子养到这么大，原指望孩子能按照自己的计划茁壮成长，谁知，孩子一大，所有的计划都只能付诸东流；另一方面，自己由于工作、生活压力很大，面对孩子常常心急气躁。这时的自己同样需要关怀，需要理解和谅解，需要知心朋友。

所以，处于不同年龄阶段的"特殊"时期的两代人，有着共同的要求：理解、尊重和沟通！如果双方都改变一下自己，情况就不一样了。做父母的别要求孩子百依百顺，做孩子的也要理解父母的良苦用心。

许多父母经常抱怨说：我家的孩子，你要他读书，他就要上网；你要他干点家务活，他就要去外面打球；你如果多说了他几句，他就说，你这人怎么这样烦啊！

许多孩子则经常和他们的同龄人说：我妈太烦了，我想放松一下心情，在网上浏览一下新闻，我妈看见了，非说我不好好学习，总是强行将我的电脑关了；我想去外面和朋友打打球，可我妈非得要让我把家里收拾好了才能走。

你看，同样的事，站在两个不同的角度，反映出来的心态却迥然各异。如果只听一家之言，他们所说的都有他们的道理。但是，当你仔细地综合了双方的话语后，便会发现，这里面缺乏的就是沟通与理解。

随着社会生活的变迁和进步，不少家长提高了对孩子的期望值，更加重视子女的教育问题，在工作之余拿出更多的时间和精力关注教育事业，这都是很可喜的现象，是一种进步。但是教育思想的滞后又使得家长们面对孩子们的反叛与不屑感到束手无策或力不从心，而且越是执着地力图改变孩子的家长，其挫折感、失败感越强。所以，与其跟孩子过不去，还不如好好地和孩子进行平等的交流，千万不要试图用自己的理念、用自己的想法去改变对方。尽管孩子们有许多超前的行为让大人们看不惯、想不通、接受不了，但它们毕竟是一种带有鲜明时代色彩的潮流，堵不住、压不服，唯有疏导才是上上之策。

孩子为什么要叛逆？因为孩子渴望被成人的世界认同，渴望通过叛逆的行为来向世界昭示自己已经长大了，再也不是父母眼里的小孩子了，再也不是可以随便操纵的"棋子"了。

随着年龄的增长，孩子的身心发生着巨大的变化。叛逆就像一颗等待萌生的种子，在孩子的身体深处蠢蠢欲动。这时候的家长一定要结合自己的成长经历，去支持、肯定、相信孩子，用"人性本善"的态度面对自己的孩子。

一般人都承认孩子的叛逆是人生必经的过程，就好像毛毛虫不经过破茧而出，就无法变成美丽的蝴蝶。然而，对待自己孩子的叛逆，家长们大多不能像对待毛毛虫那样宽容，能够同情他的挣扎，期待他的成长，反而觉得万分苦恼，生怕这种叛逆不只是打破成人惯有的权威，更能打破成人世界既有的秩序，于是就有了"面对叛逆的孩子怎么办"的问题。

其实，所有的叛逆都来自对束缚和限制的反抗。孩子所面对的，除了他本身就有的生理与心理的束缚外，还有周围成人所刻意营建的各种限制。在从前，他无法意识到这种束缚与限制，就是意识到了也无力反抗。随着年龄的增长，他们渐渐能够清晰地看待这个世界，一个新的自我在迷茫中跃跃欲试。然而，成人的限制是那么严密和坚不可摧，而成长的力量还不足以挣脱自身生理、心理和知识的束缚，这时候的孩子正承受着蜕变之苦，体会着前所未有的迷茫，所以就会产生种种叛逆的举动，目的只是想以此来显示自我的存在。

在家长指控孩子叛逆的同时，家长也正好暴露了这叛逆的根源——过度呵护所演变的压制。正是这种看似善意的温柔的束缚让正在成长中的孩子无所适从。所以家长在指责孩子不听话的同时也应该反省一下自己，是不是束缚了孩子的身心，是不是没有给孩子足够的空间和足够的理解。

要知道，叛逆并不是什么不可原谅的错误，也不是什么无法解决的难题。家长要做的是帮助孩子，而不是让他们远离父母，远离家庭。所以，在这特殊的时期，家长要做的就是观察孩子，了解孩子的真实想法，然后站在孩子的角度去帮助他们。

面对叛逆的孩子，家长该如何疏导呢？可以从以下几点开始：

1. 给孩子充分的活动自由

孩子的独立自主性是在独立活动中产生和发展的，要培养独立自主的孩子，就应该为他提供独立思考和独立解决问题的机会。

2. 父母要把握住关键期

两岁左右的孩子，独立意识逐渐增强，什么事都要坚持自己做，拒绝别人的帮助。这是孩子心理发展的第一个"执拗期"。家长正好可以因势利导，把握孩子这个时期的心理特点，在保证孩子安全的前提下，放手让孩子去做力所能及的事情，并适时地提供给他适当的帮助、指导和赞美。

3. 允许孩子"辩解"

当孩子为自己所做的事与家长争辩时，家长千万不能斥责孩子"顶嘴"，要给孩子充分的辩解机会；当孩子与他人争执时，家长也不需要立即去调解纠纷，可以在旁聆听和观察，看他说话是否合理，是否有条理。

八、

父母蹲下去，孩子才能站起来

对于中国的父母来说，伦理关系如何理顺，是最难解决的，也是最需要解决的。他们潜意识中都有家长意识，习惯于用命令管理孩子，一方面宠爱无度，一方面有强烈的长幼尊卑观念。很多成年人连蹲下跟孩子说话都不能做到，训斥孩子时，从不去观察孩子的神情多么的悲伤和纠结，更甭说视孩子为独立人格的人了。所以，平等、换位思考、聆听、克服过度的自尊心，这都是中国父母需要迈过的一个坎儿。

减少威严感，增加亲切感

孩子听你的话，如果是因为你人高马大，那么就是你教育的失败；如果你放弃权力，放弃你的优越感，那么你得到孩子的信任和尊敬的机会就更大，这才是真正有效的教育。父母要学会放下架子，蹲下去和孩子交谈，这样孩子就会快乐，身心就会健康。做父母是一项很重要的工作，因此必须善于学习。这主要包括：父母要尊重孩子，对孩子要讲文明礼貌，还要勇于承认自己的错误。如果这样，你就是孩子的好朋友，孩子就会尊重你，信任你。

其实，孩子和父母的隔阂往往是成人自己造成的。你把自己凌驾于孩子之上，不管对错全要孩子接受，孩子怎么会服气呢？他会这样想：为什么我做错事要挨打，妈妈做错了事却没人罚？就凭你比我大吗？父母们这样做，压根儿就没有考虑过孩子的感受，从心理上分析，这是父母在显示自己作为父母的权力，标榜自己作为父母的身份、年龄与体力，而弱小的孩子当然抗争不过。结果，孩子就只能用沉默或是叛逆来反抗。这种亲子间不平等的交往会导致亲子关系急速恶化，甚至会发展到不可收拾的地步。

有一个中学生在日记里写道："在家里，我没有幸福的感觉，最近常常会有离家出走的想法。"

他的母亲说："儿子小时候很乖，不管大人如何打骂，从来不顶嘴。"

他的邻居说："这母子俩现在根本不说话，难得说几句话也会很快就吵起来，接着便听到母亲声嘶力竭斥骂儿子的声音。"

孩子说："我中考没考好，妈妈想花些钱让我去重点高中，而我想去普通高中学习，因为这个，我们之间发生了前所未有的激烈争吵。我喜欢打篮球、踢足球，可是，妈妈从来不让我出去玩，整天就知道让我学习、学习。她根本就不尊重我的自由，我真的不想再看到她了，还是外面好，至少没人整天管着我。"

这母子俩矛盾爆发的根本原因就在于，做母亲的压根儿没有站在儿子的角度上考虑问题。她尚不觉得儿子是一个独立的个体，不觉得他应该有自己的思想、自己的判断力，不觉得他需要发展自己的兴趣和拥有自己的愿望，她一味地以自己的尺度来限制孩子，这样非但管不好孩子，反而会让孩子滋生对立情绪。所以，在教育孩子的过程中，家长必须放下架子，成为孩子的玩伴和忠实的朋友。要知道，教育的本身意味着伴随和支持。

给家长们提几条建议：

1. 让孩子天天快乐

让孩子天天快乐是父母的一种感情投资。一个人轻松愉快地做事情，就会"乐而不倦"，有使不完的力气。父母能够让孩子"兴高采烈"地去活动，孩子做事就会顺利，就会高高兴兴地成长。

要达到这个目的，父母应该做到：

（1）为孩子树立模仿的榜样，时时处处都以乐观向上的情绪去感染孩子。

（2）父母之间要建立和谐、默契的关系，以便对孩子产生潜移默化的影响。"孩子的脸是父母之间关系的晴雨表"，说的就是这个道理。

（3）父母要对孩子进行情感投资。美国精神病专家坎贝尔指出，如果要使孩子的心理健康，父母就应该进行"感情投资"。深情地注视孩子，和孩子进行温馨的身体接触，一心一意地关心孩子，这些都是简单易行的方法。

（4）父母对孩子要宽严适度。父母既不能为了赢得孩子的开心和笑容，就对孩子的缺点、错误放任自流，听之任之，连不合理的要求也违心地满足；也不能时时处处苛求孩子，把孩子与同伴进行横向比较，甚至拿孩子的短处去比同伴的长处。父母要注意进行纵向比较，一旦发现孩子的闪光处和点滴进步，就要及时加以鼓励。

2. 做一个可亲可敬的父母

父母在家庭内部实行民主平等，孩子就会心理健康。调查表明，民主协商型父母与独断专制型父母相比，前者培养出来的孩子更通情达理，受同伴欢迎，能与人友好相处，乐于助人。

为了构建良好的亲子关系，对父母的要求是：

（1）父母要尊重孩子，认识到孩子也是一个独立的个体，也有自己的情感和需要。父母要放下架子，"蹲"下身来与孩子讲话，尽量减少"威严感"，增加"亲切感"，让孩子感觉到父母和自己是平等的。

（2）父母对待孩子要讲文明礼貌，不打骂孩子。一旦孩子有了成绩，做了好事，父母都要表示祝贺，绝不吝啬。

（3）父母要勇于承认自己的错误。当父母意识到自己对孩子可能讲错了话、做错了事，要勇于向孩子承认错误并及时道歉。这不但不会降低自己在孩子心目中的威信，反而会使孩子感到父母更加可亲可敬。

把孩子当成老师

有些父母总喜欢在孩子面前表现出全知全能的样子，生怕露出不懂的地方，让孩子看轻了自己。其实这样辛苦地维持自己的威严是没有意义的，如果你能放下"威仪"，主动向孩子请教一些事情，你们的关系将会更亲密。

晚饭后，布鲁斯一直在摆弄那个坏掉的音响，可弄了半天还是没有修好。这时布鲁斯13岁的大儿子汤姆从楼上吹着口哨跑了下来，看他的打扮似乎正准备出门去玩。"汤姆！"布鲁斯叫住了他，"过来帮我看看这个音响，再修不好就得换了！""爸爸，您是让我帮您修音响吗？可是我以为……真是太难以置信了！您从来都不会找我做这种事的。"然后在父亲略显尴尬的目光里，汤姆迅速脱下外套蹲下来和父亲一起研究那个音响。"您看！这个导线接触得不太牢固，我猜毛病就出在这上面！"布鲁斯惊讶地看着自己的儿子："你怎么会懂这么多呢？你知道，我一直把你当成小孩子！"汤姆愉快地笑了："爸爸，我不是告诉过您，我参加了学校的电器小组吗？以后家里的电器坏了，需要帮忙时就请您说一声，我会非常愿意和您一起干活的！"从那以后，布鲁斯发现儿子变得懂事了很多，看到父母做家务事时，他会礼貌地问一声："需要我帮忙吗？"而且汤姆还买了一大堆物理方面的书籍，有空就坐在房间里研究，现在汤姆已经成为家里的"电器专家"，老师告诉布鲁斯说汤姆现在上课时变得"很认真"。

布鲁斯第一次向儿子汤姆请求帮助时，我们可以看到汤姆感到十分惊喜，他立刻放弃出去玩的念头，留在家里陪父亲修理东西。13岁的汤姆非常骄傲，父亲的求助让他看到了父亲对他的信任和依赖，这种感觉甚至成了他学习和进步的动力。所以为人父母的你何不放下架子，向孩子请教一些东西，你会发现不再需要唠叨、不再需要责骂，你的求助就使孩子变得更懂事、更乐于学习。

我们应该明白每个孩子都希望"做自己的主人"，他们都希望从自立与帮助他人中寻求到自我存在的价值。所以，父母不妨试着扮演一下弱者，给孩子的责任心与能力以最好的鼓励与赞赏。

其实扮弱者并没有什么为难的，你可以不时地叫孩子教给你一些东西，比如，怎样收发邮件，如何解答一条谜语等；也可以叫孩子帮助你做一些与研究有关而你又没有时间去做的工作，例如，叫孩子调查最完全、最可靠、最畅销的价值在2500元左右的冰箱，或者研究市场上最好的洗衣机，或找出一段为了达到市中心的某一地点而避免遇到修路或交通堵塞等现象的最佳线路，或叫孩子核对一些所调查的事实和资料再给你一个结论。孩子决不会认为这些工作枯燥乏味，他们一定会满怀希望地认真工作的，这不仅使孩子得到了一个锻炼机会，也会使孩子因"爸爸（妈妈）需要我"而感到开心。

另外，当孩子有自己特殊的兴趣和爱好时，可以让他告知你他所学到的、发现的东西。例如，如果你的孩子对天文学感兴趣，你可以让他指出某一星座的位置；如果你的孩子喜欢研究汽车，当你们一起外出时，可以叫他告诉你某些车的名字。

寻求孩子的帮助，从小的方面看是与孩子交流的一种技巧，但从更高的层次看，却是教育观念的创新。许多家长会有这样的疑惑：一个小孩子有什么能力可帮助大人？历来都是大人帮助孩子，哪听说过孩子帮助大人的？他们即使接受让孩子帮助自己，也不过认为是一种哄小孩的游戏而已。

实际上，这不仅不是一种游戏，而且还是创新教育的需要，也是家长自身的需要。我们所具有的价值观念、知识、行为方式及习惯有很大一部分已难以适应社会的发展，而我们的成见、生活经验以及越来越多的惰性常常阻碍我们看到这一变化。

我们已经进入了信息时代，我们的孩子比我们更快、更好地掌握了新媒体技术，如计算机网络等。在"明日青少年与媒介"巴黎国际论坛上，来自几十个国家的学者形成了一种共识：我们正在被青少年甩在后面，我们感到了挑战，我们对自己的无能和无知感到恐惧。甚至教授计算机的老师都感受到这一点，他们发现，许多学生在老师指导入门后，很快就超过了老师，最后变成了相互学习。在有计算机的家庭里，孩子常常成为父母的老师，因为除了他们，几乎没有人可以教父母如何应付不断涌来的知识、信息和技术的浪潮。美国麻省理工学院媒介实验室的研究人员为此提出"以孩子为师"，并倡议改变以往的教育观念。

其实，生活中很多父母也会发现，自己的孩子有很多让自己不得不佩服、不得不学习的地方。

许某是一家音像店的老板，最近他发现自己 9 岁的儿子强强常把自己看过的漫画书和 CD 盘带出去。许某问孩子把东西借给谁了，但儿子的回答却让他大吃一惊："借？没有啊！我把漫画书打九折卖给同学了，CD嘛，和同学交换了。"许某简直不敢相信自己的耳朵："那是爸爸买给你的书啊，你怎么能把书卖了呢？"儿子却满不在乎地回答："可是我已经看完了呀！放在那里没有用，还不如打九折卖掉，同学也高兴，我还可以存钱买新书。爸爸，你不是做生意的吗？怎么不理解我呢？"许某仔细想一想，忍不住笑了，孩子的办法多聪明啊！第二天，他在自己的音像店门前挂了个牌子："以旧换新，两张旧影碟可换一张新影碟，同时本店从即日起出租影碟，欢迎光临！"结果店里的生意从此红火了很多，许某高兴，孩子更高兴，他郑重地向许某许诺："我要好好学习，然后出国留学，以后要做个大商人，经营一家很大的公司。"

生活中有很多强强这样的孩子，他们不仅成绩优秀，而且还有与丰富生活相适应的多种能力，比如说，对足球、流行元素了如指掌，对家用电器样样精通，他们英文娴熟，当你被电器上的各种按键、电脑上的条条指令弄得眼花缭乱时，孩子却可以轻松应对这一切。因此以孩子为师并没有什么丢人的，这样反而可以增加父母与孩子交流的融洽性和趣味性，并促使孩子不断学习和进步。

以孩子为师会让孩子看到自己的价值所在，增强自信心和自尊心，但向孩子请教时一定要注意自己的态度，应该是平和虚心而不是盛气凌人。

做孩子年长的朋友

一些家长常困惑地问："为什么孩子有话不愿意对我说？"其实原因就是这些家长总是一副高高在上的样子，因此孩子们尊敬他们，但却无法理解他们，总觉得跟父母缺少"共同语言"。如果父母们期望孩子接受自己，那么就得利用对等的手段，建立起民主、平等的家庭气氛，做孩子最好的朋友。

必须平等地对待孩子，和孩子成为好朋友，才能成为称职的家长，才能教育好孩子。我们可以看一下，一对普通的父母是怎样教育他们的孩子的。

弗兰克和杰克琳是美国阿肯色州的自由职业者，他们在教育孩子方面下了很多功夫。他们说自己一直在努力为孩子提供一种民主的家庭气氛，他们和孩子的关系就像朋友一样友好亲密。

对孩子的平等姿态是良好沟通的开始。他们把孩子描述理想的作文保留下来，把他们的学习成绩、身高等按逐年变化绘制成曲线图，从小就教他们唱歌、游泳、划船、钓鱼，带他们到博物馆参观、看展览、看歌剧，有空还带他们到大自然中去呼吸新鲜空气……

在各种活动中，他们不因为自己是孩子的家长就说一不二，或摆出什么都对、什么都懂的样子，而是做能给予孩子知识和欢乐的最知心、最亲密、最可信赖的朋友。遇到比如搬家、换工作、买车之类的事情时，他们就会召开家庭会议，和孩子商量该怎么做；还组织家庭音乐会，并将每个人唱的歌录制在磁带中。由于家庭气氛民主和谐，孩子们生活得无忧无虑。

这样，他们的孩子有事会跟父母讲，从不在心里放着，出门说"再见"，进门先打招呼，做饭当帮手，饭后洗碗擦桌扫地；平时买菜、洗菜、给父母盛饭、端汤、拿报纸、捶背；有时父母批评过了头，他们也不会当面顶撞，而是过后再解释。他们常对孩子讲："我们是父子，也是朋友，我们有义务培养教育你们，也应该得到你们的帮助。你们长大了，会发现我们有很多的不足之处，发现我们很多地方不如你们，这是正常的。因此，我们要像朋友一样互相谅解、互相帮助。"

在这个家庭中，不管是家长，还是孩子，都是平等的，孩子提出的看法，父母都认真考虑，有道理的就接受；而父母的想法也都和孩子讲，共同商讨。这样，就让孩子觉得自己在家里有地位、受重视，所以也就对家庭更加关心。

如果所有的父母都能这样运用对等手段与孩子相处，也许就不会有那么多家庭问题了。

亲子之间不应是统治与被统治的关系，而应像朋友一样平等、自由。当然，这并不意味着家长要完全迁就孩子，家长还是要负起引导的责任。

让"代沟"消弭在理解中

任何一个人的任何一个行为，在他自己看来都有绝对的理由。孩子的行为在他自己看来，也总有他自己的理由，只不过这些理由在成年人看来是不对的，或者说是不成立的。如果你搞不清楚他的理由是什么，想改变他的缺点是不可能的。如果你不能倾听对方的心声，就无法搞清他行为的原因。这是一个方面。另一个方面是通过"理解"建立孩子的自我尊重感，他可以和别人心灵相通，感觉自己有能力沟通，感受彼此有能量流动，这时亲子关系就稳定了。

父母和子女最常出现的问题便是"代沟"。由于父母和子女的生长背景以及受教育程度不尽相同，因此，或多或少都会有些差距。既然差距不能避免，为何不去适应彼此的差距，然后接纳差距呢？遗憾的是，很多家长在这方面做得并不到位。

赵月的孩子上初中之前非常听话，各方面表现都很优秀。到了初二以后，出现了一些问题，成绩有所波动，母子关系出现一些波折。但是总的来说，他们交流得还不错，儿子能主动跟妈妈说心里话，也基本能够接受妈妈的指导。

可是自从进入高中以后，孩子与以往大不一样了。每天放学以后就把自己关在屋子里，当妈妈的想和他说几句话也没机会，更别说谈心了，急得赵月如热锅上的蚂蚁一般。

有一次，赵月以饭后散步为由，敲开儿子的房门。儿子正听着音乐，他看了妈妈一眼，明显有些不高兴。赵月说："既然你现在不写作业，就和妈妈一起去散散步吧。"儿子看都不看她，说："我休息一会儿还要写作业。"赵月说："那正好散步回来再做，妈妈有些话要跟你说。"儿子的眼神分明很排斥："有什么好说的呀。"

赵月又生气又伤心。凭女人的直觉她觉察到，儿子的心里肯定有事，如果一直不能与孩子交流肯定会出问题。孩子上初中那会儿，她还常常得意于自己教子有方，母子之间没有隔阂，并常以成功母亲的身份指教别人。现在这是怎么了？难道她与儿子之间也出现"代沟"了吗？

其实，父母与子女因为生活的时代、社会环境不同，生活习惯、思维方式自然也不同，所以产生代沟是必然的。但这个代沟应该只存在于认知层面上，感情上不应该有代沟。家长更不应该以代沟为借口，原谅自己教育上的失误，忽视两代人之间感情的隔阂。

当父母与子女出现代沟时，应理智地看待这一问题。

1. 代沟不是坏事，反而代表一种进步，只有在进步的社会中才会有这种现象。

2. 青少年在这段时期应完成的使命便是"建立自我""完善自我"。所以，当子女和父母意见不同，表示他开始有一套自我的想法，只要有道理，父母都应该帮助他建立正确的价值观。

3. 或许子女现在的意见与父母不同，但不表示永远不相同，等到他成熟起来，或为人父母时，就会体会到你的苦心。

如果我们把"代沟"看成是一种良性的冲突，有助于亲子之间的了解，则不失为增进彼此关系的妙方。

我们接触过一些美国教师的家庭，父母子女间善于交流思想，讨论问题，这一点很值得学习。同时，我们深感父母应该多学会一些说理工作。

我们认为争执的原因就在于两代人之间缺少沟通，所以做孩子的知心朋友是对孩子发挥影响的首要条件。

一些父母认为，自己的孩子，自己生，自己养，每天生活在一起，还用了解吗？其实不然，孩子身上尤其是心灵上每天悄悄发生的变化，如果不精心对待的话，父母并不能了解。

这是父母与孩子的天然差距所决定的。

父母与孩子的差距首先是由心理发展水平引起的。由于儿童的感觉、知觉、思维等尚未发展成熟，他们对外界的感觉与成人是不同的。比如同样是看《鲁西西的故事》，当鲁西西趴在床上哭时，成人看到"鲁西西受了委屈，很难过"，但一个4岁孩子"看到"的却是"鲁西西不是好孩子，她穿鞋上床"。

有关儿童心理学的书籍里有充分的理论根据说明，成人与儿童的心理发展水平有很大的差距。

其次，两代人的知识差距、生活经验的差距以及对新技术的适应能力的差距等都有可能造成代际隔阂。

作为父母，你也许会无奈地发现，自己在孩子面前的权威性下降了，孩子"人不大，心不小"，样子还挺张狂。这是今天许多父母都碰到的难题。退回几十年前，父母对孩子几乎有绝对的权威性。他们喜欢说："我过的桥比你走的路都多。"

在今天，你敢说比孩子知道得多吗？信息化社会动摇了长辈的权威地位。情况不仅仅如此，计算机时代是成人与孩子同步进入的，而孩子往往比大人掌握得更快，知道得更多。至少在这个领域，父母开始失去自己的权威。

至于说到孩子的张狂，假如你的孩子在10～20岁之间，完全是正常现象。10～20岁是国际学术界认定的青春期。

心理学家发现，孩子在10岁之前是对父母的崇拜期，20岁之前是对父母的轻视期，30 岁之前又对父母变为理解期，40 岁之前则是对父母的深爱期，直到 50 岁才真正了解自己的父母。

因此，10～20 岁之间是代际冲突最为激烈的时期。从儿童期进入青春期的少年阶段，孩子最重要的心理现象是"自我意识"的强化。他们渴望独立又屡屡失败，常以苛刻甚至挑衅的目光审视父母和社会。但是，代际冲突具有不可估量的积极意义，它是社会前进的基本形式之一。

当然，父母的权威主要来自人格的魅力，而不是知识。不过，如何对待新知识和新信息，尤其是如何对待新时期的下一代，往往成为两代人能否和谐相处的关键。当你不接纳下一代时，两代人的关系极容易雪上加霜；而当你接纳下一代时，两代人都会生机勃勃、富有活力。

总之，作为成熟的父母应当是善于与孩子沟通的，即善于发现孩子在想什么、在干什么。当孩子做出一些成人难以理解的事情时，父母不要当即质问或训斥，而是平心静气地思考一下：孩子的行为是否有合理性？如果缺乏合理性，又是为什么？经过这样的思考，父母则更容易了解孩子，而了解孩子恰恰是教育的成功之道。

不少父母都会遇到这样的问题：与孩子沟通为什么那样难呢？

儿童教育专家为父母提出以下方法：

1. 设身处地为孩子着想，这是父母与孩子很好地沟通的第一步

父母也是人，我们自己是不是希望别人能够明白我们内心的感受，希望得到别人的帮助呢？孩子也是人，他们也同样希望别人明白自己内心的感受，也希望得到别人的帮助。

2. 倾听是父母与孩子有效沟通的最佳策略

如果父母愿意倾听孩子的心声，理解他们的意见或情绪，这实际上就是对孩子的尊重。父母要做到真正倾听孩子的心声，应该注意：

（1）和孩子交谈的时候要暂时放下手上的事情，专心地交谈。只有这样，孩子才会感受到父母的爱心。

（2）父母要清楚倾听的目的。倾听就是要真正了解孩子的思想和感

受，所以，父母要让孩子把自己的心事说出来。对此，父母应该表示理解而不是要批评。

（3）父母要认真体会是不是听到了孩子的心声，孩子对自己是不是没有保留了。

（4）父母要帮助孩子更深入、更具体地去面对这些问题。

向孩子示弱，让孩子学会关爱

一位妈妈向教育专家抱怨，她怀疑自己的女儿不爱她。生活中很多父母也都有相同的感受，他们的孩子对他们冷漠、毫不关心，这让他们伤心极了。然而，孩子变成这样要怪谁呢？爱是人类的天性，每一个人都希望得到别人的爱，同时也应该向别人付出爱。可一些父母往往只给予孩子爱，却不懂得要求孩子回报，也不培养孩子施爱的能力。久而久之，孩子就习惯于父母关心自己，却不知道关心父母。因此，父母们应学会引导孩子关心自己，示弱就是一个不错的办法。

5 岁的罗尼跟同龄的孩子一样，喜欢吃汉堡，喜欢喝碳酸饮料，喜欢各种新奇的玩具。妈妈因此也把他当成一个除了吃喝玩闹之外，其他什么都不会的小孩。不过，一次意外的机会让她彻底改变了这种想法。

那一年，罗尼家搬到了一个新的城市，罗尼也进了一所新的幼儿园。一个半月后，幼儿园要开家长会，罗尼妈妈也在被邀请之列。去幼儿园的路上，妈妈开玩笑地对罗尼说："怎么办啊？妈妈还没有完全适应这个城市，在你们幼儿园里，妈妈更是一个人都不认识，到时候你可要帮我啊！"

没想到罗尼一本正经地说："没问题，妈妈。我认识那里所有的老师和小朋友，包括每天接送小朋友的爸爸妈妈。"

妈妈看他认真的样子觉得很有趣，但她也只是笑笑，没有放在心上。

到了幼儿园，罗尼开始履行他的承诺，他尽责地陪妈妈到会议室，严肃地把妈妈介绍给园长和其他老师，又认真地向妈妈介绍了幼儿园的每一个小朋友，最后告诉妈妈小朋友们的名字以及哪位是他们的爸爸或妈妈。

接着，罗尼把妈妈带到一个沙发面前，给她端来了一杯果汁："妈妈，你先坐在这儿别到处乱走，我去趟厕所，一会儿就回来。"

罗尼妈妈坐在沙发上，欣喜地看着突然间长大的孩子，她突然明白了一点，在孩子面前偶尔扮演弱者的角色，实际上是对孩子责任心最好的鼓励与培养。

这真是一个温馨的小故事，妈妈的一个小玩笑让她看到了孩子懂事、负责任的一面。世上没有不爱父母的孩子，如果你希望得到孩子的关爱，那么至少先要让孩子知道你是需要他的关爱的吧！如果这个故事中的妈妈不是扮出需要帮助的样子，她的儿子又怎么会主动去照顾她呢？看来能否让孩子有关爱之心，关键还是在于家长的引导。

有一位家长是一个教育工作者，但在教育自己孩子的问题上，却困惑不已。儿子是他的骄傲，夫妻俩一直无微不至地照顾孩子。孩子小的时候，家里经济条件不是很好，夫妻俩用省下的钱给孩子买营养品，吃鱼或排骨的时候夫妻俩就看着孩子吃个够，自己才动筷子。他们省吃俭用给孩子买钢琴、买电脑、请家教，他们常对孩子说的一句话就是："不用担心我们，爸妈是大人，只要你生活得幸福，我们就幸福了！"后来孩子进了重点中学，成绩也很优秀，然而这孩子却有个毛病，不会关心大人。有一天，妻子出差，这位家长和儿子留在家里。八点多钟时，他的胃病犯了，疼得直冒冷汗，他勉强从床头柜里摸出一瓶胃药，然后让客厅里的儿子帮他倒杯水，没想到孩子对他的呻吟声毫不理会，反而不耐烦地说："你不会自己倒呀，我还得写作业呢！"这一刻，他感到自己的心比胃还要疼。

孩子的做法多么令人痛心，然而这一切究竟该怪谁呢？很多父母也像这位家长一样，认为爱孩子就该是无私的、奉献一切的。其实这种想法大错特错了。苏联教育家苏霍姆林斯基说过，爱心是最宝贵的，孩子的爱心必须从小开始培养，因此引导孩子的爱心也是父母对孩子应尽的义务。

爱心是孩子心理健康的一个十分重要的内容，尤其在儿童时期，孩子的身心发育最为迅速，是最关键的时候。因此，在这个阶段呵护孩子的爱心，对塑造他们的良好性格和健康行为都具有十分重要的意义。然而现在的许多教育方法更多的是关注孩子的智力开发，却往往忽视了孩子品德的培养。甚至可以毫不夸张地说，现在许多孩子在被教育的时期是处于感情教育的荒漠之中的。爱孩子不是只要让他（她）吃好、睡好、学习好就可以了，还要让孩子心存爱意，关心父母和他人。

生活中，很多父母都会发现这一点，小小的孩子是乐于充当你的保护者的。如果停电时，你拉住孩子的手告诉他你很害怕，那么孩子一定会故作勇敢地抱着你："妈妈不要怕，我来保护你!"曾经有一个很顽皮的孩子，他的父母对他的任性、不懂事一直无可奈何。有一次，爸爸要出差，就告诉孩子说："你长大了，爸爸出远门后，你要照顾这个家。妈妈很柔弱，你要像男子汉一样保护她。"结果父亲回来后惊讶地发现孩子变了个样，他为爸爸拿拖鞋、揉腿。据说在爸爸出差的日子里，他每晚睡前都要检查门窗是否锁好，还常为妈妈倒茶、帮妈妈干活。这位爸爸为儿子的转变而惊喜，同时他也认识到这样一个道理：孩子对父母的关爱之心是需要培养的，是需要家长去引导的，不能只向孩子付出爱，而不向孩子索取爱。

小孩子也有说话的权利

生活中，许多家长对孩子讲话时总是用训斥的口气，要求孩子做事情时则用命令的方式，但在孩子想说话时，家长不是粗暴地打断，就是不理不睬。这是很糟糕的情况。孩子虽小，但也有自己的想法和主张，因此家长应该改变自己的专制作风，孩子需要的是可以平等进行语言交往的伙伴。

在许多家庭里，有个很奇怪的现象。一方面，父母对孩子很娇惯，对孩子的物质要求有求必应；另一方面，父母却从不把孩子当作一个有思想、有主见的人，也不考虑对孩子的做法是否恰当、孩子可能会有什么想法。因为他们是家长，就似乎一切做法都是应该的、合理的。

这样在孩子身上会产生一种什么样的后果呢？

有一个孩子叫果果，他已经是小学五年级的学生，马上就要升中学了。可是，他却不善于语言表达，在众人面前，一说话就脸红。

孩子为什么会这么忸怩呢？

原来果果的父母有一套教育、管理孩子的办法。

有客人来果果家做客，果果的父母要求孩子要有礼貌，要懂事，大人们说话时，小孩子不许乱插嘴，最好是到别的地方去玩，让大人们清静地说话。

即使是只有一家三口的时候，果果的话也时常被打断。比如，当孩子兴高采烈地说着什么时，父母却要不时地打断孩子，纠正他的发音、用词，或者批评他的某个想法，等等，令孩子兴味全无。

即使是成人，当自己的发言屡遭别人打断或反驳时，也会兴致大伤，缄口不言。因此，这种做法必然会影响孩子个性和能力的发展。

很多孩子逐渐变得不愿独立思考、自主行事。这很自然，既然动脑子出主意受到批评指责，又何必自讨苦吃呢？

家长不时地打断孩子的讲话，甚至阻止孩子讲话，不给孩子发言的机会，不把孩子当成有思想的人，也就不会用心去体会孩子的思想，去了解孩子内心的想法，而他们还会认为自己是尽到了他们管教子女的责任。

于是到后来，这样的父母往往会抱怨说：

"这孩子怎么不像别人家的小孩那么灵？"

"这孩子怎么反应这么迟钝啊！"

"这孩子真倔，什么都自己做主，从不听大人的意见。"

"他一点儿主见也没有，到底该怎么办，他自己竟然不知道。"

这能怪谁呢？这是自食其果。

父母打断孩子的话，或阻止孩子讲话，使孩子的思想表达不出来，使孩子的意见不能发表出来，这样父母不能了解孩子，给予孩子恰当的指导，对孩子的成长极为不利。一些孩子变得不善于口头表达，变得没有主见、怯懦、退缩；而另外一些孩子却变得独断、盲动，听不进别人的意见。

还有一种情况就是，孩子在受到批评、指责时，他们的解释和辩解常常被这样的话打断："你不要辩解了，这没用。""你还敢嘴硬！""你又开始撒谎。"

这些话几乎在很多家庭和学校都可以听到，人们习以为常，不再奇怪。但是父母有没有想过，孩子在受到批评和责骂时，他为什么不能辩解呢？

在这种情况下，孩子一般会本能地产生委屈的感觉，进而伤心、怨恨。他会把这种委屈发泄到其他的对象上，或者去想各种好玩的事情来摆脱这种情绪。这往往就是导致孩子淘气的原因。

教育专家认为，孩子要对某件事进行辩解，而时机又不合适，明智的父母应该这样说："对不起，我现在很忙，但我一定会听你的解释，等我有时间咱们再慢慢谈，好吗？"想想吧，这对孩子来说无疑是大旱逢甘霖，他不但不委屈、怨恨，反而信心大增，并会想自己是不是有什么地方的确做得不妥。

从现实的方面讲，难道有哪位父母真的希望孩子长大以后遇到类似的情况而不辩解吗？不，那时他的母亲一定会气愤地说："你为什么不辩解？你是哑巴吗？"

孩子的这种权利受到尊重，一般会增强他的自信心和荣誉感，他反而会注意别人的权利是否也被自己尊重，从而自制能力增强。

因此，家长应当把孩子当成一个有思想的独立个体，给孩子对等的地位，尊重孩子说话的权利。教育学家认为，只有平等的、民主的家庭才能产生具有独立意识、乐观积极的孩子，而专制的家庭只能培养出唯唯诺诺的庸才。

有一个孩子内向、胆怯，他的父母很头疼。后来心理医生建议这对父母在与孩子沟通时，运用对等的手段，就是说把孩子当成与自己地位相等的人一样来尊重，鼓励孩子说话。这对父母半信半疑地试了一段时间后，惊喜地发现孩子的话多了起来。老师也告诉他们，孩子在学校里也比较敢于表达自己的意见了。

家长应该真正地给予孩子平等的地位，不打断孩子的讲话，给孩子发言的机会，把孩子当成有思想的人，用心体会孩子的思想，了解孩子内心的想法，这才是真正尽到了教育子女的责任。

开明的父母应该给孩子对等的地位，鼓励孩子发言，锻炼孩子的语言表达能力，让亲子之间顺畅沟通。

九、

孩子厌学，其实你可以有更好的方法

孩子出现厌学心理的原因是多方面的，不完全来自学校和老师，也不能仅仅从孩子身上找毛病。孩子厌学，父母也有不可推卸的责任，家长要从自己和孩子两方面找原因，审视一下自己在平时的教育中是否有很多的不足。只有家长改变了，促使孩子改变的环境才能得到保证，这样才能让孩子更好地解决厌学心理，变成一个勤奋好学的孩子。

孩子厌学，责任在家长

孩子产生厌学情绪，原因是多方面的，但是教育专家认为，其主要责任还是在家长身上，是由家长教育的不当、不合理所引起的。这主要表现在以下三个方面：

1. 给了孩子太大的压力

很多父母想通过给孩子加压，让他考出好成绩，以满足自己与同事、亲友攀比的心理，却不顾孩子的兴趣所在，一味地要求他参加各种学习班，剥夺了孩子交友和玩耍的权利，使孩子失去了和同龄人交往的机会，使孩子感到生活枯燥乏味。孩子处在强大的压力下，不仅感觉孤独，而且发展到了对读书的厌倦。在此情况下，他只有对抗或是逃避。结果，家长的做法非但达不到预期效果，反而弄得亲子冲突不断。

2. 眼里只有孩子差的方面

父母过分关注孩子学得不好的学科，实际上是对孩子长处的忽视。父母认为学得好的是应当的，而差的方面是不应当的，也是自己万万不能容忍的，表现在行动上就是严厉呵斥，无情打击。这种做法让孩子对自己的能力彻底丧失信心，并由此可能危及其他学科的学习，造成恶性循环。

3. 过于强调孩子的远大目标

父母期望孩子早日成才，期望孩子出类拔萃，这种心情本是合理的。但也不能否认，任何事物都应该掌握好尺度，要根据实际状况，采取科学的方法，千万不能在教育孩子的过程中，怀着不切实际的"期望"，走向极端。父母总是用成人的心态和眼光看待孩子的内心世界和能力，对孩子的能力发展、情绪状态、心智方面都有过高的估计。父母在这种自我沉迷的状态下不能清醒地认识问题，久而久之，使自己的行为成了一种惯性和教条。最终给孩子造成了巨大的精神压力，使孩子对受教育的感受越来越沉重，越来越没兴趣和信心，甚至还导致孩子心态失衡，走上极端。

因此，到了给孩子"减负"的时候了，不要总是给孩子太多压力、负担，对孩子的期望要合情合理，要让孩子能够看到成功的希望。"轻装上阵"不是更有利于远行吗？

亮亮上初二了，成绩中等偏上一点，这让他的爸爸很着急，再这样下去，重点高中就没戏了。于是夫妻俩齐上阵，一起督促亮亮学习，还不断给他讲一些"考不上重点高中，将来就很难考上重点大学"的道理。不过这样做似乎完全没效果，亮亮期中考试成绩一点没进步。老师还反映说，亮亮变得内向了许多，夫妻俩只好带着儿子去看心理医生。几天后，心理医生告诉这对望子成龙心切的夫妻，他们的儿子有抑郁症的倾向，主要是因为心理压力过大。那怎么办呢？医生给他们支了一着"减负计"。

回家后，夫妻俩找儿子谈了一次话，爸爸说："亮亮，我们为你好，但却似乎给了你太大的压力，现在我们认为应该按你现在的成绩对你提出要求。你现在是中等偏上，那就加把劲考市五中吧！五中虽不是重点，但听说教育质量也不错。""爸爸，你说的是真的吗？"亮亮眼睛亮了起来。"当然是真的了！不过，你不可以因为我们降低了要求就不认真学习，知道吗？"亮亮连忙点头。从那以后，亮亮的脸上开始有了笑容，而且也不再需要父母督促着学习。中考结束了，当父母准备送儿子去五中时，却出现了一个戏剧性的转折——亮亮的分数超过重点高中分数线17分，亮亮竟然考上了重点高中！爸爸奇怪地问亮亮怎么考的，孩子笑着说："没有压力，轻装上阵自然发挥得好！"有了这次经历，亮亮的父母决定今后要将"减负"进行到底。

教育孩子，应从孩子的实际出发，顾及孩子的爱好与特长。如果只根据家长的兴趣和愿望，那么孩子只会走向相反的道路。在高期望值的支配下，父母评判孩子好坏的标准往往会严重失衡。孩子教育的成败也多以考试分数或指令孩子所学的一门特长的成效来衡量，这实际上是家长自己背上了一个错误而沉重的包袱。因此，父母在教育孩子时，应注意给孩子"减负"而不是加压。不要以为孩子在很大压力下才会出人头地。教子成功的父母一般绝不给孩子太大的压力，因为让孩子放松身心、缓和情绪反而会更好。

给孩子过高的期望，会让孩子因压力过大而崩溃；降低你的期望，为孩子减去过重的负担，却可以使孩子轻松自如地前行。

孩子学习固然有各种外在的目的和长远目标，但对孩子来说，学习的乐趣在于学习活动本身。如果孩子的兴趣是由学习活动本身引起的，他就会持之以恒。孔子言："知之者不如好之者，好之者不如乐之者。"这实际上道出了学习的三个境界。追求学习的外在目的很可能将学习的境界局限在"知之"这一层次，孩子只能处于被动的、简单的应答阶段，无从谈起创造性，也无快乐可言。

家长们应认识到，孩子厌学有着很深的家庭根源。家长在教育和培养孩子的过程中，必须注意运用良好的教育方法，提高孩子的学习热情，从而切实地消除孩子厌学情绪。

越紧盯，孩子越排斥

家长都十分关心孩子的未来，在他们心中，孩子只有好好学习，考上好大学才能出人头地、高人一等，这种思想已经根深蒂固，总是会将孩子的成绩与前途联系起来。如果发现孩子的学习成绩下降了，家长们便开始伤心着急；如果发现孩子的成绩有进步，那么家长便会无比开心。于是，为了让孩子学习成绩好一点，爸爸妈妈会紧盯着孩子的功课。

紧盯孩子的学习，对家长来讲可能会耗费很多的时间和精力。而对孩子来讲，他们会有一种被监督的感觉，从而很可能会对学习产生一种抵触情绪。所以说，家长们要学会一种办法，既不用盯着孩子学习，又能够保证孩子取得好成绩，而最好的办法就是让孩子学会自主学习，引发孩子学习的兴趣。当孩子对学习产生兴趣之后，自然没有爸爸妈妈的监督，也会主动地去学习，并且，门门功课都会考得更好。

紧盯着孩子学习，除了孩子的成绩别的都不关心，这种状态已经成为当今家长的"通病"。有的家长更是厉害，不断地追问孩子有关上课、考试的细节，生怕自己一会儿不看着孩子，孩子的学习成绩就会下降。正因为如此，家长们宁可不做其他的事情，也要盯着孩子的功课，对于孩子的课业和学习那是绝对地尽心尽力，而对孩子涉及情绪、周边关系的倾诉却十分淡漠。这种"冷热不均"的状态，会极大地影响到孩子的健康成长和成熟。然而事实上，孩子的心情和情绪，以及和同学、老师之间的关系都对孩子的学习成绩有一定的影响。更重要的是，家长应该教会孩子主动地去学习，只有孩子懂得了主动学习，爸爸妈妈才不用天天盯着孩子。即便爸爸妈妈不盯着孩子的学业，孩子也会学习得很好。

有些家长或许会说："不每天了解孩子的学习成绩，不天天看着孩子写完作业，我不放心。"于是，在生活中就会看到很多家长下班的第一件事情就是询问孩子的作业，询问孩子的成绩，甚至会翻开孩子的考卷，对孩子做错的题进行批评，认为只有对孩子的功课进行严格管教，孩子才会在学习上更加优秀。其实，爸爸妈妈们会发现，这样做的结果并不好，反而使孩子更加厌倦学习。

学习讲究的是一种兴趣，有了学习的兴趣会让孩子在学习上变得主动。如果孩子对学习提不起兴趣，那么尽管家长们再费心，孩子的成绩恐怕还是会亮起红灯。

现代社会双职工家庭越来越多，白天爸爸妈妈都要上班。因此，家长为了保证对孩子的学习有一定的了解，在见到孩子后，第一句话往往是"老师今天留什么作业了"，或者是问"今天有没有考试？考了第几名？"

似乎这样才能督促孩子好好地学习。在孩子看来，爸爸妈妈除了关心自己的学习和成绩之外，对自己毫不关心，自己每天在学校和小朋友们怎么玩的他们不会问，自己今天在路上看到什么、有什么想法，他们也不会问。于是，渐渐地，孩子会对爸爸妈妈每天的询问产生反感，甚至产生一种抵触情绪，这样不但不利于孩子的成长和学习，反而会让孩子变得对学习失去兴趣。

阳阳最讨厌的事情就是放学回家，因为每天妈妈都会来接自己，而每次在车上妈妈问的第一件事情就是"学习"。阳阳已经上二年级了，但是他的妈妈对他每天的学习都要了解，而对于其他的事情从来不问。要知道他每天见到妈妈的时候，最想将当天发生的事情都告诉妈妈。比如说今天和小朋友玩儿了什么游戏，今天老师夸奖了自己，今天小明和小雷发生了矛盾，等等。

今天妈妈照常来接他回家，在车上又一次问起了阳阳的功课："阳阳，今天考没考试啊？"阳阳没好气地说道："没有。"而此时妈妈又问道："那今天老师留作业了吗？"阳阳没回答，妈妈又问了一遍，阳阳点点头。妈妈似乎看出了阳阳不开心，然后就没有再问。

这一次阳阳考试没有考好，只考了班里的第 5 名，平时都是前 3 名。因为这件事情，阳阳的妈妈很着急，也很生气，对孩子的学习更上心了，每天都会对孩子进行询问，并且还会给孩子增加作业。阳阳更加厌倦学习了，于是，在上课的时候，便开始不认真听讲，平时也不怎么爱说话了。渐渐地，阳阳的妈妈发现自己的儿子变得不好好学习了。

家长关心孩子的成绩本不是一件坏事，但是千万不要紧紧地盯着孩子的学习，不要将孩子的学习看作是一件每天必须完成的事情。要想孩子学习好，就要培养孩子的自主学习能力，让孩子对学习产生兴趣。这样一来，即便爸爸妈妈不盯着孩子学习，孩子也能够学习得很好。如果阳阳的妈妈能够考虑到这一点，那么阳阳也不会对学习产生厌倦的情绪。

生活中，爸爸妈妈怎样做才能让孩子主动地去学习，即便不紧盯着孩子的学习，孩子的功课也能够门门都很优秀呢？

1. 每天的"小汇报"要加点孩子感兴趣的内容。在孩子回到家中之后，爸爸妈妈不要急于问孩子的成绩，要先问问孩子在学校发生的事情，让孩子自己讲述今天开心的事情。孩子会将自己学习的情况自动地告诉你，与此同时，孩子会觉得爸爸妈妈是在关心自己，自然对爸爸妈妈的询问不再抵触。

2. 让孩子独立完成作业。在生活中，我们经常看到有的家长会在孩子写作业的时候，坐在孩子身旁指手画脚，很害怕孩子会出错，也不希望孩子出错。其实家长根本没有必要这么做，要让孩子独立完成作业。即便是出现错误，也可以在孩子做完之后再给孩子进行指导，这样不但能够锻炼孩子学习的积极性，同时还能够让孩子养成独立学习的习惯。

3. 激发孩子的学习兴趣。孩子对学习产生兴趣，才能够更加主动认真地去学习，所以家长应该想办法激发孩子的学习兴趣，比如可以在和孩子做游戏的时候帮助孩子去学习。当孩子对学习产生兴趣之后，家长不用紧盯着孩子，孩子也会门门功课都很优秀。

4. 在孩子成绩进步的时候要夸奖孩子。当孩子考试有进步的时候，千万不要忘记夸奖孩子。当孩子考了好成绩之后，他们最希望的就是得到爸爸妈妈的夸奖，所以说在这个时候要记得夸奖孩子，让孩子明白只要自己好好学习，爸爸妈妈就会开心，从而孩子便会主动地去学习了。

成绩差，不只是孩子的事情

很多孩子厌学的原因是成绩差。成绩差给孩子带来了很大压力，孩子会怀疑自己的智商，担心父母责骂自己，这会使他们越来越讨厌学习，并且产生不安感。对于这种情况，家长来"硬"的是没有用的，越骂反而会越糟糕。只有使用诱导计，宽慰和鼓励孩子，才能带孩子走出低谷，让他们忘记学习的烦恼。

有个孩子平时学习很努力，上课认真听讲，积极完成作业，但是考试时，同桌很轻易地就考了第一，而自己才考了全班第十九名。

回家后，他困惑地问他的母亲："妈妈，我是不是个笨孩子啊？我觉得我和同桌一样听老师的话，一样认真地做作业，可是，为什么我总比他落后？"

妈妈明白，儿子的同桌给他造成了很大的压力，但是她不知道该怎样回答孩子的问题。

又一次考试后，孩子考了第十六名，而他的同桌还是第一名。回家后，儿子又问了同样的问题。妈妈觉得很苦恼，因为她不想说一些话来应付孩子，比如，你太贪玩了，你在学习上还不够勤奋，你和别人比起来还不够努力……因为她知道，像儿子这样脑袋不够聪明，在班上成绩不甚突出，却一直在默默努力的孩子，平时已经够辛苦的了。然而这个孩子却一天天消沉起来，他在学习时总是心不在焉，老师甚至反映说，孩子曾几次逃课。眼看孩子的厌学倾向越来越明显，当妈妈的决心为儿子的问题找一个完美的答案。

周末，妈妈带着儿子一起去看海。就是在这次旅行中，这位母亲解决了儿子的烦恼。

母亲和儿子坐在沙滩上，海边停满了争食的水鸟。当海浪打来的时候，小水鸟总是能迅速地起飞，它们拍打两三下翅膀就飞入了天空；而海鸥总显得非常笨拙，它们从沙滩飞入天空总要很长时间。然而，母亲告诉儿子，真正能飞越大海、横过大洋的却是这些笨拙的海鸥。

同样，真正能够取得成就的人，不一定是天资聪颖的孩子；而一直努力不断的孩子，即使天资不好，也一定能获得成功。

现在这个孩子再也不为自己不如同桌而讨厌学习，也再没有人追问他小学时成绩排第几名，因为他已经以全市第一名的成绩考入了北京大学。

生活中，很多成绩差的孩子并不是不努力的孩子，因此不要看到孩子成绩糟糕，就对孩子横加指责。这样做不但对提高孩子成绩毫无助益，甚至还会起到反效果。在家长的指责声中，孩子就会认为"我是个笨蛋，怎样也不会成为父母期望的样子的"。于是他们就会陷入怪圈：越考越差，越差越讨厌学习。

在这里，我们总结出几个帮助成绩差的孩子告别厌学情绪的方法，生活中家长们不妨试一下。

1. 用小小的成功帮孩子建立信心

明明读小学二年级，他不是个特别聪明的孩子，反应速度不够快，数学就是他最差的科目。别的小朋友可以轻松回答的问题，明明总要想上半天，因此明明越来越讨厌数学，在家里一让他做题他就说头痛。这让明明的父母也很烦恼。后来，爸爸想出了个主意：他找了几道简单的四则运算题，从单位回来后告诉明明，这是二年级数学竞赛的题目，想让明明做做看。明明皱着眉头拿起笔，意外的是，20分钟后自己竟成功地做出了六道题。爸爸高兴极了，他大声地告诉明明："你太棒了！简直是个天才！你怎么说不喜欢数学呢？看这几道题解得多好啊！""真的吗？"明明激动得小脸发红，他第一次觉得数学其实是很有趣的。

明明的爸爸灵活地运用诱导计，激发出了孩子学习的兴趣。心理学家认为经常有意识地安排一些比较简单的题目让因成绩较差而厌学的孩子做，并及时给予褒奖、赞美，那么孩子的自信心自然容易建立，厌学的情绪必定也会得到改变。

2. 鼓励孩子重新振作精神

天天垂着头回到家里，这一次又考砸了，看来一顿责骂是免不了了。妈妈接过试卷一看，正要发火，来做客的舅舅却劝住了妈妈。舅舅看了看试卷后，温和地帮天天分析考试失利的原因，告诉他题目正确的解法，还鼓励天天说："天天，考场是最公平的，只要你多用功，它就会给你回报！

我家天天这么聪明，只要肯努力，进入你们班前三名肯定没问题呀！怎么样，努力给舅舅看看好不好？"天天开心极了，郑重地点了点头。那年期末考试，天天果然考了个第二名。

成绩差的孩子更需要家长的安慰和鼓励。父母应适时地帮助孩子从失败和挫折中总结教训，在哪里跌倒就从哪里爬起来。这样才能使孩子重建信心，振作精神。

3. 给孩子找个榜样

琳琳是个可爱的小女孩，爱唱歌，爱跳舞，可就是讨厌学习，老是这样怎么行呢？父母为此很发愁，后来她的父母通过与老师沟通，最终想了个办法：把她和班上的学习委员小西调到了同桌位置上。琳琳这回可有时间向她请教学习技巧了。好在小西也是个热心肠，很乐于当这个小老师。慢慢地，琳琳对学习也不再那么恐惧了，发现原来学习也这么有趣。终于，一次考试中，琳琳考了个史无前例的第五名。琳琳在看到成绩时禁不住抱着小西欢呼起来："我终于考进前五名了。"从此，琳琳和小西也由两个本无交集的同学变成了无话不谈、形影不离的好朋友。

榜样的力量是无穷的，如果你多鼓励孩子和成绩优秀的同学交朋友，从他们身上学习良好的方法和思路，时间一长，孩子自然就会受其影响，改变厌学的态度。如果这个同学碰巧是孩子喜欢的人，那就更好了，这样将对他的影响更大。

厌学的孩子最讨厌的就是父母强制自己学习，这样做只会使他们对学习厌烦，充满敌意，对提高学习成绩也不会有任何帮助。因此，聪明的父母要掌握孩子的心理，运用好的方法激发孩子的学习兴趣和学习热情，一点点地提高孩子的学习成绩。

家长、老师都应该明白，诱导、鼓励的力量远远大于批评和指责。在你要发火时不妨忍一忍，换一种方式，也许你会给孩子和你自己一个惊喜。

引导孩子学，而不要逼孩子学

一般来讲，当家长发现孩子厌学时，通常会非常失望、恼怒，进而斥责孩子，逼孩子努力学习。然而教育学家发现，这样做效果通常并不好，孩子如果不是真心想学，那么再逼他也是没有用的。只有运用引导的方法，以爱心、耐心、细心、恒心来帮助孩子，关爱孩子，才能点燃孩子心头的希望之火，让孩子重建上进心。

"妈妈，我今天不想去上学了！"7岁的南南这样对妈妈说。

"为什么？上学有什么不好吗？"

"我就是不想上学，不想去！"南南仍然坚持自己的意见。

"不行！哪有孩子不上学的道理。"南南的妈妈绝不答应孩子的要求。过了一会儿，妈妈又问南南："你是不是身体哪里不舒服，还是和同学相处得不好？"

"没有呀！就是不想上学。"南南很诚实地回答妈妈。

"那好吧，你给妈妈一个理由，如果妈妈认为你有道理，妈妈再考虑你的要求。"妈妈这样回答南南。

南南上学的时候就要到了，妈妈仍耐心地等待着南南的"理由"。最终南南支支吾吾地对妈妈说："我没有理由，我明天给你理由行吗？"

"你明天给妈妈理由，那妈妈就明天再考虑你的要求，但今天你必须去上学！时间到了，我们出发吧。"

在送南南去学校的路上，妈妈对南南讲了很多"爱学习的小发明家"的故事……

南南的妈妈是个懂得教育孩子的好母亲。

我们常常听到一些父母这样评议孩子："我的孩子脑子很灵，可就是不爱学习。"话中之意就是"尽管我的孩子不爱学习，但他也是一个聪明的人"。这种对待孩子学习问题的态度是很有害的。孩子不爱学习当然会让父母伤脑筋，哪一个父母不着急呢？但父母还得具体分析孩子厌学的原因，有针对性地对孩子的厌学情绪和行为做出正确的处理。

我们之所以说南南的妈妈是一个懂得教育孩子的好妈妈，是因为她面对南南的厌学情绪，耐心地进行诱导，处理得既合情合理，又达到了教育孩子的目的。假如南南的妈妈换一种教育方式，比如："你敢说不去上学？不上学想做什么！小小年纪就逃避学习，等你长大了，那还了得！"这样教育（训导）孩子，会收到什么效果呢？而在我们的生活中，这样的父母不是少数，他们不但没能收到好的教育孩子的效果，反而让很多孩子变得更加厌恶学习。

我们应该明白，每一个孩子都有自己的性格特征、兴趣爱好，这种差异是极其正常的。这些性格、个性表现在学习方面，有的孩子喜欢学习，有的孩子则不太喜欢学习，甚至对学习还会产生种种厌恶情绪。从孩子的心理发展角度看，这样的孩子也是正常的。对此，做父母的不应当只是问"不上学你想做什么"，而应当帮助孩子找一找"你为什么不喜欢学习"的原因。实际上，如果父母能采取一些积极的、行之有效的措施，那么，孩子的厌学情绪是可以改变的。

厌学的孩子在心理上一般都比较脆弱，所以更希望得到别人的关怀和理解。因此家长应当多给孩子一些关怀和帮助，少一点冷语和斥责。专家认为，对待厌学的孩子，父母应该持以下几种态度：

1. 爱心

我们常说"可怜天下父母心"，以此来感叹父母对子女的无私的爱。但在现实生活中，我们又会经常听到有些父母这样抱怨自己的孩子："这么不争气，养你有什么用？""上学有什么不好？这样不爱学习的孩子扔掉算了！"也许这些都是气话，但孩子会很容易当真。而且从另一个侧面，这也反映出许多家长的一种心态——对孩子的爱不是无条件的，而是有条件的，至少需要孩子用听话、爱学习来交换。

其实爱是一种意识形态，需要有一个持久的意会过程。许多父母并不明白这一点，以为自己付出了爱，孩子就应该马上感受到，希望孩子立刻做出回应，这实在是一种不科学的主观想法。要想改变孩子的厌学情绪，付出爱心是基本的要素之一。家长对孩子的爱是发自内心的，是无私的、不求回报的，重要的是，能让孩子感受到父母给予的爱，并为这种爱而感动、行动。

2. 耐心

生活中，一些家长常常因孩子不爱学习而斥责和打骂自己的孩子，多数原因就是家长在实施教育的时候缺乏耐心。他们常常因为孩子不能一下子领会自己的意图、不爱做功课，就火冒三丈，大声斥骂，甚至体罚孩子。这种没有耐心的教育方法，不仅起不到促进孩子爱学习的效果，相反还会使孩子产生自暴自弃和逆反心理，久而久之，更会影响亲子关系。作为家长，一定要明白，改变孩子的厌学情绪不是一件容易的事情，不能有半点儿急躁心理，也没有任何捷径可走。所以，父母需要有很好的耐心，要耐心地教育孩子，耐心地陪孩子玩，耐心地为他讲道理，耐心地听他说……

3. 细心

吴女士过生日，正在读小学一年级的儿子送给她的祝福竟然是："祝妈妈每天都不会被老师批评！"大人们觉得很好笑，就说："你妈妈现在不是学生了，哪里会有老师批评她呀！"谁知孩子又说："那么我就祝妈妈每天都不会被领导批评！"大家都说这孩子小小年纪倒挺懂事的，但细心的妈妈想得更多，她从儿子给她的祝福声中感受到了儿子的内心世界。为此，当天晚上她就和儿子进行了一次长谈，终于知道了儿子说这句祝福语的前因后果。原来，儿子就读的学校是一所重点小学，学习要求比较高，有些课程教得快。智力中等的儿子跟得很累，又因为做作业动作慢，常常要被老师批评。凡此种种，儿子就觉得学习真是一件很辛苦的事情，而不被老师批评则是一件很难做到的事情。知道了孩子的处境后，这位妈妈很着急，她立刻和儿子的老师取得了联系，向老师坦言了儿子面临的困境和自己的担忧，请求老师给予帮助。老师非常重视这件事，并和孩子的母亲一起制定了富有成效的个案教育方法。后来在老师和父母的共同努力下，这个孩子终于顺利地闯过了他人生中的第一个求学关。

这位妈妈细心帮助儿子克服了厌学情绪，使儿子更快、更健康地成长，但并不是所有的孩子都像他这样幸运。当有些孩子不满现状决定离家出走的时候，当孩子因成绩不好受了委屈默默悲伤的时候，不知道他们的家长在做什么？为什么会对孩子面临的困难毫无知觉？如果不是缺乏爱心的话，最大的原因就应该是对孩子不够细心。虽然生活中不乏粗心之人，粗心这个毛病也不容易改正，但是要想成为一个好家长，就必须改变自己，在教育孩子、养育孩子的过程中，必须细心。

4. 恒心

改变孩子的厌学情绪，对家长来说是一项长期而艰巨的任务。作为家长一定要有恒心，要坚持不懈地朝着既定目标对孩子进行培养和教育，绝不能"三天打鱼，两天晒网"，更不能碰到困难就轻言放弃。

9岁的强尼是个调皮的孩子，最喜欢玩游戏，最讨厌学习。老师常常给强尼的父母打电话："强尼又逃课了！你们快管管吧！"强尼的父亲生气地说："这样坏的孩子不要管他算了！"但强尼的母亲却认为天下没有管不好的小孩子，因此一定要好好教育强尼。有一次，妈妈和强尼谈了整整一个下午，强尼向妈妈保证，以后再也不逃学了，强尼的父母都觉得很欣慰。然而还没过两天，强尼的老师又打来了电话："强尼又不见了！"当天晚上强尼很晚才回家，父母正坐在客厅里等他，他害怕极了，但父母却只是温和地招呼他吃饭，饭后又询问他没去上学的原因。强尼突然哭了起来："我以为对我这样坏的孩子，你们一定讨厌极了，你们一定会放弃我了！可你们为什么还关心我呢？"强尼再一次保证以后决不逃学，而这一次他做到了，强尼的父母再也没接到过老师的电话。等到了四年级的时候，强尼已经成为一个学习很优秀的学生。

好家长在教育孩子的时候，都有长期的计划和安排，他们深深懂得"只要功夫深，铁杵磨成针"的道理，因而绝不轻易放弃孩子，而他们的恒心、他们的坚持最终也改变了孩子。

要引导孩子爱学习，父母首先就要把握自己的态度，只有让孩子感受到家的温暖和父母的关心，孩子才能逐渐地克服和改正他的厌学情绪和厌学行为。

利用逆反心理治厌学

一些家长常为孩子的逆反心理而头疼不已，孩子总是要和家长做对，越不让做的事情越要做。其实，这种逆反心理也不完全是坏事，比如，家长如果利用孩子的这种逆反心理治厌学，便会收到神奇的效果。

据说清代大将年羹尧就是中了"激发计"，才由捣蛋顽童成长为一代名将的。年羹尧13岁时，仍然大字不识一个，整天只知道玩耍。他父亲年遐龄，官做得很大，颇有权势，请来过不少名儒教子。但儿子太顽皮捣蛋了，就是不肯读书。老师对他客气了，他不听；对他严厉一点，他就想出种种刁钻古怪的方法来对付，把老师捉弄得狼狈不堪。所以老师们请来一个气走一个。最后，年遐龄干脆不给他请老师了。

一天，府中忽然来了一位先生，自荐愿教年公子。来的这位先生看上去有70多岁年纪，他对年遐龄说："如果大人肯相信我，按照我的要求去做，三年之后，贵公子就会脱胎换骨。"

按照老先生的要求，一座花园在一个偏僻的乡村建造起来了。楼阁中堆满各类书籍，经史子集，无所不备；厅堂上排满各式兵器，刀枪剑戟，一应俱全。花园的围墙上开了个小洞，供一日三餐、送饭递水之用。园中只住教书先生与年羹尧一老一小两人，此外没有一仆一婢。

这位老先生教书的确与众不同，整天只管自己读书，对年羹尧不闻不问，连话都不跟他说一句。而年羹尧呢，觉得这正合自己的胃口，老师不管他，正可以率性而为，高兴做什么都行。于是挖池塘，填沟壑，移栽花木，全凭着自己的兴趣，天天忙得不亦乐乎，玩得痛快淋漓。

不过，这样的游戏一再重复，渐渐地他有些玩腻了。

一天午后，老师正在读书。年羹尧站在老师旁边，站了大半天，老师竟然一无所觉。年羹尧觉得十分奇怪，自己连这么大的花园都玩腻了，老师的书怎么读不腻，而且越读越有精神，这是什么道理？便忍不住脱口问道："老师每天读书，一点不觉厌烦，难道书本真的这样有趣吗？"

老先生随口答应道："味道极好，不是你能知道的，快去玩吧，不要来纠缠我。"说完，老师又低头自顾读起书来。

这下年羹尧可不高兴了，赖在老师身边不肯走，一定要看书。老先生看到年羹尧被他给"激"出兴趣来了，暗暗高兴，但又故意说："好吧，那我就教你吧！不过咱们说好了，不想学时就赶快说一声，我还有那么多书要读呢！"年羹尧想了一下："不，我要读就要读到学问很多才行！"老先生于是先取来经史典籍，每天与他讲习，又取来兵书阵图与他分析，早晚之间，便教他舞剑使枪，传授武艺。年羹尧天性聪颖，一经专心，学无不精。

三年后，年遐龄见儿子英气俊爽，举止有礼，不再像从前那样蛮横；与他谈及学问，文韬武略，识见竟然在自己之上。他的欢喜之情溢于言表，这才相信老先生所言果然不虚。

后来，年羹尧果然成了清朝一代名将。

不管这个故事是真是假，我们都能从中学到一个教子的窍门：对于难管的孩子，我们不妨利用他的逆反心理去刺激他，比如你希望孩子去学习，但偏偏不许他去学，孩子为了"反抗"，就一定会乖乖地钻进你的"圈套"里。在这个故事里，那么多老师苦口婆心，严词教诲，都没能使年羹尧改掉顽劣的毛病，但老先生的一句"快去玩吧，不要纠缠我"就轻轻松松地让他改变态度，潜心向学，看来激发计真是妙用无穷。

逆反心理在心智尚未成熟、年纪较小的孩子身上表现得更为突出，如果父母善于利用孩子的逆反心理，则可对他们的学习发挥更大的作用。对于孩子来说，反抗就是反抗，根本不必有什么道理，这就是孩子的心理模式。然而，父母们平时一般都不停地要求孩子"好好学习"。那么，结果如何呢？不但孩子的厌学情绪丝毫没有得到改善，可能还会激发孩子们的反叛心理。

日本有一家鞋业公司经常研制出新颖美观的鞋子。这是因为他们有一项半强制性的规定：连续工作三年的员工休假两个星期，在休假期间不许考虑任何与工作有关的问题。据说休假的员工大约过了一个星期之后就特别想工作。事实上，公司老板的用意也正在这里。让员工们在这种远离工作的饥渴状态下重新接触工作，从而产生更多新鲜的创意。

在对孩子开始执行学习计划的时候，让孩子在一段时间内完全远离书本，也是一个好办法。刚开始的时候，孩子多半会很轻松惬意地玩耍，但不久他们就会感到不安，同时对学习的饥渴欲求越来越强烈，甚至会自己主动提出来要学习，这时再允许他们学习。由于对知识如饥似渴，孩子一定会非常认真，把全部精力投入到学习当中。

利用逆反心理治厌学时，应该掌握一个度，如果太过激烈可能会使孩子灰心丧气，因此具体运用时，不能操之过急。

激起孩子的好胜心

俗话说"请将不如激将"，这是什么道理呢？心理学上讲，每个人都有自尊心，但有时自尊会受到压抑，这时你故意刺激他，使他的自尊心解放出来，形成一种好胜心理，这也被称为人的心理代偿功能。激发计就巧妙地运用了人的这种心理特点，而把这个计策运用到孩子身上去，也同样有效。

爱因斯坦有一个叔叔叫雅各布，是一个工程师，也是一个数学爱好者。

爱因斯坦小时候成绩不好，但却爱问叔叔一些奇奇怪怪的问题，叔叔总是耐心地给他解答。到读中学时，爱因斯坦对数学产生了浓厚的兴趣，数学成为他中学时代最大的业余爱好。而叔叔雅各布就经常关心爱因斯坦的数学学习。有一天叔叔和爱因斯坦聊天，谈到了代数。"究竟什么叫代数？"爱因斯坦问叔叔。

叔叔解释道："代数很简单呀，凡是不知道的东西，都把它叫作 x，然后我们一步步地来找 x，一直要到找到 x 为止。只有找到 x，我们的题目才解出来了。"

从此以后，爱因斯坦常常听叔叔讲趣味数学题，因此他对这种藏有 x 的趣味数学题开始着了迷，他一放学就一个人在自己的桌子上又写又算。

有一天，叔叔在纸上画了一个直角三角形，在各个角顶处标上了符号 A、B、C，并写出 $AB^2 + BC^2 = AC^2$ 这样一个公式，然后严肃地对爱因斯坦说："这就是大名鼎鼎的毕达哥拉斯定理，阿伯特，你在数学方面有天赋，你也来试试吧，毕达哥拉斯在两千多年前就会证明了，难道两千多年后的阿伯特就不能证明出来？"

那时爱因斯坦还未学习过几何课程，12 岁的他对几何一无所知。但爱因斯坦自尊心极强，而且生性好强，尤其在科学的探讨上从不肯认输，有一股钻研的蛮劲。他的好胜心被叔叔的一席话激发了。他想："毕达哥拉斯两千多年前就会证明了，难道我阿伯特·爱因斯坦就不会做？我又算什么呢？"强烈的好胜心驱使着他，他下决心试一试。他每天苦苦思索，努力寻找证明的方法，第一周过去了，第二周也过去了，还没有任何结果。爱因斯坦并不气馁，他继续反复琢磨和思考，终于在第三周独立地把这个定理证明出来了。

爱因斯坦的叔叔雅各布在引导爱因斯坦做几何题，证明毕达哥拉斯定理时巧妙地运用了激发计，他那句"难道两千多年后的阿伯特就不能证明出来"的话极富挑战，故意刺激爱因斯坦的自尊心，激起了爱因斯坦的自尊心、好奇心和好胜心，于是12岁的爱因斯坦虽然从未学习过几何课程，但自尊心、好奇心、好胜心驱使着他，他决心试一试。凭着他的天赋和一股不服输的蛮劲，用了三个星期的苦苦思索，爱因斯坦终于把这个定理证明出来了。由此可见，雅各布在侄儿爱因斯坦身上运用激发计的教育方法收到了很好的效果。

而激发计之所以能奏效，还在于人体内的高级神经系统有敏感地反应外界刺激的功能，这种刺激还会引起身体内部物质的分泌，从而影响人的活动。如人生气时食欲大减，高兴时食欲大增。

要使用好激发法，除了有生理机能做基础外，还要注意方法得当。首先，被刺激的孩子要有较强的自尊心。比如《世说新语》中有一个故事，讲有一个叫周处的人"凶强侠义，为乡里所患"，许多亲朋好友都劝他学好，可他不听。不过他也有优点——有侠气，曾自告奋勇地上山打死了猛兽，下海杀死了蛟龙。于是，有一个老人为了让他改邪归正，故意激他说："乡里人有三怕，怕猛兽、蛟龙，现在这两怕都被你征服了，只剩下'一怕'了。"周处问："哪一怕？"老人坦然地告诉他说："就怕你周处横行霸道啊！"周处听后，劈手自击，发誓要把这一"害"征服。从此，他痛改前非，最后成为众口称赞的好青年。周处劣根性很多，但自尊心很强，老人在这里直言他也是"一害"，用了"激将法"，调动了他的自尊心，起到了平时规劝起不到的作用。但是，如果被激的孩子自尊心不强，你用"激将法"激他，也不会有什么作用。

其次，要考虑孩子的实际能力。有的孩子虽然有一定的自尊心，但天赋平平，纵使你的激将法用得再巧妙，也难以调动他的积极性，就是把积极性调动起来了，也难以达到理想效果，有时反而适得其反。有个孩子在校学习成绩很差，他父亲对他说："这次考试你要是进不了前十名，就别进这个家门，我也就算没有你这个儿子。"因为这个学生基础太差，考试后仍有几门功课不及格，这个孩子便不敢再进家门，竟投河自杀了。这样的后果完全是由于这位家长不考虑孩子的实际能力，而一味刺激孩子，结果把自己的儿子给"激"死了。

最后，激励孩子要把握一个"度"。因为激发计所使用的言辞都是比较激烈的，所以，在使用这个方法时应建立在知己知彼的基础上，建立在孩子能经受"刺激"并转化为"精神能源"的基础上，如果失去了这一基础，就难以如愿以偿。另外，还要注意掌握"激"的度，即分寸，"激"不到一定程度，则引发不起"奋"，但如果"激"过了头，又会适得其反。

寓学于乐

有厌学情绪的孩子通常会把学习当作一件苦差事，甚至当成一种惩罚。对于这样的孩子，我们就只能诱导出他们学习的兴趣。也就是说，我们要根据情况，顺着孩子的脾气慢慢疏导，让孩子把学习当成一件快乐的事情。专家认为，父母引导孩子将学习游戏化，就是非常有效的方法。

9岁的聪聪正如他的名字一样，是个很聪明的孩子，可就是对学习毫无兴趣，旷课、逃学都是家常便饭，打不听，骂不灵，父母、老师拿他毫无办法。有一天，聪聪独自一个人在院子里玩耍，他从杂物箱中翻出了两小块磁铁，他将其中一块放在地上，一块握在手里，地上的那块磁铁一会儿被手中的磁铁推着走，一会儿又紧紧吸在一起。这时父亲走了过来："聪聪，你知道磁铁的奇妙之处吗？""有什么不知道的，"聪聪撇了撇嘴，"我用正面对着那块，那块磁铁就会被推着走。我把手中的磁铁转过来，它们就又会吸在一起！"爸爸笑了："你呀，还没弄明白呢！磁铁分为正极和负极，而且'同极相斥，异极相吸'！利用这个道理还可以发电呢！"
"真的吗？"聪聪惊喜地问，"那我的这块是正极还是负极？为什么正极和
负极就要吸在一起？"爸爸耐心地给聪聪讲了一下午，并陪他做了很多试
验。当聪聪知道这都是物理学中的知识后，兴奋地告诉爸爸自己以后要做
个物理学家。

在游戏中学习，在学习中游戏，这是一种很适合孩子的教育方法，对
激发孩子的兴趣和求知欲大有好处。那么，怎样才能把学习游戏化呢？

1. 玩一些开发智力的猜谜游戏

父母可以试着把孩子要掌握的知识编排到游戏中去，比如说游戏填
空、成语接龙，等等。或者把知识编进谜语，让孩子猜，猜对了给予奖
励，等等。在考试之前，父母还可以和孩子一起猜一猜"明天考试会出什
么题呢"。孩子为了能够猜中，很可能就会扩大复习范围，提高复习的效
率。从孩子的心理来讲，如果这次体会到乐趣，以后就会主动去猜题。孩
子们渐渐地就会萌发好胜心，取得的效果也就更加明显。而且，讨论有没
有猜中的过程，其实也起到了复习功课的作用。简单的猜谜游戏，却能够
引导孩子走上爱学习的道路。

2. 老游戏新用

有很多人对于汉字和诗词的记忆都是得益于小时候玩的汉字卡片，甚
至成年之后，仍然能够听到上句，下句脱口而出。

如果只是背诵汉字、诗歌，当然不会留下如此深刻持久的印象，因为
得益于游戏，才会很自然地刻在头脑中。

对于那些不喜欢背汉字的孩子，就可以把读音和笔画写下来，做成汉
字卡片。另外，用扑克牌玩"24点"等计算游戏，也是在学习算术。

3. 在找错游戏中培养孩子学习的兴趣

在家长会上经常有父母提到自己家的孩子不读书、不看报，令人担
忧。然而，这些不读书、不看报的孩子也对报纸上的找错游戏很感兴趣。
这种找错游戏不仅登载在大人看的杂志上，在那些面向儿童的报纸、杂志

上也都毫无例外地登载着。这就证明，不仅大人们喜欢这种找错游戏，孩子们也很欢迎。而且，令人吃惊的是大人们需要一天才能解答的问题，孩子们时常当场就能找到答案。这大概是因为孩子们充满了好奇心，所以特别热衷于这种找错游戏。

父母不应错过这个利用孩子好奇心的好机会。比如说，和孩子一起做习题集的时候，可以故意把答案说错几处。当发现这些错误的时候，孩子一定都很兴奋。如果孩子能够带着这种找错的热情把一本习题集从头到尾反复阅读的话，就会想做更多的习题集。

4. 拼图游戏寓教于乐

瑞士著名的教育学家蒙台梭利把世界地图做成拼图游戏，把这种方法当作激发孩子学习兴趣的第一步。孩子对拼图游戏天生有一种好奇，即使那些从来不看地图的孩子听说是拼图游戏，也都聚精会神地把打散的地图拼凑起来。那种情景无论是谁看到都会感到很惊讶。孩子们都喜欢游戏，特别是拼图游戏在世界范围内都大受欢迎，经久不衰。日本自古以来就有的"嵌绘"就属于这类拼图游戏。可见这种拼图游戏从古至今都是受欢迎的。

比如说，让一个对地理毫无兴趣的孩子来做本国地图的拼图游戏。虽然他对本国地图本身是不感兴趣的，但是他却会被游戏吸引。而且，孩子们都是完美主义者，即使有一块拼图没有拼装上去也会不高兴。当他完成整个拼图的时候，本国地图的全貌一定已经深深地刻在他的脑海中了。

5. 让孩子跟自己玩个竞争游戏

孩子总是争强好胜的，在做题的时候，可以让孩子把自己当对手，父母为他记录一下半个小时做了多少道题，再让他不断挑战自己的纪录，如果挑战成功的话就给孩子一些奖励。这样一来，孩子的学习热情就会被调动起来，学习的效率也会大大提高。

在学习中添加游戏的因素，可以改变学习在孩子心中的印象，让学习变得生动有趣。要注意的是，这是一个渐进式的过程，父母们一定要多点耐心才行。

十、

别用控制扼杀孩子的自治力

　　我们常常低估孩子的能力，因而经常为孩子出人意料的聪明举动感到惊讶。但我们家长在赞叹自己的孩子聪明的同时，仍不能打破成见，以客观的眼光去发现孩子的智慧，而是沉醉于自己的导师地位，凡事以自我意志为中心，对孩子的观点大加鞭挞，横加修改，一定要纳入自己的思维模式才解释为正确。我们的孩子聪明得很，尤其由于没有被既定的理论与观点"点拨"过，他们思路开阔，常对事物有惊人的理解与洞察力，有时显示出比我们成年人高明得多的见解。其实家长对于孩子的控制，正是对孩子能力的一种扼杀。

没有独立意识的孩子永远长不大

每个孩子都不可能永远在父母的羽翼下成长。他们若不能够独立自主，那么必定会被生活淘汰，被社会淘汰。孩子是未来家庭的支柱，未来社会的支柱，我们必须让他们独立起来，让他们成为社会的主人。

翠鸟为了避免灾祸，往往把窝筑在树的高处。

可是有一个翠鸟妈妈在孵出小鸟之后，怕小鸟从高处的窝里掉下来摔死，于是把窝向下移。等小翠鸟长出羽毛能够学习飞翔的时候，这个翠鸟妈妈没有教给小翠鸟飞翔的本领，让它自己去觅食，而是更加溺爱它，越发怕小鸟摔死，又一次向下移动鸟窝，直到鸟窝移动到离地面很近的树杈上时，它才完全放心。

然而，当路过树下的行人发现小翠鸟时，稍一举手便轻而易举地把小翠鸟掏走了。

翠鸟移窝，原本是为了爱护小鸟，让它健康地成长，然而它却给小翠鸟带来始料不及的灭顶之灾。其症结就在于翠鸟妈妈不给小翠鸟独立的机会，这和现在好多溺爱孩子的父母非常相像。所不同的是生活在父母溺爱的环境下却不能独立的孩子要比这只小翠鸟可怜得多，因为那只翠鸟只是被人抓走，尚且还有人喂食，而脱离了父母羽翼不能独立的孩子则是没有人"喂食"的。

与翠鸟爱子相反，母燕对雏燕的教育方式颇值得我们人类学习。当雏燕羽翼渐丰时，母燕就要呢呢喃喃，鼓励雏燕飞出窝来，并教它们展翅飞翔，决不让它们贪恋小窝的温暖。一天，两天，在母燕的扶持下，雏燕的胆子大了，翅膀坚实了，渐渐地低飞，高飞，掠水，终于能愉快地翱翔于一碧无垠的天空，经得起风吹雨淋，具备了独立地走南闯北的本领。

母燕之所以不让孩子永远处在父母的羽翼之下，而要教育它们具有冲霄高飞的意志和力量，这是大自然对它们提出的生存要求。母燕的爱是建立在帮助下一代提高对环境的适应能力和与困难抗争的本领上，它着眼于将来，而非顺应、迁就，这正是母燕比翠鸟妈妈聪明之处。

我们爱孩子，也应考虑到社会、时代和未来对人类提出的要求，教会孩子懂得怎样迈出生活的第一步，使他们独立的步子更稳健，在艰难险阻中不断进步和完善。

某个周日，小强要爸爸陪自己去书店买两本学奥数的书，可是爸爸却想让他自己去买以培养他的独立意识，于是告诉他书店离家没多远，骑车子去就可以了。妈妈也赞同爸爸的意见，向小强投来了鼓励的目光。

在爸爸、妈妈的鼓励下，小强穿好衣服关上门走了。路上车多，爸爸担心小强会出什么事情，担心车子丢了……后来，小强安全地回来了，而且说有本书这个书店没有，就去隔壁的书店买到了。

小强回来的那一瞬间，父母两人交换了一下会心的眼神——儿子长大了。

在生活中对孩子适当放手，给孩子独立处理事情的空间，就能够使孩子早日成为生活的主人。人生有很长的路程要走，父母不可能照顾孩子的一生，请给孩子们独立的天空，让他们自己去做生活的主人。

培养孩子独立自主的能力，家长可以按如下方法去做：

1. 对孩子循序渐进地培养

独立自主性的培养是一个长期的过程，需要循序渐进地进行。切不可急于求成，不能对孩子的发展提出过高的、不合理的要求，也不能因为孩子一时没有达到要求就横加斥责。

2. 父母要做一个好榜样

榜样的力量是无穷的。如果父母就是处处依赖他人，对什么事都拿不定主意、动不动就寻求帮助的人，孩子也会效仿的。所以，父母要从自身做起。

培根说："子女中那种得不到遗产继承权的幼子，常常会通过自身奋斗获得好的发展。而坐享其成者，却很少能成大业。"我们应给孩子独立的空间，任凭他自己装点；给孩子自主的选择，他的事情听他的。

不能要求孩子"唯命是从"

张冰雁的女儿2岁了，她长得像妈妈一样漂亮。和所有母亲一样，自从女儿呱呱落地以来，张冰雁在她身上寄托了无数美好的愿望。女儿一天天长大，她会笑了，会看了，会坐了，会翻了，会爬了，会走了，开始咿呀学语了……女儿的每一点、每一滴的进步都让张冰雁充满了幸福感。

作为一名幼儿教师，张冰雁深知宠溺给孩子带来的危害。孩子的爸爸总说孩子还小，什么事都由着孩子。没办法，这个"黑脸"的角色只能由张冰雁来充当，这使得她对女儿的要求更加严格。但是，有一件事却让张冰雁改变了严格教育的态度。

那天晚上10点多了，累了一天的张冰雁真想早些入睡，可女儿的玩性还是很大。张冰雁哄着她："格格，乖，我们睡觉好不好？"孩子摇摇头，示意要玩玩具。张冰雁不由分说地将她的衣裤脱掉，塞进被窝，熄了灯。孩子哭闹着钻出了被窝。

张冰雁心软了：还是再让她玩一会儿吧。于是过了半个小时，张冰雁再次让女儿睡觉，这次她似乎动了真格，哭闹着示意张冰雁把裤子穿好。

在张冰雁的责骂声中孩子的哭声越来越响，张冰雁恼火了，在她的小屁股上"啪、啪"两下。

孩子哭得更委屈了，一只小手指着门外，示意要去外婆那里。张冰雁把她按倒在床上，心里犯嘀咕：好大的脾气呀！孩子一骨碌爬起来，一只小手敲打着张冰雁的身体，一边哭一边嘴里念念有词。

孩子的这一举动让张冰雁深有所思：虽然孩子还小，还不会说话，但她有自己的思想，也是一个个体。父母不能一再要求孩子完成自己的所愿而去强迫她干自己不愿的事，我们应学会平等地对待孩子。

然而我们遗憾地看到，一些父母在生活中总是简单粗暴地对待孩子，孩子的一些想法行为，只要是自己不喜欢的，一律用高压压制、"改造"。结果，孩子表面上对父母唯命是从，但心里却对父母感到怨恨、恐惧、不满。其实，父母应该明白，孩子有自己的想法是一件很正常的事，应该认真考虑孩子的感受。如果孩子真的有问题，父母可以以朋友谈天的方式与孩子交换一下看法，让孩子心甘情愿地接受你的意见。

大刚和几个好朋友约好了，周六晚上都去同学王磊家，下下围棋，同时也商量一下升学考试的事情。吃过晚饭，他要出门时，爸爸却大声呵斥："晚上到哪儿去？不许去，给我在家里待着！""他去和同学商量考试的事。"一旁的妈妈替大刚解释。可是爸爸仍然声色俱厉："升学的事和同学有什么好商量的？用不着！开家长会的时候，我跟班主任已研究决定了，你只要好好念书，考高分就成了。"爸爸教训完大刚，又转过脸来冲着妈妈喊："就是你纵容他，惯得简直不像话！在这个家，我是老子，我说了算数！"

大刚的心里难过极了，不仅仅是由于爸爸的阻拦使他在同学面前失了约而难过，也为爸爸如此粗暴专制而难过。其实，他知道爸爸也是疼他的，有一次他生病时，是爸爸背着他跑到医院。可是，大刚就是受不了爸爸对自己的事情的粗暴干涉。所以好多时候，他心里有事，宁愿憋着，也不跟爸爸讲，免得又招爸爸的责骂。

简单粗暴也是不文明的表现。谁都不会喜欢专制的领导或同伴。子女对专制的父母同样也是反感的，尽管表面上可能表现得"百依百顺"。

用简单粗暴的方式去解决问题往往把好事弄成坏事，成事不足，败事有余。事后不少父母也后悔莫及，但由于未下大决心克服这种毛病，后悔归后悔，再遇事又旧病复发，弄得孩子见父母如同老鼠见猫，何谈沟通交流，更何谈父母子女之爱？

自然，父母不允许孩子做的事大都是有道理、有理由的，可是没有多少道理或者干脆不讲道理的也大有人在。但是对孩子，无论是在什么情况下，用粗暴、将帅式的语言、态度只会伤害孩子的自尊心，引起孩子更激烈的反抗。

因此，我们建议家长用平等的姿态教育孩子，不要对孩子专制粗暴，应该多站在孩子的角度想问题。要知道孩子的思维方式和成人的思维方式是不同的，家长应该抱着平等的态度，丢掉成年人的认识框架，以孩子的眼光来理解他们的世界，并给予引导，那么亲子关系一定会和谐得多。

两代人之间有太多的不同看法，父母不能因为自己觉得不合理，就粗暴地压制孩子。教子应该是努力启迪和教育孩子，让孩子健康自然地发展，粗暴地强迫孩子如何如何，效果一定不会好。在前面的故事中，妈妈认识到粗暴的命令是毫无意义的，自己应该理解女儿的做法，从女儿的角度思考问题，这样才能圆满解决矛盾。

孔子曾说："鞭扑之子，不从父之教。"也就是说，被鞭子打过的孩子，不会听从父母的教导。简单粗暴的专制管教形式，是无法让孩子真正心服的。父母们遇到具体事情时，应当多和孩子协商、讨论。而在讨论具体的问题时，父母不妨多一些幽默感，不要压抑、限制孩子的愿望。对孩子提出的合理要求、愿望尽可能地去满足；对孩子的一些无伤大雅的"出轨"行为睁一只眼、闭一只眼，对孩子的合理建议要认真采纳；等等。总之，父母一定要平等、民主地对待孩子，这样孩子才会爱戴父母，才会生活得毫无压抑感。

对孩子"出格"的想法与行为，要尽可能地宽容谅解，把孩子当成独立的个体看待，不要粗暴地管制孩子。如果你能让孩子把你当成亲密的朋友，那么你就算得上是称职、开明的父母了。

不滥用父母权威，尊重孩子的自主权

孩子没有兴趣，没有学习的要求，父母只是管束、训斥和强迫，孩子是不可能学好的。而且时间长了，孩子还会对画画、写字、弹琴反感、厌恶，以至消极对抗。这样的事我们见过和听过的都很多。那就是：你一定要我画，我就乱画；父母一来检查，画的都是圆圈圈，字写得东倒西歪……这还是好的、老实的。

有这样一个悲剧，一个小学生，父母要他学钢琴，每天下午放学，就必须先练一个小时钢琴，然后做功课。星期天更是得上一上午补习班，下午还要上老师家里学琴。孩子对弹琴没有兴趣。他看见钢琴就厌恶，几次想把钢琴毁掉，几次反抗："我不弹，我不要学。你打死我，我也弹不好！"但父母却不顾孩子的兴趣与反抗，一定要孩子学："已经学了两年了，花了这么多钱！你应该争气，把琴学好！今后每天不弹熟练习曲，就不许出去玩儿！"

孩子无奈，为了断掉父母要他学琴的念头，有一天在放学回家的路上，他用石头砸断了自己的一根手指。

艺术家是需要从小培养的，儿童的智力也应该从幼儿时开始启发，但应该从培养儿童的兴趣着手。而兴趣又是因人而异的，绝不能由父母来主观决定或强加于孩子的身上。在幼儿时期，做父母的可以鼓励孩子们学习和接触各种事物——画画、写字、弹琴、跳舞、武术等，启发孩子的兴趣，让他们自己产生学习的要求。只有当孩子们愿意学习时，他们才能把坐在桌前画画、写字，坐在琴前弹琴当作一件乐事，一两个小时还嫌少，他们的学习也才会进步。

新学期开始了，妈妈又开始忙着为露露落实兴趣班的报名事宜了。

上学期，鉴于幼儿园的特色及露露的自愿性，妈妈替她报了绘画和声乐班。而后，露露时常表示出对舞蹈班的兴趣。于是，妈妈一早就答应她，新学期开班，就为她报舞蹈班。不过，在前不久的聊天中，露露已流露出对声乐班的排斥。妈妈很纳闷，孩子一向都喜欢唱歌的呀，老师也反映她的表现不错。但基于尊重孩子的想法，妈妈觉得还是要再征求一下露露的意见。

结果，当妈妈列举兴趣班的课程时，露露直接就表示："我喜欢画画，我也喜欢跳舞！"

"那声乐班呢，露露真的不愿意再学唱歌了吗？"妈妈还是忍不住问了一句，心里不免觉得有些遗憾。

"我不喜欢声乐班！"露露不假思索地回答。

"露露，能告诉妈妈为什么不喜欢声乐班吗？是不喜欢唱歌，还是觉得在那里没意思啊？"

"我觉得没意思！"小家伙回答得很认真。

到了幼儿园以后，露露妈就此事与老师进行了交流，提出了自己的困惑。因为露露之前是很喜欢唱歌的，露露妈觉得有必要再听取一下老师的建议。

老师的一番话解开了露露妈心中的疑团。她也觉得露露现在没有必要参加声乐班，因为那儿基本都是大班的孩子，在一起时连声音都压过了小班的孩子，不像在自己班里，露露更乐意投入。

是呀！在这种情况下，孩子得不到表现的机会，自然会感觉到失落，同时也难以融入其中，又怎么能感受到其中的乐趣呢。一番简单的沟通，露露妈顿时茅塞顿开，毫不犹豫地放弃了声乐班。

我们应该为露露感到幸福，因为妈妈不仅乐于去倾听她的心声，而且也着实放在心头重视了。做家长就应该这样，遇事多从孩子的角度出发，在为孩子作决定前，一定要认真考虑孩子的感受。反之，如果孩子没有自觉的要求，家长即使可以强迫一个时期，也不可能持久。这是因为一个人不论做什么事情和学习什么东西，只有当他把自己的身心都投入那件事情上时，才能做好或学好。

另外，近些年社会上兴起了经商热，很多人都只想赚钱。于是有些父母不让孩子读书，要他们未成年的孩子辍学去做买卖。这当然是一种短视，而且是极端错误的，贻误了孩子。因为经商、做买卖也是需要知识的，一个文盲是做不好生意的。

而且更糟糕的是，有的孩子要读书，死命要读书，不肯去做小买卖，可是父母则钻到钱眼里已经出不来了，强迫自己的子女辍学。曾有一个县的某个商人，就因为强迫要念中学的女儿辍学去做生意，女儿不肯，在父亲的一再逼迫下自杀了。

所以，做父母的绝不可以滥用自己的权威，强迫子女做他们所不愿做的事。哪怕是好事，父母的要求是正确的，也只能耐心地开导，绝不能一意孤行，不能强迫、蛮干。

不要"入侵"孩子的空间

孩子渐渐长大了，他们开始有了只属于自己的秘密，不想让父母知道。而父母为了管教好孩子，却往往喜欢入侵孩子的空间，偷看孩子的信件、日记。父母们的出发点是好的，但做法却很糟，这样做只会拉开亲子间的距离，让孩子产生对立情绪。

虽然父母与子女间的关系十分亲密，但是他们的地位应该是平等的，谁也不应该侵入对方的秘密生活。但生活中，父母却经常在无意中破坏了这种平等，因此，也往往在无意中切断了与孩子之间的信任纽带。

星期六一早，托尼的儿子与同学出去玩了。托尼一个人来到儿子的房间，发现儿子的书桌上杂乱无章，就走过去想整理一下。托尼打开儿子的抽屉，在抽屉里，突然发现了一个黑色的笔记本。

儿子在笔记本的第一页上写道："自从我上中学以后，我的心里就逐渐变得空虚与孤独，父母除了关心我在学校里的表现外，就是把我关在屋里学习。每天当我伏在桌前，永不停止地写那些永远写不完的该死的作业时，我就有着说不出的痛苦。"

读完儿子的日记，托尼内心感到了一种强烈的震撼。他原以为自己和儿子是亲密无间的，可万万没有料到儿子与自己竟有这么大的代沟。

傍晚，儿子回到家里，又关上房门独处。晚餐的时候，儿子突然问："爸、妈，你俩谁动了我的东西了？"

"没有啊。"托尼假装糊涂地说。

儿子见父亲的态度如此坚定，什么也没有说，闷闷不乐地走开了。

过了两天以后，儿子上学出门后，托尼又偷偷溜进儿子的房间，打算从儿子的日记里洞察他内心的秘密，令托尼吃惊的是，抽屉上不知何时安了一把小铜锁。他突然意识到自己犯了一个低级错误。

晚上，当儿子回到家后，托尼鼓足勇气对儿子说：

"儿子，爸爸犯了一个错误，你能原谅爸爸吗？"

儿子沉默了一会儿，冷冷地说："不就是偷看日记的事嘛，我不想再谈这件事了。"

"如果你原谅爸爸，就请你把锁打开吧，别把爸爸当贼似的。"

儿子气呼呼地把钥匙抛给托尼说："这是钥匙，你该满意了吧？"

几天以后，当托尼无意中再一次来到儿子的房间时，又鬼使神差般地想看儿子的日记。可是令托尼失望的是，儿子的抽屉虽然没有上锁，可那日记本不知何时已无影无踪了。

有一天，儿子突然对托尼说："爸爸，你是不是很失望？"

"你为什么这样说？"

"因为我把日记扔了，并发誓不会再写日记了。"

托尼惊愕地醒悟到，他已经失去了儿子的信任。

显然，父母随意翻阅事关孩子隐私的信件、日记等是不正确的。这种偷偷摸摸的行为容易给孩子幼小的心灵打下一个深深的烙印，那就是：父母是不可信任的！当身边最亲近的人让孩子产生不信任感时，亲子之间的交流沟通便不复存在了。

还有的父母认为，孩子应该是一个永远长不大的"水晶人"，对自己不应有任何秘密，于是干脆粗暴地侵犯孩子的隐私。

嘉嘉是初中二年级的学生，她最大的烦恼就是父母拆看她的信件和日记。有一次，她在家里做功课，一位男同学打电话来，没想到妈妈在另一个房间偷听。她刚搁下电话，妈妈便怒气冲冲地过来，劈头盖脸地质问那个男孩儿是谁，和她什么关系，并警告她不许早恋。她知道妈妈偷听电话，就十分气恼地说："你为什么偷听我的电话，侵犯我的隐私权？"妈妈轻蔑地说："小孩子有什么隐私权，当妈妈的不能管你吗？再说你心中如果没有鬼，干吗怕别人知道呢？"她与妈妈大闹了一场，之后总是把自己关在房间里，连话也不愿意和妈妈说了。

想一想，这个女孩子还会信任她的妈妈吗，有了烦恼还会愿意向妈妈诉说吗？其实个人的隐私与人格尊严有密切联系，侵犯孩子的隐私就是不尊重孩子，而不尊重孩子的家长也同样得不到孩子的尊重。

教育学家认为，有隐私是孩子逐渐走向独立的标志，这时孩子已经有了一定的判断力。家长不要总认为孩子长不大，自己必须牢牢控制孩子。当然，为了不让孩子变坏，家长还是要和孩子走得近一些，那么怎样才能让孩子愿意和自己吐露心里话呢？

一个14岁的女孩子和妈妈的关系特别好，什么事儿都愿意和妈妈商量，她认为妈妈最伟大的地方就是从来不侵犯她的隐私。这个女孩子常常自豪地对同学说："我的日记放在桌面上，也没有锁，我有这个自信，妈妈绝不会偷看！"她的妈妈说："我知道我必须尊重孩子，这样才能换来她的信任和尊重。瞧，现在不是很好吗？我从不偷看她的信件、日记，但她有了难解的事都和我商量。有男孩追她啊，不喜欢数学啊……我一点也不用担心她变坏。"

这个女孩子真幸运，有这样一个开明、懂得尊重她的妈妈。如果天下的父母都能像这位妈妈一样，也许亲子沟通就不再是问题了。

尊重孩子的隐私，父母不要随意拆孩子的邮件或翻看孩子的日记，不要监听孩子和他伙伴的谈话；当孩子心中有秘密时，如果孩子不想倾诉出来，父母不要刨根究底、紧追不放，更不能以命令的口吻逼孩子说出来。否则，必将引起孩子的反感，使他们产生不被信任的感觉，从而渐渐失掉诚实正直的好品格。

适当放手让孩子做小主人

在生活中，孩子有没有独立的意识，关键看父母如何培养。任何孩子都不能永远生活在父母的羽翼下，他们迟早都要独立的。如果父母不给孩子自主选择的权利，那么他们永远不会有自己翱翔的一片蓝天；相反，给他们自主选择的权利，他们则会撑起自己的一片天地。

在成人的世界里，几乎每天都要面临着抉择。在孩子的世界里，他们也经常需要作出一些抉择，这时父母切忌"包办"，而是要"下放权力"，让孩子经过思考后再作出决定。比如，孩子是否愿意上钢琴辅导课，是否愿意坚持练习书法；高中时，选择文科还是理科；高考成绩不理想，是上职业技术学校还是复读。这些几乎是每个孩子都面临的、关系到自己人生的重大问题。这个时候，父母就应该放手让孩子自己去选择。

一天，正在上高一的小北问妈妈："我下学期就要上高二了，妈妈，你和爸爸是希望我选择文科还是理科呢？"

"小北，这样重要的选择关系到你的一生，因此你应该自己仔细考虑后，再作出选择。以前很多事情是妈妈帮你选择的，但这一次不同了，你要自己作出选择。不过，无论你的选择是什么，妈妈都百分之百地支持你。"妈妈握着小北的手，郑重地对他说。

也许很多父母会想，小北的妈妈把如此重要的选择权交给了儿子，是不是太盲目、太草率，是不是不负责任？

事实上，小北的妈妈这样做，直接向儿子表明了"我相信你""我尊重你的选择"。当一个母亲如此信任自己的孩子时，她给予孩子的是巨大的鼓舞，孩子会反复权衡后再慎重做出选择。其实，把一些关于孩子自己的重大事情交给他们去选择，既能培养孩子的决断能力，又能培养孩子的信心。

遗憾的是，许多父母在关系到孩子人生重大的事情时，不给孩子任何选择的机会。特别是孩子上了高中时，部分父母对孩子限制得更紧了，全然不顾孩子的实际情况和感受。选择文理科时，他们会出面，代替孩子作出选择。高考填报志愿时，更是不惜违背孩子的意愿去选择一些自己认为理想的专业。结果孩子进了大学后，对父母所选择的专业不感兴趣而闹退学的不在少数，这时父母再后悔也迟了。这样的例子经常见诸各种媒体，它给父母们敲响了警钟：与其越俎代庖，不如给孩子充分的选择权。

要知道，抉择是每个人享有的权利，孩子也如此。给孩子机会去作出他自己人生中最重要的抉择，当孩子遇事作出正确的决定时，这对他长大成人后在工作中有极大的帮助。生活中，那些成功者大多是从小就具有较强决断能力的人。

孩子是一个独立的个体，他们需要机会来自己作决定，来锻炼自己的决策能力，体会自主决策的感觉。所以，无论怎样担心，父母也应该给孩子多创造一些机会，让孩子自己作出决定。父母可以通过以下几个方面，来为孩子创造自己做主的机会：

1. 让孩子自己决定穿什么衣服

只要孩子有了基本的冷暖概念，就可以让他自己决定每天穿什么衣服，并且决定衣服的搭配颜色，父母不要根据自己的好恶来强迫孩子。

有些孩子把自己打扮得不伦不类，只要不是正式场合，父母大可不必太认真，也不必因此而责怪孩子，应该尊重孩子的选择。父母可以适当地向孩子讲一些衣服搭配的基本原则，孩子就会逐步明白在什么场合穿什么衣服。

2. 让孩子自己安排时间

从放学回家到上床睡觉之间，这段时间应该让孩子自己安排，比如晚饭后，孩子喜欢先练习书画再写作业，不妨让孩子自己决定好了。父母不宜强行命令孩子必须写完作业再练书画，只需要适当地提醒孩子在睡觉前把当天该做的事情做完即可。

3. 让孩子布置自己的卧室

属于孩子的空间尽量让孩子自己动手布置。比如，有的男孩子喜欢姚明，就让他在床头贴上姚明的画报好了，而不必强调要他贴上爱因斯坦或其他人的照片。总之，只要孩子所贴的、所挂的是健康的东西，即使父母不喜欢，也要忍耐。

4. 带孩子去商场购物

商场里的物品应有尽有，正好是让孩子锻炼决策能力的好地方。比如，方便面有各种牌子和口味的，买哪种也许父母无所谓，但孩子却有自己的喜好，可以让孩子自己来决定。父母在旁提醒孩子在满足自己口味的同时，要适当照顾家里其他人的喜好即可。

命运不是机遇，而是选择。无论大事还是小事，只要自己认为办得好的，就坚定地去办。交给孩子自主选择的权利，让他做独立自主的孩子。

大力培养孩子的参与意识

孩子有了参与意识，很多事情做起来都会很容易了。所以，父母要注意训练孩子的参与意识。两三岁的孩子自我意识开始萌发，常常会主动要求自己做一些事情，可是父母却认为孩子太小，常常不支持这种行为，因此与孩子产生了矛盾。

心理学研究表明，两三岁的孩子存在"我自己来"的心理要求，但是往往又什么都干不好。有的父母图简单，对孩子的这种主动性和表现欲采取不理睬的态度，仍然像原先那样包办一切，这是会阻碍孩子心理健康发展的。

正确的做法是，孩子要求"自己来"的时候，父母就要因势利导，教孩子一些自我服务的技能。其实，这种教育是很简单的，只要父母端正态度就可以了。一般来说，从身边的事情教起，比如穿衣服、脱衣服、吃饭、洗手、收拾玩具等。教的过程中引导孩子不要急于求成，每件事都可以分解成若干小步，每次做到一两个小步，逐渐达到熟练的程度就可以了。

可以专门为孩子准备一些小工具，如小喷壶、小围裙、小拖把等。这样既教会了孩子技能，还化解了孩子的"3岁危机"，父母还可以添个小帮手。

孩子有参与意识是好事而绝对不是坏事。很多孩子，特别是小孩子，常常看见大人们做什么，就吵着要做什么。男孩子看见哥哥或父亲骑自行车，就会哭着要骑自行车。虽然他的脚还够不着踏板，却总是跃跃欲试。女孩子看见母亲洗衣服，有时也哭着要洗衣服。这既是孩子的参与意识的表现，也是孩子开始出现独立意识的表现，他们希望像大人一样有事情做。

因此，如果孩子提出这样的要求，父母不要随便对他们泼冷水："你人才比车子高一点，就想骑车子，别把车子摔坏了。""人小小的，就想洗衣服，不要把衣服洗脏了！"

这样的冷水很容易伤害孩子的自尊心，对他们的健康成长不利。孩子可能确实是太小了，还不可能做这样的事情，可是能不能做这样的事情与希不希望做这样的事情相比较，前者是微不足道的，而后者才是最重要的。孩子有了参与意识，有自己尝试的意愿，父母就应该尽力从旁协助，给予孩子自由发挥的机会，这对孩子的成长很重要。孩子如果成功了，父母要加以鼓励，提高他们参与的积极性。如果没有做好，不应责备，更不应该从此以后不让孩子做这样的事情，因为任何事情都有一个学习和熟悉的过程。

因此，对孩子给予协助和适当的鼓励是最可取的方法，这样，孩子的上进心才会愈来愈强，进一步向自己的能力挑战。

有一位著名的企业家说过："千万不要害怕失败，害怕失败就会畏缩不前！"一个人一旦有了畏缩心理，就什么事也不敢做了。这句话同样也适用于父母对孩子的教育。

如果孩子想做什么新的尝试，父母一听就先说："你做得好吗？别做错了，把东西搞坏了！"这样孩子就会犹豫畏缩起来，没有了信心！而信心常是一个人做成事的后盾。畏缩、害怕失败，心理上首先就失败了，便更容易把事情做坏。

有一位围棋大师说过："不尝试是无法知其成败的。"他以此话勉励自己的弟子，所以他的弟子们都敢积极地进行挑战，而且多数成为棋坛名人。

读书也是这样，只有敢于提问题，又敢于回答问题，才能把东西学好。一个在英语课堂上都不敢开口、怕讲错的人，是绝对学不好英语口语的。

因此，当孩子们要求做某种尝试时，即使我们知道会有许多困难，或者不会成功，但还是应该给孩子们一个尝试的机会，让他们去考验自己的才能。有时孩子可能会想出父母想不到的办法，产生超乎平常的构思。如果事先就认为会失败，而不许孩子尝试，那么孩子内心潜伏着的无限可能性就得不到发挥。这种害怕失败的心理状态会使孩子不敢轻易尝试新的事物，使孩子保持缄默和消极、被动。

而事实上，任何人的成功通常都是经历了无数次的探索与失败的。任何人在做事情的时候，都有一个学习与实践的过程，而且开始通常也都是做不好的，通过不断地实践，才由做不好达到做得好。就以洗衣服这样一件简单的事而论，一个人初次洗衣服时肯定洗得不干净。因为他没有洗过，没有经验，不知道怎样才能洗得干净。做饭也是一样，很多人第一次做饭，不是少放了水，把饭煮得过硬，就是多放了水，把饭煮得过稀，这是不足为怪的。因而，如果孩子第一次做什么事时做坏了，父母不要过于责备，而应帮助他总结经验，找出没有做好的原因，下次也就可能做好了。所以，正确的态度不是埋怨、责骂，而是热情帮助孩子找出失败的原因。

俗话说，"失败为成功之母"，也就是这个意思。没有失败，何来成功？

不过这个道理说起来简单，做起来事实上也并不容易。我们发现，有些父母看见孩子没有把事情做好，就干脆自己做了起来。他们的说法是："我自己动手省事得多。"这种越俎代庖的做法对孩子的教育是大大不利的。

现在有些孩子在考大学时，由于某些原因临场发挥得不够好，而没有考上。这时父母就焦躁不安，于是埋怨、责骂。这种做法是极端错误的，而且不利于孩子再战。像孩子考大学这种大事，我们当然不希望子女落榜，但同时我们却又必须允许和容忍孩子失败。一时失败了，坏事既然已经发生，父母就绝不要再埋怨和叱责；反之，应关心和体贴孩子的痛苦，同他谈心，共同找出考试失败的原因，想出克服的办法，找出前进和努力的方向，激励孩子再战，争取下次战斗的胜利！

其实，如果孩子已经多少有些思考能力和独立的要求，我们就应该尽量给予孩子们自己思考的机会。比如，让孩子自己去决定应该从什么做起，是马上就做功课，还是先玩耍一会儿再做功课。这样既培养了孩子们的独立思考能力，又能让孩子们高高兴兴地做功课。当然，这样做绝不是要父母放任孩子不管。

对孩子的选择和决定，父母既应监督，也应检查，必要时，还应给予帮助，启发孩子作出正确的选择。这是因为孩子的选择有时不一定完善，可能会有不妥当和欠缺的地方。只要没有什么不良的后果，父母就应尽量不插嘴，让他们自己去总结，并从中汲取教训。这样，孩子可能会获得更大的进步。

父母要学会与孩子平等相处。儿童心理学专家做过一项测试：父母在超市购物的时候，让孩子与父母选购物品，一般来说，孩子都会与父母合作，很少出现不听话或使性子的举动。购物的时候，父母可以诱导孩子，让他做一些小小的选择，比如问孩子："我们今天买梨呢还是橘子？"并且要经常鼓励孩子，比如说："宝宝帮妈妈找到麦片了，真乖。"父母只要这样自始至终地鼓励孩子参与，自然比等孩子捣乱的时候再想法制伏他更有效。

诱导孩子做选择时，父母的态度要平和，目的要明确。父母要求孩子参与的时候，态度要很温和，不要使用犹豫、不耐烦及粗暴的口吻说话，要求清楚直接。一句话，就是要让孩子明白父母到底要他做什么。比如父母要出门，不能说"快，走了"这样很笼统的话，而应该蹲下去，正眼看着孩子，很和气地说："把外衣穿好，帽子戴好，我们要出去了。"孩子如果按照要求做了，父母就应该抓住这一机会进行表扬，强化孩子的这种行为。

在教育孩子时，可以采用以下方法：

1. 父母给孩子选择的权利

要让孩子参与，就要给孩子相应的权利。有的父母有这样一种错误的观点，认为孩子如果有了适当选择的权利，会使孩子产生占了上风的感觉，从而让很多本来不能办的事情演变成了能办的事情，因此，常常让孩子在"不"或"是"之间进行选择。其实不然。刚开始的时候，可以让孩子在两样东西之间进行选择。不要把选择范围弄得太大了，否则孩子没法进行有效的选择。

如果孩子选择了父母所提供的范围以外的东西，父母可以这样引导孩子："这个选择不错，我还没有想到。"如果孩子的选择不适合，父母可以告诉孩子这个为什么不适合，让他重新选择。

2. 父母要强调合作的益处

父母要让孩子知道，跟大人合作也是为了他自己好。如果孩子明白了这一点，就会产生很高的积极性。一般的情况是，两三岁的孩子已经懂很多道理了，父母用孩子能够接受的语言跟他解释做这件事对他的益处，孩子是可以接受的。比如说："你和我一起把桌子收拾干净就可以画画了。""你换好睡衣就可以听妈妈讲故事了。"

3. 让孩子感到同父母一起做事有意思

孩子是否愿意与父母一起做事，很大程度上取决于有没有意思。比如，孩子刷牙的时候，父母给他念一首刷牙的儿歌，让他跟着歌中的步骤刷牙，孩子就会感到很有意思。如果孩子拒绝穿衣服，父母可以对她说："听，小裙子说话了——我是你的小裙子，快点快点把你的头伸进来。"父母大概会觉得这样做有点可笑，但是孩子对此却是很喜欢的。

只有希望参与，才可能取得最后的胜利。即使失败了，也不要灰心，要敢于接受再一次的失败，再进行下一次参与。有这样的决心，什么事情还干不成？

家里设立"自治区"，留给孩子自由天地

早期的习惯培养就像一粒希望的种子，不能到了收获的季节才匆匆忙忙想到播种，而必须赶在生命的春天里就有意识地培土和撒种，并且坚持不断地施肥和灌溉，这样才能让希望的种子及早生根发芽，茁壮成长，让孩子在人生成功的道路上胜利前进。

做父母的应该向自己的孩子灌输这种理念：自己的事自己做。这不应该仅仅是一句口号，而应该成为一种治家的理念。我们认为孩子 3 岁就可以作为一个平等的家庭成员参加"家庭会议"，参与决策、分担任务。毫无疑问这是培养他们自理能力的绝佳手段之一。

让孩子早点当家，这也是培养他们的自信心的一个绝妙办法。

我们推荐这样的做法：如果家中来了客人，特别是孩子比较喜欢而又尊敬的客人来了，让孩子有意识地做家庭的主人，接待客人，做一些力所能及的招待活动，比如送茶水、送糖果，等等。另外，还应该鼓励孩子从事简单的社会交往，有利于孩子锻炼自己的生活能力。

现在的很多孩子是"衣来伸手，饭来张口"，什么事情都是父母包办代替。这是一种很不好的现象，父母应该努力改正。父母必须清楚，总有一天，孩子是要成为一个自立于社会、自主于人生的个体的。父母如果能从小就培养孩子自己的事情自己做、自己的东西自己管、自己的生活自己安排的自我管理习惯，就能够很好地增强孩子行动的独立性、目的性和计划性，这对于孩子今后的幸福和成功无疑是具有很大的好处的。具体做法如下：

1. 给孩子一个劳动岗位

许多父母抱怨孩子懒，这是无可争议的事实。20 世纪 90 年代初，曾有媒介披露一组数据，即有关方面对各国小学生每日家务劳动时间做过统计：美国为 1.2 小时，韩国 0.7 小时，英国 0.6 小时，法国 0.5 小时，日本 0.4 小时，而中国仅为 0.2 小时，即 12 分钟。当时，不少媒介炒起了"0.2 现象"。1996 年，中国城市孩子人格发展调查也发现，孩子平均每日家务劳动时间为 11.32 分钟！

为何如此之少呢？最根本的是一个观念问题。

无数父母反复叮咛孩子："只要你把学习搞好了，别的什么都不用你管。"这是一句非常典型的话，其含义是分数决定命运，一切为了考试，什么道德呀，体育呀都算不了什么，劳动更是不必提及的事。

客观一些讲，父母们讲这样的话也是无奈，但是，不论有多少理由，我们应首先弄明白孩子是否需要劳动，劳动对于儿童成长有何意义。

从孩子的成长需要讲，孩子其实是喜欢参加一点劳动的，更喜欢负一些责任，以确立他们在家庭中的位置，并增强自己处理问题的能力。这是他们成长过程中的自然需求，我们应该满足他们。否则，他们长大之后会发觉，这一生有无法弥补的缺憾。

从教育的角度看，孩子的劳动与健康人格密切相关。我们调查发现：第一，孩子从事劳动的时间越长，其独立性越强；第二，孩子从事劳动的时间越长，越有利于形成勤劳、勤俭的品德。

因此，父母们应当从小培养孩子热爱劳动的良好习惯，并以此作为培养优良人格的一个切入点。譬如，在家务劳动中，为孩子选择一个适合他的劳动岗位，郑重其事地交给他，使他具有光荣感和责任感。父母应当经常鼓励孩子，并给其具体帮助，使他感受到劳动的高尚。

2. 让孩子自己支配时间

一个具有健康人格的人是自由的人，而自由主要体现在这个人能够自由、有选择地支配自己的行为。这种自由感不是凭空产生的，其中很大一部分来自童年时期对自由支配时间的体验。但遗憾的是，我们的调查发现，孩子平均每日可支配的自由时间只有68分钟，这说明，我们没有给予孩子足够的可自由利用的时间，相反，我们用功课以及其他有关学习的活动将孩子"安排"了，我们把他们的时间"安排"得满满的，使他们疲于奔命，而失去了选择的机会和能力。

更可悲的是，他们几乎成了机器人，在"安排"下失去了自我，以至变得越来越懒散、麻木和消极。

有位独生女说："我知道妈妈很爱我，但爱得我想去死，因为我一点自由也没有。"

自由支配时间，意味着孩子具有热情地实现自我、用创造性的方法表达自我的机会。剥夺儿童自由支配的时间，实际上是在剥夺儿童成长和发展的机会。对城市孩子的调查表明，有更多自由支配时间的孩子自信心更强，并且比自由时间较少的孩子有更强的成就需要。因此，父母们应转变观念，给孩子足够的自由支配时间，帮助孩子有效利用时间，发现生活的乐趣，展示自己的才华，使其能够更健康、更自然地成长！

作为父母，你是否觉得孩子太依赖大人呢？

早晨起来被子不叠，吃完了饭碗筷不洗，甚至忘了带某种学习用具也怪大人没有提醒，等等，诸如此类的现象司空见惯。所以，我们在调查中发现，孩子认为自己"有责任心"的仅占45.9%，认为自己"做事有独立性不依赖他人"的仅占40.3%。也就是说，半数以上的孩子依赖性较强。

孩子的依赖性是从哪里来的呢？一般来说都与父母的溺爱有关，父母包办代替越多，孩子的依赖性越强。相反，父母如果鼓励孩子自己的事情自己做，孩子的依赖性将会大为减少。关于这一点，很多父母都有切身的体会。

有个上小学四年级的独生女习惯于睡懒觉。每天早晨，她妈妈几次催她起床，她总哼哼唧唧地说："再待会儿。"如果真迟到了，她会抱怨父母不把她拽起来，害得她受老师批评。

父亲想了想，对妻子说："咱得换个办法了。"于是他们告诉女儿："上学是你自己的事情。从明天早晨开始，该几点起床你上好闹钟。如果闹钟响了你还赖被窝，你就赖吧，肯定没人叫你，一切责任自己负！"

父亲心中有数：孩子虽然跟父母撒娇，可是在老师、同学那里还是很在意自己形象的，岂敢总迟到？果然，第二天早晨，闹钟一响，女儿噌地跳下床来。从那时起至今，五六年过去了，女儿早上起床上学再不用催了。有时候，父母还在睡觉，女儿早已经骑车上学去了。

从这个独生女的变化可以看出，孩子的潜力很大，可以做很多事情，只是父母的溺爱剥夺了他们自立的能力。譬如，孩子的学习也是自己的事，靠自己认真听讲、认真思考、认真预习和复习，独立完成学习任务，才能真正掌握学习本领。大人陪读陪写甚至帮写帮计算，都是在帮倒忙，是在辛辛苦苦培养懒孩子。当然，如果孩子个人很勤奋仍搞不明白，帮他分析一下，甚至请家庭教师都可以，但必须以孩子独立学习为前提，切忌包办代替。早在 1927 年，著名教育家陈鹤琴就提出："凡儿童自己能够做的，应该让他自己做；凡儿童自己能够想的，应该让他自己想。"这是符合教育规律的至理名言。

十一、

帮孩子抵御外部影响，进入自我指引的良性循环

　　常有一些家长抱怨自己的孩子容易受到外部环境的影响、不学好，等等。怎样解决这些问题？怎样扭转这种局面？粗暴指责、强迫改变显然是无法获得预期效果的。正确的做法是，引导孩子淡化外界对自己的不良影响，最好能让孩子从外界对自己的不良影响中获取积极的激励作用。孩子有了这样的认识，他就能增强免疫力，能抵御周围不良环境、不良人群的干扰和诱惑，并且能有效防止自己坏习惯的产生。

培养孩子抗拒诱惑的能力

一个孩子如果不能抵制外界的诱惑，就会迷失自己，从而误入歧途，甚至走向不归路。面对诱惑，最重要的就是教会孩子懂得克制自己。只有这样，他们才不会迷失自己，沿着正途走向成功。

一个商人需要一个特别的小伙计，于是在商店的窗户上贴了一张独特的广告："招聘：一个能自我克制的少年，每星期60元，合适者可以拿70元。"

"自我克制"这个词语立即引起了小伙子们以及父母们的争论和思考，自然也引来了许多求职者，但每个求职者都要经过一个非同寻常的考试。波特也参加了应聘，他忐忑不安地等着，终于该他出场了。

"你能阅读吗？"

"能，先生。"

"你可以读一下这一段文章吗？"商人把一张报纸放在波特的面前。

"可以，先生。"

"你能一刻不停顿地朗读吗？"

"可以，先生。"

"很好，跟我来。"商人把波特带到他的私人办公室，然后关上门，把报纸送到了波特手上，上面印着波特答应不停顿地读完的那一段文字。

朗读刚开始，商人就放出了8只美丽可爱的小狗，小狗跑到波特的脚边，不停地吻着波特的脚。这实在是太过分了！很多应聘者都因经受不住美丽小狗的诱惑，视线离开了阅读材料，因而被淘汰。但波特始终没有忘记自己的角色，他一口气朗诵完了那段文章。

商人非常高兴，他问波特："你在朗读时没有看到你脚边的小狗吗？"

波特答道："对，先生。"

"我想你应该知道它们的存在，是吗？"

"是的，先生。"

"那你为什么不看一看它们呢？"

"因为我答应过你，我要不停顿地读完这一段文章。"

"你总能遵守你的诺言吗？"

"是的，我总是努力地去做，先生。"

商人高兴地说："你就是我想要的人。"

由此可见，能够很好地克制自己，不为外物所诱惑，全身心地投入学习和工作中，完成自己职责的人，才有希望取得成功。

对孩子抵抗诱惑力的培养不是一蹴而就的，需要长时间做工作。在平时，父母既要承认和满足孩子的一些要求，又要控制某些不良欲望的无限膨胀，提高孩子对金钱和物质的抵抗力，让孩子们健康成长。

家长可以从区分孩子是"想要"还是"需要"做起，培养孩子抵抗诱惑的能力。

10岁的儿子要求爸爸为他买一个游戏机，爸爸问他："你是'想要'，还是'需要'这个游戏机呢？"

"我想要。"

"对不起，你'想要'但不'需要'的物品，我不能满足你。"

听爸爸这样一说，儿子马上改口："我需要。"

"你为什么需要呢？"

"……"儿子无言以对。

"儿子，如果你说你学习要用一本字典，或者生活中必须要用某一件物品，爸爸会高兴地去给你买。但是，你想要的物品往往是你不能抵制外物的诱惑，虚荣心驱使你这样做的。爸爸不能助长你的虚荣心，所以不会满足你的这种要求。你能听明白吗？"爸爸一本正经地给儿子讲道理。

儿子没得到游戏机，虽然很不高兴，但仍然点了点头。

当孩子想要某些不需要的东西时，家长就可以这样来做，培养孩子抵抗诱惑的能力，而不是一味地满足孩子。

培养孩子抵抗诱惑的能力，家长应该注意以下几点：

1. 别让孩子盲目攀比

人的要求应受客观条件的制约。在丰富的物质世界面前，在各种诱惑面前，一个人应考虑家庭经济条件。教育孩子不盲目攀比，让其养成勤俭节约、艰苦奋斗的优良品质。

2. 培养孩子良好的心理素质

一般来说，抵抗诱惑能力差的孩子缺乏自主意识，自控能力不足，大都具有"见异思迁""见好就爱"等不良的心理倾向。对此，家长要帮助孩子提高分辨能力，认识到贪欲的危害性，使其懂得哪些要求是合理的，哪些要求是不合理的，做到不为外物所动。

3. 满足孩子合理的需要

在条件允许的情况下，应尽量满足孩子合理的需要，一时解决不了的应向孩子做出解释。对孩子抵抗诱惑力的培养不可能一劳永逸、一蹴而就，需要家长长时间的引导。

4. 引导孩子增强对诱惑的免疫力

孩子都有攀比的心理，他们年龄小，生活阅历尚浅，很难建立起对事物的正确评价标准。所以，做家长的要及时、有效地引导孩子，帮助孩子改掉虚荣、乱攀比的坏毛病。家长如果能给孩子传输一些积极、正确的价值观和道德观，孩子就会变得"百毒不侵"，从此对一切诱惑都"免疫"。

孩子的成长过程，就像是孩子爬山的过程，其间孩子总会看见途中的奇花异草，如果任由孩子被其诱惑，迷恋它们的美色，就有可能到达不了顶峰。

是谁教会了孩子攀比

攀比是烦恼的根源，那些心态平和、容易满足、不攀不比、安心过自己日子的人才是最快乐的人。这句话也适用于孩子。生活中很多孩子的烦恼就来自他们和同学比吃、比穿、比酷……此前看过一篇报道，说的是某地区幼儿园的孩子们已经开始比谁的老爸的汽车更好。试想一下，孩子们稚气的脸上却提前流露出与年纪不相称的势利表情，怎能不让人忧心忡忡。因此，帮助孩子克服爱攀比的思想，在适当的时候教育孩子不和别人攀比是非常重要的。

当然，攀比是一种社会心理现象，是每个人都会有的心理状态，也是任何时代、任何社会都会存在的。可是，不同时代、不同社会的人们攀比内容却有很大不同。今天面对孩子的种种攀比，我们首先应该清楚地区分：

攀比，不一定都是坏事情，问题在于向哪个方向引导；

攀比，有时是不服输的表现，但比吃、比穿、比虚荣，就不足取了；

攀比，和其他事情一样，过分则只有害处而没有益处；

攀比，如果参照系选择得好，那么孩子越比发展得越快。

换言之，攀比不一定都是坏的。当发现孩子有不健康的攀比心理和攀比行为时，家长可以参考以下几点以作应对：

1. 改变攀比的方向

孩子喜欢在生活享受方面向上比，别人买了名牌书包，我也追求；别人有了新式玩具，我也想要。这时，孩子的心理和行为受情绪控制而缺乏理智，不能理解满足人的需求是受一定条件限制的。对付这一类攀比，快速生效的办法就是调整比的方向，将向上比改为向下比。这也叫作反攀比。

2. 迁移攀比的兴奋点

孩子有攀比心理，说明孩子的内心有竞争的倾向和意识，想达到别人的水平或超越别人。我们要善于抓住这种上进心理，并且改变孩子一味地攀比吃穿、消费的倾向，引导孩子将攀比的兴奋点迁移到学习、能力、毅力、良好习惯等方面。

3. 将今天与昨天比

让孩子今天和昨天比，本周和上周比，这学期和上学期比，从中看到自己的进步，建立孩子的自信心，并在欣赏自己的过程中努力超越他人。这样就能让孩子从习惯于横向攀比而改为纵向自我比较。

4. 将攀比变成动力

当孩子爱攀比的时候，我们可以引导孩子将攀比变成动力，告诉孩子不是不可以攀比，而是要通过自己的努力去实现攀比的条件。

攀比不是一无是处，关键是不能盲目攀比，把握尺度最重要，更不能拿自己的短处和别人的长处比。

家长污言秽语，孩子出口成"脏"

家长都有与孩子生气的时候，这是再平常不过的事情。然而有的家长却不懂得控制自己的情绪，劈头盖脸地对孩子一通臭骂，污言秽语层出不穷。也许他们以为这样解了气，却没有发现因为脏话让自己丢了身份，更让孩子对你无比鄙视。

这天，微微的爸爸去幼儿园接她回家。刚走进幼儿园，他就看见微微正站在一群小朋友的中间，并指着一个小朋友，厉声说道："你怎么这么笨！连这么简单的动作都不会，真不知道你妈妈是怎么把你养大的！"

那孩子听完之后，号啕大哭起来。不过，微微并没有停下自己的行为，继续骂："哭什么哭！没种的东西，有本事你和我打一架！"

看到孩子这个样子，爸爸不由来了脾气，走过去骂道："小丫头，谁××教会你说脏话了！我不打断你的腿！"

谁知，微微并没有后退，反而走上前，更加大声地说："爸爸不讲道理！凭什么你能说，我就不能说！你什么样我就什么样，×！我不喜欢爸爸，爸爸是个废物！"

微微的话让爸爸愣住了。他没想到，自己在孩子的心里是这个样子；他更没想到，孩子居然对自己有这么大的敌意！

微微的这个样子一定会让爸爸伤心无比，毕竟这是她的亲人，不是她的敌人。可是，孩子为什么会变成这个样子？爸爸还是要从自己的身上找问题。

当孩子出现说脏话的情况时，如果家长没有及时地制止和教育，这些脏话就可能在孩子的意识里生根。因为孩子对一切事物都有着强烈的好奇心，他们可以通过语言和别人进行交往，以此来满足自己的需要或者获得别人对自己的注意。当孩子接触脏话时，他首先是感到新奇，尤其是说过以后，或许大人感到惊讶，或许大人哈哈一笑。因此，孩子可能会认为说脏话是引起大人注意或赞赏的一个原因，所以不辨好坏的孩子更乐意重复脏话以获得大人的注意和赞赏。

现在有不少家长在教育孩子时，总是不能平静内心的波动，采取打骂的方式来对待孩子，出口成"脏"，严重地污染了家庭的语言环境。但家长却以为，自己的这种态度恰恰能体现自己的地位与权威，于是乐此不疲，各种不雅的词汇成了口头禅。然而这样的家长又特别喜欢对孩子强调"文明、礼貌"。心口不一、不能以身作则，这样的家长能够教育好自己的孩子吗？

更重要的是，听着爸爸妈妈对"文明、礼貌"的强调，却又要承受一系列不堪入耳的脏话，孩子心里一定会这么想："难道这就是我的爸爸（妈妈）？他（她）真是两面派！"无形之中，孩子就会对父母的教育产生抵制，看不起父母的形象。在他们的眼中，父母毫无威信可言，因此接受父母的教育也成了无稽之谈。

如果家长的这种行为不改变，那么孩子也会学会家长说脏话的习惯，以此来对抗家长的教育。正因为如此，有的家长才会发现，孩子在与自己交谈时，总会不时蹦出一个脏字，同时也表现出了不服、轻蔑之意。孩子会这样对自己说："凭什么我不能说脏话？他有这个权利，我为什么不能有？他们怎么对我，我就怎么对他们！"

不注意自己的形象，习惯了脏话连篇，这导致了家长与孩子之间出现隔阂，更让孩子学会了坏习惯，这是件多么可怕的事情！马克思曾经说过："你可以用各种行之有效的方法去影响孩子，可最好的方式还是你的行动。"所以，想要与孩子重新找回温暖，家长一定要注意自己的言行，改掉说脏话的习惯，让孩子去做什么的时候，自己首先要做到；让孩子不能做的事情，自己也一定不要去做。这样，孩子才能感到你是个伟大的家长，值得信赖的家长！

家长不说脏话，这是维护自身形象的根本。否则，孩子就会看不起父母的所作所为，更不愿意接受他们的教育。因此，在家庭生活中，家长必须注意自己的言行。

1. 改掉自己的坏习惯。有些家长的坏习惯并非短期养成，在孩子出生之前早已有之。也许这种习惯很难改正，但是为了孩子的健康成长，就要下决心改掉自己身上的那些坏习惯，以防"遗传"给自己的下一代，更让自己丢了面子。如果家长感到强行戒除的确有困难，那么不妨求助于相关专家。例如，你有骂人的习惯，那么可以报名参加礼仪培训班，在文明的环境中扭转自己的行为；如果有晚上睡不着、彻夜玩闹的习惯，那么可以寻求医生的建议，在药物治疗与心理治疗的帮助下，改变自己的生活习惯。

2. 告诉孩子说脏话不对。当孩子说脏话时，首先，家长应当坚决地告诉孩子："大多数人都不喜欢听到那些脏话，我也不希望你说那样的话。"家长应该要求孩子不准骂人，也不准因为说脏话而给自己惹麻烦。如果孩子已经养成了说脏话的毛病，那么家长就应当告诉孩子："这句话是骂人的话，不好听，不要学。"把不文明的行为消灭在萌芽状态中。家长可以多带着孩子参加群体活动，让孩子明白说脏话不好。

3. 郑重地向孩子道歉。家长的脏话有时候属于口误或不由自主，例如在教育孩子时，突然有些急躁才脱口而出。这个时候，家长不要转移话题，更不要想方设法地掩盖，而是应当诚恳地说声："对不起。"然后，可以解释刚才的行为，并对自己的做法感到懊悔。这样，孩子既能明白说脏话不好的道理，又能感受到父母的真诚，对父母的好感自然能大大提升。

消除电脑对孩子的负面影响

一位教育工作者经常告诫为人父母者：他们在教育子女的问题上，不是金钱投入不足，而是时间投入不足！我们也可以换个说法：是关注投入不足。

虽然父母在孩子学习的物质条件上有求必应，书籍、电视、电脑一应俱全，但是就是不抽出时间过问孩子是怎样使用这些东西的。其结果是：为学习而准备的东西到头来成了高级玩具。例如电脑在许多家庭里面就成了这种东西。

俗话说，玩物丧志。"玩电脑"同样如此。

这是一个真实的故事：飞飞上初中后，为了让儿子好好学习，早日成才，父母专为他买了台电脑。自从电脑进家，飞飞放学后再也不出去玩儿了，双休日更是钻进房里一天不出门。飞飞的父母看孩子这么用功，打心眼儿里高兴。天长日久，他们渐渐发现有点不对头，儿子越来越不爱和别人说话，人也变得越来越孤僻古怪。一天，飞飞的爸爸去学校开家长会，班主任谈到飞飞这学期的变化，不爱和同学们在一块儿，爱发脾气，动不动就动手动脚，问父母是不是有什么事儿影响了孩子。飞飞的爸爸摸着后脑勺，说家里没什么事呀，只是买了电脑后，这孩子放学回家就门都不出了。班主任点点头说，问题很可能就出在电脑上面。

班主任的话引起了飞飞父母的重视。一天，飞飞上学了，他俩便查看了孩子的房间，没发现什么可疑的地方。接着从电脑上看见了儿子写的几篇文章，这一看不打紧，他俩的心跳到嗓子眼上了。那编造得离奇古怪、充满色情暴力、不堪入目的淫秽故事吓得他俩目瞪口呆，几乎瘫在地上……这难道是电脑之过吗？不是。

可见世上万事万物无不具有两重性，电脑也是这样。有人称电脑为"双刃剑"，也就是这个道理。电脑这一高科技时代的宠儿进入寻常百姓家，便备受"望子成龙"的父母们的青睐。但是人们始料不及的是，电脑在造福人类的同时，若使用不当又可能产生负面效应，飞飞的例子在当今家庭中并不罕见。

本来，正确地使用电脑对孩子的成长是有好处的，但问题是，许多家庭里的电脑成了一个玩具：孩子整天通过电脑玩电子游戏，看黄色录像、暴力色情片等。长此以往，不仅会严重影响孩子的生理和心理健康，而且还会使孩子内向、消沉、俗气，甚至走上犯罪之路。

当然，我们也不应一味地反对孩子玩电子游戏和看电视。因为它们对启发和发展孩子的智力和想象力还是有益处的。只要不是过度沉迷于游戏，就应当允许孩子做一些他自己感兴趣的事情。只允许孩子看正书或做功课一方面难以做到，另一方面也容易使孩子僵化和呆板。所以应该允许孩子通过看儿童书籍和电视以及玩电子游戏，多方面接触世界和事物。

否则，家里的电视机关上了，孩子可以跑到邻居家里去看；家里不许玩电子游戏，他跑到外面去玩儿。孩子如对功课不感兴趣，认识不到读书的重要，即使人坐在书桌前，心思也仍在他处。

科学研究发现，就是长期"正常地"使用电脑也对青少年有负面影响。

前不久，芬兰心理学家研究指出，青春发育期前的孩子如果长时间地与电脑在一起，他们的思维方式和感情生活都将会受到不良的影响。心理学的常识告诉我们，一个人的心理状况是在环境与人的相互作用中逐渐形成的。孩子的脑细胞适应能力特别强，因此他们对自己所处的环境很快就会适应，很容易形成一定的心理状态。

心理学家根据这一原理，经过认真地观察研究发现，电脑对孩子的心理健康会产生以下几方面影响：

1. 人的思维需要语言、表象等作为工具，是一种内在的个人交谈，一个人的经验词汇、语言等共同形成了人的逻辑思维方式。在青春发育期以前，孩子如果长时间与电脑打交道，他所形成的基本思维方式就会与电脑的符号式思维相同，也就是说，零碎的符号式机械思维方式有可能代替了人正常的逻辑思维能力。

2. 大量的事实证明，电脑正在逐渐成为人记忆的替代工具。如果孩子长时间地用电脑来替代人脑的记忆，那么，复杂的人脑就可能降为智能机器。

3. 孩子如果过早长时间与电脑相处，常常会在情感上对电脑所提供的信息产生一种眷恋和过分的依赖。孩子们并不明白电脑是不能解决一切问题的。研究证明，过分地依赖电脑与过分依赖父母一样，都是不利于孩子独立生活能力的形成的。

4. 众所周知，一个人的道德观念和处世准则是通过人与人的相处和交流而形成的，但是电脑不可能告诉孩子什么样的行为是合乎道德规范的，什么样的行为是不合乎道德规范的，什么样的事情可以做，什么样的事情不能做。因此，不善于与人交流，而只会与电脑相处的孩子，不仅仅在人际关系上会产生缺陷，而且也不利于良好道德观念的形成。很多资料表明，国际互联网上很多有关色情的内容对孩子的毒害尤为严重，这更要引起父母的高度重视。

心理学专家还指出，电脑使孩子成为脱离现实世界的现代"隐者"，对他们的人生幸福有极大的危害。

这是为什么呢？

因为儿童被电脑吸引，沉湎于游戏的打斗画面中，认为这才够刺激、好玩儿、有意思，因而不愿和小伙伴们玩耍，不愿和父母在一起交谈，不愿与外界接触，讨厌上学。他们迷恋屏幕画面，在网上想入非非，思绪像脱缰的野马，独来独往，百无禁忌，纵横驰骋，俨然是个不可一世的"英雄"。一旦离开电脑，回到现实生活中来，还要去上学，坐在课堂上听讲，做作业，参加集体活动……他们仿佛从天上掉到地下，一种"龙困浅滩，虎落平阳"的失落感顿时袭来。

这样的孩子在生活当中的表现往往很怪异。他们对老师和父母的教诲感到厌烦，和同学们谈不拢，说话没人听，于是无形中生出自卑感和怨恨感，内心产生焦虑、烦躁、压抑，从而对周围的人也生出不满，甚至敌对情绪，觉得没啥意思，还不如玩电脑开心有趣。于是，他们又回到电脑中去，上网漫游，做异想天开的"白日梦"。这样一来二去便形成了恶性循环，电脑把孩子"训练"成与世隔绝的孤独者，行为乖戾；遇事惊恐不安或退缩自卑，怕见生人，也不理解他人，缺乏自我表达能力；不愿与人相处，无法感受人类美好的情与爱。

这就严重影响了儿童的身心健康发育，长大后难以适应社会，成为脱离现实世界的"隐者"。

当然，读者千万莫误认为不能让孩子学电脑，阻止孩子上网。问题的关键是要给孩子正确的引导，首先要注意培养和塑造孩子的自我健康人格，让孩子认识到电脑再先进也是为人类服务的，只能做电脑的主宰，而不能成为电脑的俘虏，被电脑所禁闭。和电脑再亲密，也不能代替人与人之间的亲密感情、人际交往和交流。

要教会孩子将电脑与学习有机地结合起来，平时多让孩子和小朋友玩耍，接触生人，让他单独去购买东西，或去完成某一项任务，从接触社会中引导和帮助他们学会社交，从人际交往中学习各种技巧，培养和训练孩子与他人合作的亲社会心理。通过与自然和社会的接触，可使孩子去品味人生的酸甜苦辣，完善自我，养成敢于面对现实、承受挫折失败、谦虚谨慎、勇于进取的性格。父母要时常和孩子交流思想，互相学习鼓励，使孩子从学用电脑中获得有益的科学文化知识，避免成为孤独的"电脑人"。一旦发现孩子变为孤独的"电脑人"，应尽快去看心理医师，进行心理治疗。

正是由于以上这些原因，芬兰心理学家告诫父母们：不要错误地认为，孩子长时间独自在电脑世界遨游是有益无害的。父母应该给予孩子必要的指导，并且经常与孩子进行各种各样的交流。

见的世面越多，孩子自控能力越强

爸爸妈妈不能陪伴孩子一辈子，也不能保护孩子一辈子。人生的路需要孩子自己去走，要融入这个世界，立足于这个世界，让孩子见多识广起来，就要给孩子一双翅膀，让他们在蔚蓝的天空翱翔。

家长要带孩子出入各种场合，开阔他的视野，增加他的阅世能力，大大增长他的见识。如此一来，孩子才不易被各种浮世的繁华和虚荣所捕获。因为见多了，也就不易受诱惑。

女孩小迪发现，在课堂上有的同学滔滔不绝地在讲话，十分活跃，虽然有时说的和课堂内容扯不到一块儿；而自己却是一言不发，或者是没什么可以说的，不知道说什么，她的脑海中没有东西供她"出口"。

这是为什么呢？其实，不知道说什么的原因与她平时的见闻有着非常大的关系。如果一个小孩子天天除了学校就是家里，这样无非学的是书上的东西；而有的孩子在父母的陪伴下，经常会到处看看，这样会有不小收获。因此，家长与其不停地向孩子灌输书本知识，不如开阔他们的眼界，增加他们的见识，因为这样可以激发孩子的好奇心。

所以家长们，为了给孩子们增长见识，不论走亲访友还是买东西，都可以带着他们，而且在有空的时候，还可以带他们去参观博物馆、美术馆、动物园、植物园、工厂、矿山、医院等，以开阔他们的视野，增加他们的见闻。在每次参观归来，可以让孩子们详细叙述见到过的一切，或者让他向家里没去的人汇报。这样一来，孩子下次再出去玩的时候，有可能会更细心观察，认真听取介绍，以便回来讲得更好。

社会实践是孩子"成才教育"的重要组成部分，是注重对孩子进行训练、帮助孩子认识世界的有效途径。引导孩子参加社会实践活动，能有效补偿家庭教育、学校教育、社会教育在引导孩子学以致用、言行一致方面的不足。孩子用自己的眼睛去看、用自己的耳朵去听、用自己的头脑去分析，动手动脑，增强感性认知，把外在教育要求内化为自我发展动力，自我发现，自我提高，培养良好的情操和意志。

生活实践和大自然是培养孩子的好课堂，它们会给孩子以丰富的知识，给他们爱探索的心灵以无穷的启示，家长一定不能忽视这一点。带孩子出去游览、旅行，扩大孩子的生活视野，使他们感到世界如此之大，可以从中引出问题，启发他们思考，这是增长知识的有效途径，也是促进孩子身心健康、开发智力和能力必不可少的一环。

教给孩子自我保护的方法和能力

不管电影《小鬼当家》多么有趣，多么充满了儿童式的英雄主义，我们都必须面对一个现实：年幼的孩子，他们在面对成年人时，几乎没有防卫能力。

在孩子童稚的世界里，也许还根本不知道什么叫危险。歹徒来了，举起了刀，孩子或许会以为是玩游戏；坏人侵犯，孩子或许认为是一种亲密的游戏。及至惨案发生，孩子是出于本能有所躲避，还是缩在一角，惊恐号哭，任人行凶？

人世间的灾害常常突如其来，不论是自然的，还是人为的。增强孩子的防卫意识，是我们每一个家长的责任。我们必须教给孩子必要的自我保护能力，这是孩子的健康人格所必需的。

1. 让孩子知道不要跟陌生人走

孩子是天真而纯洁的，他们还不了解社会中除了美好的人与事之外，还有丑恶的一面。然而，让一个孩子去辨别复杂现象中的真伪，也是不可能的。为了孩子的安全，父母要教他们最基本的常识和自我保护的方法。

教孩子不和陌生人走，首先要向孩子说明这样做的原因。告诉孩子，社会上有人骗小孩去卖，被这些人骗走后，再也找不到父母，回不了家，还会挨打、挨骂。

父母还可以给孩子介绍一些拐卖儿童的事例，给孩子读报纸上的报道，让孩子看电视的有关报道，使孩子具体了解被拐骗的后果。

教育孩子不要吃陌生人给的东西，并且要养成这种习惯。

这种教育要经常进行。父母可以抓住社会上这方面的事例反复讲给孩子听，使孩子有深刻的印象。

2. 让孩子知道怎样回家

父母带孩子外出逛商场、去公园等，有时会出现孩子走失的现象。为避免这种事情发生，父母要照顾好孩子，不要让孩子离开身边，即使在人少的开阔地方，也不可让孩子走出自己的视野。与此同时，父母还要教育孩子时时不要离开大人，能主动地跟随大人，并让孩子记住大人身上的突出标志。

为了预防万一，父母很有必要教会孩子走失后怎么办。

父母可以给孩子讲有关儿童走失后如何寻求帮助，最后找到亲人或回到家的故事，还可以和孩子讨论怎样做更好。

父母还可以给孩子出题，让孩子解答。比如，父母可以让孩子回答，如果在商场找不到妈妈了怎么办，如果在大街上找不到爸爸了怎么办，帮助孩子明确在遇到困难的时候，应该找什么人，不能去找什么人。

教孩子记住回家的路，这是很重要的。父母带孩子出门的时候，要有意识地让孩子记住自己家附近的路名、路上的主要标志等。还可以在回家的时候，或到了熟悉的地方时让孩子带路。

教孩子记住父母的姓名、家庭地址。3 岁左右的孩子已经可以不吃力地熟记儿歌、小故事等，所以记父母姓名和家庭地址是不会太困难的。父母要反复告诉孩子记住这些重要的东西。

父母可以把自己的姓名和家庭地址写在纸条上，放在孩子的衣袋中。但是要让孩子知道，这纸条只能给警察等信得过的人看，不要乱找人。

3. 告诉孩子不给陌生人开门

孩子都很好动，更喜欢帮助父母做事。无论是电话铃响还是有敲门声，孩子常常都会抢在父母的前面去处理。这是好事，但是其中却藏有隐患，这就是孩子喜欢给人开门。盗贼常常骗小孩开门，然后入室行窃，这种事情屡有发生。

为了提高孩子自我保护的意识和能力，父母要告诉孩子不能给陌生人开门，并教会孩子听到敲门声该怎么办。例如，先问："你找谁?"再问："你是谁?"最后说："请你等一等，我去喊爸爸或妈妈开门。"除非来客是自家人，否则不要让孩子自己去开门。要让孩子知道：家中没有大人时，绝对不给陌生人开门。

为了让孩子了解不给陌生人开门的道理，父母可以给孩子讲一些这方面的小故事，读一些报纸上有关这方面的报道。

4. 让孩子记住，自己才是身体唯一的主人

让孩子记住，自己才是身体的唯一主人，不要被别人轻易触碰，重要部位任何时候都不能被别人碰，自己不愿意时，要敢于说"不"，不管对方是老师、邻居、父母的朋友，甚至亲戚。告诉孩子，即使父母，在未得到同意时，也不能随意触碰自己的身体。

为了巩固和加深孩子的印象，当孩子按照要求去做，父母要及时地予以肯定，强化孩子的这种意识。